スクールワイド PBS

Building Positive Behavior Support Systems
in Schools : Functional Behavioral Assessment

学校全体で取り組む
ポジティブな行動支援

ディアンヌA.クローン／
ロバートH.ホーナー 著

野呂文行／大久保賢一／
佐藤美幸／三田地真実 訳

二瓶社

BUILDING POSITIVE BEHAVIOR SUPPORT SYSTEMS IN SCHOOLS
FUNCTIONAL BEHAVIORAL ASSESSMENT
by Deanne A. Crone and Robert H. Horner
Copyright © 2003 by The Guilford Press,
A Division of Guilford Publications, Inc.

Figures 2.4, 5.2, and 7.4, and Appendices B, E, and F
Copyright © 2003 by Deanne A. Crone and Robert H. Horner

Japanese translation rights arranged with The Guilford Press
through Japan UNI Agency, Inc., Tokyo.

日本語版への序

　学校の中で、子どもたちは、勉強を学ぶだけでなく社会的スキルも学んでいる。そして、それは大人を通じて学ぶこともあるし、友人を通じて学ぶこともある。本書は、周りから許容されない行動を身につけてしまった児童生徒をアセスメントし、支援をするための手立てを与えてくれるものである。本書には2つの大きなテーマがある。それは、(1)社会的な行動は変化しうるということ、そして(2)社会的な行動の変化を長期にわたって持続させる最も効果的な方法は、機能的行動アセスメント（Functional Behavior Assessment：FBA）とポジティブな行動支援（Positive Behavior Support：PBS）の使用であるということ、である。著者として、日本の教育関係者にこの点について関心をもってもらえたことを、心からうれしく思う。世界は日本の教育システムの系統性やその取り組みから、多くを学んできている。そしてポジティブな行動支援（PBS）も、子どもたちが利用できる教育の選択肢を向上させようとする国際的な取り組みの中で、皆が共有できるような教育テクノロジーの一翼を担うことが期待されている。

　本書に書かれた手続きや実践法は、子どもに対して威厳と尊敬をもって接すること、ならびに行動変化を生み出す最先端の行動テクノロジーをもって対応するという2つの責務が一体化したものである。機能的行動アセスメントを実施する過程を通じて、子どもたちの存在は尊重される。この過程では、支援を個に合ったものにするために、ひとりひとりの子どもに合わせて、問題行動が機能してしまった経緯とその理由を明らかにし、指導介入は計画される。またポジティブな行動支援（PBS）のテクノロジーは、問題行動を**予防**し、適切なスキルを**教える**ことに力点を置いている。学校での行動支援の中で最も多く見られる失敗は2種類あり、それは（1）後続事象（子どもたちが悪い行動をしたときにどのように私たちは対応するか）にのみ焦点を当ててしまうこと、そして（2）気がつかないうちに強化してしまっている問

題行動（例えば、大人の注目を得たり、やる気にならない活動から逃避したりすること）を予防することができていないことである。機能的行動アセスメントを使用することによって、問題行動を定義し、それが最も生起する可能性が高い条件と最も生起する可能性の低い条件を明らかにし、行動を維持している後続事象を明確にすることができる。この情報は、日課を編成したり、カリキュラムを調整したり、社会的スキルの指導をしたり、効果的な後続事象（強化ならびに弱化）の提示を計画したりする土台となる。それと同時に、包括的なポジティブな行動支援（PBS）を計画する際の原理は、単に問題行動を減らすだけではなく、子どもの社会の中での成長過程を実際に変化させることもできる。単に問題を減らすだけではなく、子どもを社会的にも教育的にも成功に導くことができる支援の実現が、ポジティブな行動支援（PBS）の目標であり、また本書が作られた理由でもある。

ロバート・H・ホーナー

本ハンドブックを日本の学校文化の中で
効果的に活用していただくために
～用語解説に代えて～

　本節は、本書を効果的に使っていただくためのヒントを示すこと、またいくつかの用語について、その意味するところを解説することで、読者の方が本文を読み進めやすいガイドとなることを狙いとして書かれたものである。

1．日本の学校文化への応用
　本書は、学校内で起こっている問題行動にどのように対処していくかということを、スクールワイド（学校全体）で取り組もうというスタンスに基づいている。「学校内で起こっている問題行動」の実態を示すために、本書では「オフィス・リフェラル」（office referrals）という尺度を採用しているが、これは日本には馴染みのないシステムであろう。

　米国では、学校職員は、しばしば子どもの問題行動に対応するために、オフィス・リフェラル・システムを使用する。間違った行動をした子どもは、最初に警告を受ける。それでも行動が修正されない場合に、教師はその児童生徒を校長室・副校長室へと連れて行く。そこで子どもは、学校管理職と面接を行う。面接では、(a) 何が不適切であったのか、(b) その代わりにどう振る舞うべきなのか、(c) 今度どのように行動するつもりなのか、という点について話し合う。それに加えて、学校管理職は、規律に関する罰則（特権の取り上げか家族との面談）を与えるかどうかを決定する。オフィス・リフェラルの目標は、(a) 児童生徒が自分の行動を改善できるよう援助するためのフィードバックを与えること、(b) 教師が、他の全ての児童生徒のために行っている授業を、1人の児童生徒の問題行動によって妨害されるのを防ぐことができるようにするため、である。

　日本の学校であれば、この「学校内の問題行動の数」をどのように算出するかがまず第一の課題になるだろう。学校毎に問題行動を記録するシステムがある場合は、それを基にすればよいであろう。確立したシステムがない場合には、例えば、2012年度に発表された、文部科学省の「平成23年度『児童生徒の問題行動等生徒指導上の諸問題に関する調査』結果に

ついて」で定義されているようなものを使って、一定期間（例えば1ヶ月、1学期）問題行動の生起頻度の記録を取ってみることをお勧めしたい。このように問題行動をデータ化した上で、本書にあるように、どの問題行動は「スクールワイドな介入」が適用されるのか、どの問題行動は「クラスワイド」あるいは「学級以外の場所」での介入が適当なのか、そして、どの問題行動は「個別の行動支援」が必要か、そのふるい分けをすることから始めてみられるとよいだろう。

　本書では最終的には、個別の行動支援をどのように実践していくかの具体的な内容がステップを追って示されていくが、ここでも重要なことは、あくまでも「スクールワイド」（学校全体）で取り組むシステム構築を念頭に行うということである。

　このことは、特に障害のある子どもへの教育が、特殊教育から特別支援教育に大きく制度転換した際に、校内外の連携を充実させること、個別の教育支援計画を立案することという大方針に沿う内容であり、このスクールワイドでのシステムは障害のあるなしに関わらず、広く通常教育の現場にも取り入れられていくことが必要だということだ。

　以上のように、本書を貫く「スクールワイド（学校全体で取り組む）」という哲学を日本の学校でどのように具現化していけばよいのか、細部については本書の通りということではなく、各学校の実態に合わせて適宜システムを微調整していくことが必須となろう。その際に、本書でも強調されているように、一から新しいシステムを構築するのではなく、「今ある学校のシステムをうまく活用すること」をひとつのヒントとして実践されていくことが望ましい。

　そして、重要なことは構築したシステムがうまくいかなかったときにも、どこがどのように、ということを丁寧に振り返ってさらにシステム自体も修正していくというプロセスである。いわば、本書はレディーメイド（既製）のシステム構築のノウハウ本であるが、それを各学校に合わせたオーダーメイドのシステムに作り変えていくということである。問題行動の対処について、何も指針がない「0」ベースでスタートするのではなく、とりあえずのアウトラインを示したものとして本書を活用していただくのがおそらくベストな使い方になろうかと思う。

2．「PBS (Positive Behavior Support)」の「Positive」の意味するところ

　本書のタイトルにもなっている、「PBS」を何と訳すか、これは訳者の

間でも議論に上がったところであった。個人的な体験で恐縮ではあるが、訳者（三田地）が米国オレゴン大学に留学していた 2000 年前後は、丁度オレゴン大学の先生方が「PBS」という取り組みを盛んに行い始め、それをテーマにした雑誌を創刊したときでもあった（*Journal of Positive Behavior Interventions*、1999 年創刊）。本書自体も 2003 年に出版されており、本書の内容の多くは訳者がオレゴン大学の授業で実際に著書のホーナー先生他から教わったものである。あれから 10 年の月日を経て、日本でもこの本が出版されることになった訳であるが、その間に日本でも「PBS」という言葉は特に行動分析学関係者の間では広く知れ渡るようになっている。しかし、PBS の「Positive」をどう訳すか、訳者個人としてはずっと悩み続けていた（一度は、「プラス思考的行動支援」と訳したこともある）。今回の訳本を出版するに当たって、そもそもこの「Positive」の意味するところは何か、改めて原著者のホーナー先生に尋ねたところ、以下の答えが返ってきた。ホーナー氏の許可を得て本書ではそのまま紹介する。

> The "positive" in positive behavior support has two connotations.
> 1. Behavior support should always build from what the student already does well. Start with what he/she does positively, and expand the positive behavior as a key part of reducing problem behavior.
> 2. Behavior support should include proactive features that attempt to prevent problem behavior by establishing a positive antecedent context. The focus is more on stimulus control, and development positive stimulus contexts.
>
> In part this language was a response to the "behavior management" terminology of the 1980s which emphasized delivery of consequences as the primary approach to changing behavior.
>
> July 3, 2013　Robert Horner

　この文章も翻訳を試みたが、やはりどの訳語を当てるかにより、原文の意味ニュアンスを損なう恐れがあるために、そのままの掲載とすることとした（この英文の訳文を入手されたい方は、訳者（三田地）までご一報いただきたい）。
　以上のホーナー氏の説明、および訳者同士でも議論を行った結果、本書では PBS の訳語としては、「ポジティブな行動支援」を採用することとした。これは、問題行動だけに焦点を当てるのではなく、その児童生徒が

「うまくできること、良いところ＝ポジティブな側面」にも目を向けていこうというその哲学を、今の時点で最も損なわずに表現できる訳語ではないかという結論に至ったからである。願わくば、応用行動分析学が「ABA」として親しみを込められて特に保護者の間で広まっているように、こちらも「PBS」として広まることが一番齟齬がないのかもしれないと考えている。

3．その他いくつかのキーワードについて

日本語話者にも誤解なく伝わり、かつ原語の意味を損なわないというスタンスに基づき、いくつかの代表的なキーワードについては、以下のように訳してある。

☐ problem behavior, behavioral problem「問題行動」
児童生徒のいわゆる問題となっている行動を指す用語であるが、最初は「problem behavior」、後に英語では「behavioral problem」と表現されることが見られ始め、それに伴い日本語においても「行動上の問題」「行動問題」という訳語が当てられている。本書では、ABC分析を使って対応するということから、何れに対しても「問題行動」という訳語を採用している。

☐ function-based behavior support 「行動の機能に基づく支援」
直訳は「機能に基づく行動支援」だが、この表現では行動分析学の背景のない読者には理解し難いと判断し、上記の訳語とした。

☐ antecedent「先行事象」
本書では、antecedent（先行事象、先行子、先行刺激などの訳語がある）とpredictor（予測因子）という用語が用いられているが、統一して「先行事象」と訳してある。

☐ consequence「後続事象」
「結果」「結果事象」と訳す場合もあるが、行動の後に起こった事象という観察事実に基づくために、因果を意味する「結果」「結果事象」ではなく、「後続事象」とした。文脈によっては、「結果」と訳しているところもある。

□ competing behavior pathway「競合行動バイパスモデル」
　この用語ほか、サマリー仮説（summary statement, testable hypothesis, testable explanation など同義と思われるものは、全て「サマリー仮説」と訳してある）を含め、『問題行動解決支援ハンドブック』（原著『*Functional Assessment for Problem Behavior*』）で採用した訳語に準じている。

4．用語解説の最後に 〜訳するということと訳者の責任〜

　翻訳本のどれもが背負う宿命が、「原著を全く瓜二つ鏡写しするように違う言語に訳しきることはできない」というジレンマである。これまで何冊か翻訳を試みてきた経験からもこれは毎回感じている辛いところだ。原文をそのまま直訳すると、日本語としては意味をなさないことがある。しかし日本語としてわかるようにと「意訳」すると、原文から離れ過ぎてしまう危険性が伴う。原文に忠実に、かつ日本語として意味がわかるように、この二つの間の細い道を歩む作業が、翻訳ということになる。このときに、行動分析学を学んだ立場としては、「日本語圏の人にも、原文を読んだ人と同じ効果をもたらす訳文」、つまり同じ機能を持った表現にすることが目指すゴールになる。

　本解説は、本書が日本の文化の中で「効果的に、かつ効率的に」活用されるように、訳者の立場から読者の皆様への補足説明として書かれたものであることを了解いただければ幸いである。なお、原文の明らかな誤りについては、断りなく訂正してある。訳語、訳文についての一切の責任は、訳者が負うものとする。読者の皆様からも、忌憚のないご意見をいただければ幸いである。

訳者を代表して　三田地真実

序　文

本書の目的

　本書は、実り多くかつ効率的な、個別の行動支援システムを学校内に組み込むための青写真としてデザインされている。本書の目的は、問題行動に対して効果的な解決策を見つけ出し、それを実行するスキルを読者に身につけてもらうことにある。本書の第1部では、児童生徒が引き起こす深刻な問題行動によって、今日、学校がどれだけの困難に直面しているのか、その背景とともに論じる。第2部では、3名の児童生徒を例に、機能的行動アセスメント（functional behavioral assessment：以下、**FBA**）を用いて、行動支援計画（behavior support plans：以下、**BSP**）を立案・評価するプロセスについて解説する。第3部では、機能的行動アセスメントに基づく行動支援計画の立案までのプロセス（以下、**FBA－BSP**）を、ひとつのシステムとして学校内で実行するための手順を示す。

本書が対象としている読者

　本書は、行動支援チームのリーダーやその一員となる教職員（スクール・サイコロジスト、カウンセラー、特別支援教育の担当者、一般教員など）を対象に書かれている。本書はまた、行動支援システムの計画やリソース[1]の配分に責任をもつ管理職にも役に立つ。

　児童生徒の問題行動を減らすことに成功した学校では、多くの場合、ある特定の個人だけに頼るのではなく、行動支援を目的とした**チーム**を編成し、そのチームを対象に研修を行っていたことが、これまでに明らかになっ

訳註[1]　リソースとは物的資源のみではなく人的資源をも含む。

ている。このチームが成果を挙げられるかどうかは、特に初期の段階では、FBA と BSP のことをよく知るメンバーがチーム内に存在しているかどうか、チームのメンバーを効率的・効果的にまとめる力のあるメンバーが存在しているかどうかにかかっている。本書は、行動支援チームのリーダーやメンバーのためのガイドブックとして書かれたものである。

本書を読むことで得られる成果

本書は、以下の5つの基本的な成果を生み出すためにデザインされている。

・FBA において、専門的であると認められる基準がどの程度であるか理解できる。
・FBA を実施するための効率的・効果的モデルを知ることができる。
・BSP を立案する際に、FBA の結果を使うための具体的な手続きがわかる。
・BSP を実行し、その成果をモニターし、支援手続きを修正する具体的な手続きがわかる。
・学校で、行動の機能に基づく支援を実施するために必要とされる具体的な手続きがわかる。

上の5つの成果を達成するために、どのような条件が必要とされるのか

個別の行動支援が学校内で成功するかどうかは、長期間にわたって支援を継続するのに必要なリソースが、十分にあるかどうかで決まる。継続的な支援を可能にするのは、(1) 十分な予算と教職員がその学校に存在すること、(2) 長期間、支援を継続していこうという決意が学校にあること、(3) 教職員がそれに見合う十分な力量をもっていること、(4) 管理職からの支援があること、である。ロブ・ホーナー、ジョージ・スガイら (Horner, Sugai, & Todd, 1996) によれば、行動の機能に基づく支援が長期間実施され続けるシステムを学校内に築き上げるために、学校に必要な以下のような重

要な条件について特定してきている。

・学校の年間目標の上位3つのうちの1つとして、行動支援を確立するべきであること。
・学校が、校内の組織変革に取り組む目的でチームを結成し、そのチームには管理職、少なくとも1名は行動分析学の知識と技術のある者、そして教職員の代表者が含まれていること。
・上記のメンバーが全員一緒に研修を受ける必要があること。1～2名だけが研修を受けて、他のメンバーはそのメンバーに指導を受ければよいとすることは避けること。ひとつの学校で5～10名のチームメンバーが全員一緒に研修を受けることが重要である。
・研修で新しく学んだ支援手続きについて、どのように学校内に導入するかを考えたり、具体的な計画を立てたり、その計画を実施したりするのに必要な時間とリソースが、そのチームに与えられていること。
・教職員は、行動支援チームが何を目的として活動しているのか、そのチームからどのようなサービスを受けられるのかについて十分に知らされていること。
・新しい支援計画が導入された成果について、教職員に対して、正確な情報を定期的に提示できる評価システムが整備されていること。
・新しく導入する支援手続きは、全ての関係者がその効果を高く評価できるだけの成果を生み出すとともに、それに伴って教師に新たに必要とされる時間的コストは最小限となるものに限定すること。

なぜ本書が必要なのか

学校は重大な危機に直面している。深刻な問題行動の発生率とその深刻さによって、効果的な教育が脅かされている。学校全体のオフィス・リフェラル[2]の半数ないし半数近くは、平均すると約5％の児童生徒が引き起こし

訳註[2]　米国では、学校職員は、しばしば子どもの問題行動に対応するために、オフィス・リフェラル・システムを使用する。ここでは discipline referral だが、本書ではオフィス・

ている（Sugai, Sprague, Horner, & Walker, 1999）。暴力や破壊的行動、危険な行為を示す児童生徒によって、子どもたちを教育するという学校の根本に関わる能力が危険にさらされているため、暴力、反抗、破壊的行動や危険な行為は、その行動を起した児童生徒だけでなく、全ての児童生徒、そして、全ての学校にとっての問題となっている。

　このような状況の中でもひとつの救いとなるのは、現在我々は過去のどんな時代よりも、問題行動のパターンを予防したり変容したりするために、より良く備えられているという点である（Carr et al., 1999；Gresham, Sugai, Horner, Quinn, & McInerney, 1998；Sugai et al., 2000）。これまでに、FBAと呼ばれる、問題行動に対処する効果的で実践的なテクノロジーが生み出されてきた。FBAのテクノロジーは、問題行動を持続させている要因を見定めたり、その情報に基づいて問題行動を減少させたり、適応的なスキルを身につけさせるために、子どもが生活している環境を整備し直したりするために用いることができる（例えば、Ervin, DuPaul, Kern, & Friman, 1998；Lewis & Sugai, 1996）。最近のカーら（Carr et al., 1999）の報告によれば、ポジティブな行動支援（PBS）を用いた介入の研究のうち、その3分の2以上で問題行動が80％以上減少している。特に重要なことは、「学校の普通の場面で、一般の教員によって包括的な方法で実施された場合、**FBAの結果に基づいていれば、指導介入の効果が高い傾向にある**」という徴候であった。

　FBAは強力で効果的なテクノロジーであり、また現在、学校から**大きな期待**が寄せられている。個別障害者教育法（Individuals with Disabilities Education Act：IDEA）の1997年の修正条項では、FBAに沿って情報を収集し、その情報を用いて学校内の行動支援の方向性を決めることがはっきりと推奨されている。

　FBAはその効果や価値が高く評価されている一方で、残念なことに学校関係者がこのテクノロジーを利用するには大きな制約がいくつかある。それはFBAが、高いレベルで熟達した手続きを実施できる教職員の存在と、かなり多くの実施時間を必要としていることである。FBAが学校内で当たり

リフェラルとして統一表記している。詳細は「用語解説に代えて」p. vを参照。

前に使用されるツールとなるためには、手続きの効率性 — この手続きを誰が使えるのか、そして、実施するのに必要な総時間の両方の点において — が改善されなければならない。このようなニーズにどう対応するかということが、本書が一義的に焦点を当てていることである。

本書で紹介していく手続きは、スクール・サイコロジスト、教師、管理職、家族、行動分析学の専門家たちの共同作業によって開発されてきたものである。この手続きは、一般的な学校内でのニーズ・教職員のスキル・時間的な制約条件に合うようデザインされている。本書で中心的に扱っていることは、もし FBA と個別の行動支援を児童生徒に真の利益をもたらすために使うのであれば、必須である学校が組織として本気で取り組むことの上に成り立つものであろう。本書はそのような学校全体の取り組みについても大きな焦点を当てている。

機能的行動アセスメントとは何か

FBA は、問題行動の予測や、その維持に関わる状況事象（situational events）について情報収集する方法である。このような情報を得るためには、対象となる児童生徒や担任教師、そして多くの場合両親に対して、子どもの行動および日常生活の様子についてインタビューを行う。また、問題行動が最も多く起こっている場面で、児童生徒の様子を観察することもある。場合によっては、これらの観察場面の環境条件を、系統的に操作させることも必要になる。FBA を行うことで期待される結果とは、（1）問題行動を観察・測定可能な表現で記述すること、（2）問題行動がいつ生起し、いつ生起しないかを予測するセッティング事象や先行事象を見つけ出すこと、（3）問題行動を維持している後続事象を見つけ出すこと、である（O'Neill et al., 1997）。これらの情報は、サマリー仮説 — 日常環境の中で、問題行動に影響を与えている重要な特徴をまとめたもの — を作成するのに使用される。

深刻な問題行動に対処する際に、FBA は、行動の見た目の形態のみに焦点を当てたアプローチよりも優れている点がいくつかある。第 1 に、FBA は個人差や環境要因を十分に考慮した上で、BSP を立案する（O'Neill et al., 1997)。第2に、FBAに基づけば、指導介入の方略と問題行動とが直接的・論理的に関連づけられる（O'Neill et al., 1997）。FBAは、問題行動のアセスメントと指導介入の方略の選択を結びつけるが、それは、FBAが不適切行動を減少させ、望ましい行動や許容範囲にある代替行動を増加させる具体的な方略が何であるのかを指し示すことによってである（O'Neill et al., 1997）。最後に最も重要なことは、FBAの実施によって指導効果が高まることが、これまでの研究で示されている（DuPaul & Ervin, 1996 ; Iwata, Dorsey, Slifer, Bauman, & Richman, 1982）、ということである。

　問題行動を示す子どもたちにも、ニーズ、問題の複雑さ、リスクの程度に違いがある。そのため、FBAの実際のプロセスが、全ての児童生徒で同じに見えることはないだろう。長期間にわたる深刻な問題行動のために、停学中であったり、オルタナティブ・スクール[3]へ転校するリスクがある子どもたちに対しては、軽度で込み入った状態にない問題行動を示している子どもたちよりは、より包括的なアセスメントが必要になる。

　本書で示しているモデルでは、そのような個人差の存在を認め、3つの異なるFBAのアプローチについて説明している。この3種類とは、簡易版FBA、完全版FBA、そして機能分析である。それぞれのアプローチは、対象児童生徒によって示されるニーズに、教職員がその仕事に関与する程度が上手く合うようになっている。3種類のアプローチの間で一貫しているのは、問題行動の先行事象と後続事象を見つけ出すことによって、問題解決を図ることが強調されている点である。また各アプローチともに、観察可能で測定可能な表現で問題行動を定義することを必要としている。それぞれのアプローチの詳細については第1部で解説する。FBAがこのような3層構造になっているのは、学校では使える時間やリソースに制限があるという実態を考慮しているためである。問題行動を示す児童生徒全てについて行動の直接観察を行うのは実際的ではないし、その必要もない。軽度な問題行動を示す多くの児童生徒については、担任教師へのインタビュー（すなわち、簡易

訳註[3]　従来型のいわゆる標準的な教育を施す学校とは別の選択肢として、特別なカリキュラムや方法に基づく教育を施す学校。不登校や暴力などで学校を退学になった子どもが通う場合もある。

版FBA）を行うことで、行動の機能に関して検証可能な仮説を立てて、最初のBSPを立案するのに十分であろう。

　より深刻で複雑な問題行動を示す子どもの場合は、その問題行動が生じる場面を直接観察するなど、より詳細なアセスメントが必要である。直接観察は、完全版FBAと機能分析に不可欠な要素のひとつである。

機能的行動アセスメントが必要になるときはいつか

　学校は、障害のある児童生徒のうち、退学、オルタナティブ・スクールへの転校、10日以上の停学などのリスクのある児童生徒に対しては、FBAを実施しなければならない。たとえ、いろいろな制約のある環境の中でFBAを実施**しなければならない**としても、FBAのもつ優れた専門的な実践の規範により、学校内の問題行動に対処する問題解決に向けたアプローチが示されるに違いない。問題行動に対して、行動の機能に基づくアプローチを用いることで、専門的な実践の規範を守ることを保証するとともに、問題行動を減少させ、適切な行動を促進するための学校の力量も高められることになる。

本書はどのような構成になっているか

　第1章では、学校システム内でFBAを用いる際に、どのような困難に直面するかを、時代背景や歴史、そして実践上の問題に至るまで詳細に説明する。第2章では、FBAと過去の伝統的な行動アセスメントや指導介入との違いの概要を示し、そして、それぞれを実施した結果について解説する。またFBA−BSPのプロセスのアウトラインを示し、その中で意思決定をすべきいくつかのポイントについて示す。第3章では、3名の事例を用いてFBAの実施プロセスを詳細に示す。ここでは行動観察やインタビューで用いる記録用紙などを紹介する。第4章では、第3章の3名の児童生徒の事例に対して、効果的で、効率的で、適切なBSPを作り上げていくためのプロセスを示す。第5章では、BSPを評価したり修正したりするために、データを使って判断する方法を解説する。第6章では、行動支援チームのメン

バーひとりひとりの役割と責任について概説する。第7章では、組織化された効率的な行動支援チームを作っていくために必要不可欠な要素について説明する。第8章では、どのように学校の力量を伸ばしていくか — すなわち、FBAを実施し、BSPを計画・実行・評価して、さらにそれを修正するスキルをもつ教職員が大勢いる状況 — について概説する。なお、各章で紹介されている記録用紙やツールのコピーは全て巻末資料にある。

目　次

日本語版への序 ……………………………………………………………… iii
本ハンドブックを日本の学校文化の中で効果的に活用していただくために
　〜用語解説に代えて〜 …………………………………………………… v
序　文 ………………………………………………………………………… xi
　本書の目的 ………………………………………………………………… xi
　本書が対象としている読者 ……………………………………………… xi
　本書を読むことで得られる成果 ………………………………………… xii
　上の5つの成果を達成するために、どのような条件が必要とされるのか……… xii
　なぜ本書が必要なのか …………………………………………………… xiii
　機能的行動アセスメントとは何か ……………………………………… xv
　機能的行動アセスメントが必要になるときはいつか ………………… xvii
　本書はどのような構成になっているか ………………………………… xvii

第1部
学校で機能的行動アセスメントを活用する
〜その背景と直面する課題〜

第1章　学校内での機能的行動アセスメント〜最近の動向〜 ………… 3
　1．はじめに ……………………………………………………………… 3
　2．背　景 ………………………………………………………………… 5
　　2.1　法律上の規定 …………………………………………………… 5
　3．校内にあるリソースやスキルの活用 ……………………………… 7
　　3.1　テクノロジーの成熟 …………………………………………… 8
　補足資料 …………………………………………………………………… 10
第2章　問題行動に対するアセスメントや指導介入に関する考え方を変える 13
　1．はじめに ……………………………………………………………… 13
　　1.1　人間の行動は機能的である …………………………………… 13
　　1.2　人間の行動は予測可能である ………………………………… 15
　　1.3　人間の行動は変容可能である ………………………………… 16
　2．アセスメント ………………………………………………………… 19
　　2.1　簡易版機能的行動アセスメント ……………………………… 28
　　2.2　完全版機能的行動アセスメント ……………………………… 30

2.3　機能分析 ………………………………………………… 31
　3．指導介入 ………………………………………………………… 32

第2部
機能的行動アセスメントを学校組織に組み入れる
～3人の子どもの事例を通して～

第3章　機能的行動アセスメントの実施 ………………………… 39
　1．はじめに ………………………………………………………… 39
　2．アセスメントのプロセス ……………………………………… 40
　　2.1　簡易版機能的行動アセスメント ……………………… 46
　　2.2　完全版機能的行動アセスメント ……………………… 56
　補足資料 …………………………………………………………… 67

第4章　行動支援計画を立案する ………………………………… 71
　1．はじめに ………………………………………………………… 71
　2．競合行動 ………………………………………………………… 71
　3．文脈適合性 ……………………………………………………… 77
　　事例1　～ロナルドの場合～ ……………………………… 78
　　事例2　～トムの場合～ …………………………………… 78
　4．行動支援計画を個別化する …………………………………… 80
　5．行動支援計画を文書化する …………………………………… 81
　補足資料 …………………………………………………………… 87

第5章　行動支援計画の評価と修正 ……………………………… 89
　1．はじめに ………………………………………………………… 89
　2．理論的根拠 ……………………………………………………… 89
　3．評価に欠くことができない要素 ……………………………… 91
　　3.1　行動の変化を測定する ………………………………… 91
　　3.2　評価プランを文書化する ……………………………… 97
　　3.3　行動支援計画を実施する際の手続きの
　　　　　実行可能性と実行厳密性を評価する ………………… 101
　　3.4　保護者・教師・児童生徒の満足度の評価 …………… 103
　4．データに基づく判断 …………………………………………… 103
　5．維持プラン ……………………………………………………… 106

第3部
機能的行動アセスメントの学校内での活用
～よくある質問と配慮事項～

第6章　誰が行動支援チームのメンバーになるのか？
それぞれのメンバーに求められることは何か？ …………… 111
1. はじめに ……………………………………………………… 111
2. 行動支援チームの構成 ……………………………………… 112
3. 行動支援チームのメンバー ………………………………… 116
   3.1　学校長 ………………………………………………… 116
   3.2　行動アセスメントと指導介入に関する専門性をもつ教職員 … 117
   3.3　教職員の各組織の代表者の参加 …………………… 118
   3.4　対象児童生徒の保護者 ……………………………… 119
4. 行動支援チームの役割と責任 ……………………………… 119
   4.1　マネジメントに関する役割 ………………………… 119
   4.2　計画遂行上の役割 …………………………………… 121

第7章　行動支援チームが、チームとして協働して仕事をするためには
どうすればよいか？ ……………………………………………… 123
1. はじめに ……………………………………………………… 123
2. 組織的な体制 ………………………………………………… 124
3. 系統化された手順 …………………………………………… 128

第8章　行動支援チームが機能的行動アセスメントを実施する力量を
校内でいかに高めていくか？ …………………………………… 141
1. はじめに ……………………………………………………… 141
   1.1　直面している課題 …………………………………… 142
   1.2　目　標 ………………………………………………… 142
2. 法的要求事項とそれに伴う実行責任 ……………………… 142
   2.1　優先順位をつける …………………………………… 143
   2.2　リソース ……………………………………………… 144
   2.3　行動支援システムの連続性 ………………………… 147
3. 学校内の力量を高めていくためのモデル ………………… 149
   3.1　研修で期待される成果 ……………………………… 149
   3.2　研修モデル …………………………………………… 150
4. リーダーシップ・モデル …………………………………… 155
   4.1　モデル1（コンサルタント依存型） ………………… 155

4．2　モデル2（移行型） ………………………………………… 156
4．3　モデル3（理想的な責任分散型） ………………………… 157
補足資料 ……………………………………………………………… 158

付　　録

巻末資料A	支援要請用紙 ……………………………………………	162
巻末資料B	機能的行動アセスメントと行動支援計画の実施手順 ……	164
巻末資料C	教職員用の機能的アセスメント・チェックリスト ………	183
巻末資料D	児童生徒を対象とした機能的アセスメントインタビュー	
	（小学生版） ……………………………………………	188
巻末資料E	日課表アセスメント用紙 ………………………………	190
巻末資料F	【簡易版】機能的アセスメントインタビュー用紙 ………	191
巻末資料G	機能的行動アセスメント観察用紙 ……………………	192
巻末資料H	機能的アセスメント観察用紙 …………………………	193
巻末資料I	行動支援計画の質を評価するためのチェックリスト ……	194

引用文献 …………………………………………………………… 195
索　　引 …………………………………………………………… 198
訳者あとがき ……………………………………………………… 204

装幀　森本　良成

第1部

学校で機能的行動アセスメントを活用する
～その背景と直面する課題～

第1章

学校内での機能的行動アセスメント
～最近の動向～

1. はじめに

　児童生徒や教育関係者たちは、拡大しつつある危機に直面している。児童生徒の妨害行為、攻撃行動、学業不振が、全国の学校において問題となっている。中でも、児童生徒にみられる規律の欠如は、公立の学校が直面している最も大きな問題であると多くの関連団体が指摘している（National Education Goals Report, 1995）。教師が校長や児童生徒支援チームに対して援助を求める際にも、規律の欠如が問題となっていることが多い。

　行動上の問題を示す児童生徒は、学業面・社会性・日常生活面で、さまざまな問題を抱えるリスクがある（Loeber & Farrington, 1998）。これらの児童生徒は、問題行動を示さない者に比べて、高校を卒業する前に落ちこぼれてしまう可能性が高い。例えば停学や退学処分になったり、オルタナティブ・スクールに措置されてしまう場合もある。また、第三者や地域社会に対する犯罪を犯したり、親兄弟との関係が壊れてしまったり、逮捕されてしまう可能性も高い（Walker, Colvin, & Ramsey, 1995）。

　このような児童生徒は、自分自身が損をするだけではなく、学校の管理職や教師に対してもさまざまな難問を突きつけてくる。管理職は、問題行動に伴って生じる教師・保護者・児童生徒の苦情に応えるために、膨大な時間を割かなくてはならない。教師は、問題行動に対処するため、頻繁に授業を中断しなければならない。また、問題行動を示す児童生徒の学習到達度を最大限高めるために、カリキュラムの修正や学級環境の変更が求められることも

多い。

　学校管理職・教師・保護者・地域社会は、問題行動を示す児童生徒に手こずらされ、挑みかかられているように感じることも多い。大人たちは学校を学びの場にしたいのであって、絶えず問題行動と格闘しているような場にしたいわけではない。残念なことに、専門的な研修やリソースが不足しているために、学校の多くが行動上の問題に対する効果的な解決策を見出したり、それを実行するためのツールやスキルをもっていないのが現状である。

　過去を振り返ると、学校が行う問題行動への一般的な対処方法は、ある種の懲罰 — 例えば、放課後の居残り・停学・退学であった。これらの対処療法的なアプローチは、主として、問題を起こした子どもをその状況から一時的に引き離すという短期的な解決手段として機能するものである。居残り・停学・退学は、長期的な問題行動の低減や、行動変容の般化、適切な代替行動の獲得には効果をもたないのが一般的である（Costenbader & Markson, 1998；Royer, 1995）。学校は児童生徒の行動をマネジメントするために、対処療法的なアプローチよりも、もっと効果的な方法を必要としていることは明らかである。

　居残りや停学以外にも、子どもの問題行動をうまく減らすことができる行動的な指導法はたくさんある（Dwyer, Leeming, Cobern, Porter, & Bryan, 1993；Gresham, Gansle, Noell, Cohen, & Rosenblum, 1993）。実際に、学校は今、最大の効果が期待できる行動支援方略のいくつかを利用できる状態にある。**次なる課題は、これらの方略を、複雑で制約の多い学校文化に根付かせることである。**

　問題行動のある子どもに有効な指導介入を計画するときに、最も難しい問題のひとつは、指導介入の効果が、子どもによって大きく異なることである。つまり、ある子どもに有効な指導介入が、似た行動を示す他の子どもには全く影響を与えない場合もある。それにも関わらず、行動介入計画の多くは、児童生徒の個人差や状況の違いに対応するよりもむしろ、行動の型（例えば、けんか、盗み、破壊行為、冒涜的な行為）に応じて立案される。

　成功する指導介入を立案するためには、指導者は、単に問題行動と指導介入の選択肢について検討すればよいわけではない。**問題行動を引き起こすき**

っかけになっているのは何か、**問題行動を起こすことによって子どもが得ている報酬は何か**、を考える必要がある。使用できる指導介入が複数あれば、教職員は、校内のある決まった場面で、1人の児童生徒に対してどの指導介入（あるいはその組み合わせ）が最も効果を発揮しそうかを決める手段が必要となる。機能的行動アセスメント（FBA）が行動支援計画（BSP）の立案と結びついたとき、このニーズを満たす有効かつ効率的なツールとなる[1]。

アメリカ合衆国の法律は、学校に対して、ある決まった状況になったときに、FBAを使用すべきであると規定しているが、教職員の多くはFBAのテクノロジーについて知らず、ましてそれを使用することなどできない状態にある。それと時期を同じくして大変皮肉なことではあるが、FBAに基づく行動支援計画（FBA‒BSP）のテクノロジーに関する研究は、最近目を見張るような進展があり、FBA‒BSPが学校内の暴力的、破壊的行為の解決に直接結びつくことが示されている（例えば、Dunlap, White, Vera, Wilson, & Panacek, 1996；Mayer, 1995）。**緊急の課題は、スクール・サイコロジスト、教師、学校管理職が、学校現場で適用できるテクノロジーへと、これらの研究知見を変換していくことである。**

2．背　　景

2.1　法律上の規定

FBAは、その効果が説得力のある形で実証されていることから、カリフォルニア、オレゴン、ワシントン、ミネソタ、ニューヨーク、フロリダの各州の条例内で、効果が見込まれる専門的な実践として規定されている（Turnbull, Rainbolt, & Buchele-Ash, 1997；Wilcox, Turnbull, & Turnbull, 1999 ‒ 2000）。州によっては、FBAの実施が法的に要請されている。1997

原註[1]　本書はFBAや行動マネジメントの入門書として書かれたものではない。FBAや行動マネジメントについては多くの素晴しい参考資料があり、本章末の補足資料の欄に掲載してある。本書が想定している読者は、すでにFBA‒BSPについての知識や経験はあるが、FBA‒BSPを効果的、効率的に学校インフラに根付かせるための実践的アドバイスを必要としている人たちである。

年に、アメリカ議会は「個別障害者教育法」(Individuals with Disabilities Education Act；以下、**IDEA**)を修正した。IDEAの修正条項(1997)では、深刻な問題行動を示す障害のある子どもへの支援方略を立案するために、学校がFBA手続きを使用することを推奨している。障害のある子どもを(10日以上の)停学、あるいは退学処分にする前にFBAを実施することが**義務づけられている**。以下にあげる、IDEAの修正条項からの引用では、障害のある子どもの問題行動に取り組む際の、学校や個別教育計画(Individualized Education Plan；以下、**IEP**)チームの役割が明記されている。

・ある子どもの行動がその本人や他の子どもの学習を妨げる場合、IEPチームは、適当な時期に、その行動に対応するためのポジティブな行動的な介入、方略および支援、を含む方略について検討しなければならない(614[d][3][B][i])。
・懲戒処分(障害のある子どもを、その子どもに適した暫定的な代替教育施設やその他の環境に移すこと、あるいは停学処分にすることなどのうち、その期間が10授業日以内のもの)を実施する前、あるいは処分実施後10日以内に、もし地域の教育機関が当該の問題行動に対応するために、FBAや行動指導計画を実施していなかった場合は、既に行動指導計画が存在している場合であっても、IEPチームは必要に応じてその計画を見直し、修正しなければならない(615[k][1][B])。
・各州は、障害のある子どもに関わる全ての人たち(これには、障害児教育、通常教育、関連サービス、あるいは早期療育サービスに携わる専門家や準専門家を含む)が、その子どもたちのニーズを満たすのに必要なスキルや知識を確実に身に付けるために必要とされる内容に関して、現職教員研修や教員養成教育の中でどのように取り組むかについて明記しなければならない(653[c][3][D][vi])。

IEPチームのメンバーとして、障害のある児童生徒のための包括的な管理・教示プランを協働で作成する際に、前述の教育関係者の役割はますます大きなものになってきている。多くの教育関係者にとって、個別の行動支援の方

略を立案するためにFBAを使用することは、新しいスキルを必要とする新しい役割となる。多くの学校関係者は、これらの教育サービスに必要な知識・研修・リソースが存在しない中で、その実施に関して法的な圧力がかかっていると感じている。

3．校内にあるリソースやスキルの活用

　多くの教育関係者にとって、問題行動を説明するために行動の機能に基づくアプローチを使うには、自分たちの仮説的な視点の転換をはかる必要がある。学校関係者の多くは、問題行動を、不十分な養育によるもの、発達的・精神的な疾患（例えば、自閉性障害、注意欠陥／多動性障害）によるもの、または性格特性によるものとまずみなすようである。言い換えると、問題行動は日常環境の出来事や日々の活動の結果としてではなく、個人内の病理の結果として見ている。このような個人内の特性が問題行動に関与している可能性もあるが、子どもの内面に焦点を当てても、問題行動の改善につながるような学校や教室内の環境要因を特定するのにはあまり役に立たない。FBAの情報に基づいてBSPを立案することを学ぶことは、新しいスキルを学ぶこと以上のものが求められる。すなわち、**問題行動に対する新しい考え方の枠組みを学んで、それを受け入れる必要がある。**

　行動の機能に基づく支援システムを開発・実行するための準備がどの程度できているかは、学校によってさまざまである。ある学校では、スクール・サイコロジストや外部の行動コンサルタントを雇っている。また別の学校では深刻な問題行動を示す児童生徒のための行動支援チームに、何人かの特別なスタッフを配置している。これらのスタッフやチームに与えられる権限とその効果は、学校によって大きく異なってくるであろう。多くの学校では、FBAを実施したり、個別のBSPを作成するためのシステムを、全く用意していない。その代わりに、学校内で生じる問題行動に対応するために、居残り・停学という対処、特別支援学級・学校への在籍の変更、外部機関への委託に頼っている。本書の第3部では、スクール・サイコロジストや行動支援チームのリーダーが、どうすれば行動の機能に基づく支援システムを、学校

内に持続可能な形で構築できるかについて説明する。これは、学校内の組織や運営手順を効率的なものにするとともに、支援チームのメンバーのスキルが上達するよう育てることで実現可能となる。

3.1　テクノロジーの成熟

　FBAの手続きは既に25年以上前から用いられてきている（Carr, 1977）。しかし、FBAを通常教育の現場で使用することが奨励され、実際に使われるようになったのはごく最近のことである（IDEA, 1997）。

3.1.1　対象者の拡大

　これまでFBAは、深刻な問題行動を示す発達の遅れのある成人に対して、通所施設や入所施設内で適用されることがほとんどであった（Carr et al., 1999）。一般に、FBAを行うにはまとまった時間が必要であり、かつ十分に訓練を受けた行動分析家によって実行される手続きである。現在、IDEA（1997）は、通常の学校内で生じている、障害のある児童生徒の問題行動に対するFBAを、IEPチームが実施することを推奨している。一部の研究者たちは、このIDEA（1997）の修正条項が、効果が既に実証されている場面とは、かなり異なった場面でFBAを使用するよう求めていると忠告し、批判してきた（Nelson, Roberts, Mather, & Rutherford, 1999）。これはもっともな指摘ではあるが、通常教育場面へのFBAの導入を遅らせるべきではない。IDEA（1997）の修正条項では、FBA–BSPを標準的な実践に不可欠なものと位置付けている。現時点での当面の課題は、通常教育の場面でのFBA–BSPの使用を検証・改善するための研究を続けながら、それを学校内に取り入れるために必要な研修や支援を提供していくことである。

　さらに、初期の研究では、FBAが軽度の障害、あるいは障害のない児童生徒に対して通常教育場面で実施可能であり、それに基づいて立案されたBSPが、このような児童生徒の問題行動の低減や適切な行動の増加に効果があることが示唆されている（例えば、Broussard & Northrup, 1995；Dunlap et al., 1996；Eccles & Pitchford, 1997；Reed, Thomas, Sprague, &

Horner, 1997；Sugai, Bullis, & Cumblad, 1997)。

3.1.2　手続きの効率化

　私たちは、問題行動とその先行事象や後続事象に関する情報収集のために、より効率的なインタビューや観察の書式を開発してきている。これらの書式のうちのいくつかを、本書の第3部で紹介し解説している。また使用する記入用紙の全てを巻末資料に掲載しており、読者がそのまま利用できるようになっている。

　FBA のプロセスは、しっかりとした説明を行い、健全な学校組織運営のもとで、時間管理に留意することによって迅速に処理することができる。ミーティングを予定表に組み込むこと、議題毎に時間配分をしておくこと、実行プランを詳細にしておくこと、記録を集中管理すること、などの簡単な手続きによって、時間の使い方を大きく改善することができる。時間を最大限有効に活用するためのこのような手続きについて、本書全般を通して詳細に解説する。

　行動の機能に基づく支援は、さらに効率化することができる。それは問題行動の複雑さや重症度に応じて、アセスメント・プロセスに必要な手続きが違ってくることを理解すれば実現可能である。例えば、問題行動を理由に支援要請のある子ども全員に対して、**完全版** FBA を行う必要はないのである。

　支援要請のある子どもの多くは、簡易版 FBA を実施することで、問題行動を適切に評価することができる。簡易版 FBA は、教師に対する簡単なインタビューによって、問題行動を定義し、その問題行動の先行事象や後続事象を特定するものである。この限られた情報だけでも、効果的な BSP を作成することはできる。簡易版 FBA は、以下のような場面での使用が適している。(1) 問題行動が重度でも複雑でもない、(2) 教師に対するインタビューによって特定された問題行動に関連する先行事象、後続事象、行動の機能について、支援チームが確固たる確信を持てる、(3) 対象の児童生徒には、停学、退学、オルタナティブ・スクールへの転校措置となるようなリスクがない。

　複雑で重度の問題行動を示しているか、あるいは先のリスクのある子ども

に対しては、完全版 FBA が必要となる。また子どもの問題行動が重度でなくても、教師に対する最初のインタビューから立てられたサマリー仮説[2]に、支援チームが確信を持てない場合、完全版 FBA を実施することが望ましい。完全版 FBA では、少なくとも 2 つ以上の場面で対象となる児童生徒を直接観察する。さらに別の教師、保護者、対象児童生徒へのインタビューや、子どもに関する学校の記録の見直しを行うことも多い。

　少ない割合ではあるが、問題行動を正確に評価し、効果的な指導介入を行うために、行動の機能分析[3]の実施を必要とする子どもがいるかもしれない。機能分析では、アセスメントの厳密さと正確性を高めるために、先行事象と後続事象の実験的操作を行う。機能分析は応用行動分析学の知識や経験のある人が実施しなければならない。

　学校内のリソースは限られているため、効率的・効果的で、通常教育になじむものであり、しかも子どもたちが示すさまざまな問題に合わせて調整可能であるような、FBA の包括的なモデルを学校は必要としている。本書では 3 層から成るモデル（簡易版 FBA・完全版 FBA・機能分析）について解説し、さらにこれら 3 つの方法を使い分けるための意思決定のプロセスについて示す。

補足資料[4]

機能的アセスメントの実施

O'Neill, R. E., Horner, R. H., Albin, R. W., Sprague, J. R., Storey, K., & Newton, J. S.(1997). *Functional assessment and program development for problem behavior: A practical handbook* (2nd ed.). Pacific Grove, CA: Brooks/Cole.（『子どもの視点で考える問題行動解決支援ハンドブック』三田地昭典・三田地真実監訳, 2003, 学苑社）

訳註[2]　行動の機能に関する仮説。
訳註[3]　第 2 章に説明、第 3 章の補足資料に文献リストあり。
訳註[4]　日本語で入手可能なものは日本語訳あり。

機能的アセスメントインタビュー実施のためのツール
・日課表アセスメント用紙（巻末資料 E を参照）
・簡易版機能的アセスメントインタビュー用紙（巻末資料 F を参照）
・機能的行動アセスメントと行動支援計画の実施手順（巻末資料 B を参照）
・教職員用の機能的アセスメント・チェックリスト（巻末資料 C を参照）
・機能的アセスメントインタビュー

 R. E. O'Neill, R. H. Horner, R. W. Albin, J. R. Sprague, K. Story, & J. S. Newton (1997), *Functional assessment and program development for problem behavior: A practical handbook.* (2nd ed.). Pacific Grove, CA: Brooks/Cole. （前出）

・児童生徒を対象とした機能的アセスメントインタビュー（巻末資料 D を参照）

機能的アセスメント観察を実施するためのツール
・機能的アセスメント観察用紙（巻末資料 H を参照）

 R. E. O'Neill, R. H. Horner, R. W. Albin, J. R. Sprague, K. Story, & J. S. Newton (1997), *Functional assessment and program development for problem behavior: A practical handbook.* (2nd ed.). Pacific Grove, CA: Brooks/Cole.

・機能的行動アセスメント観察用紙（巻末資料 G を参照）

 G. Sugai & J. Tindal (1993), *Effective school consultation.* Pacific Grove, CA: Brooks/Cole.

行動支援計画を立案するためのツール
・機能的行動アセスメントと行動支援計画の実施手順（巻末資料 B を参照）
・行動支援計画の質を評価するためのチェックリスト（巻末資料 I を参照）

 Adapted from Horner, R. H., Sugai, G., Todd, A. W., & Lewis-Palmer, T. (1999-2000). Elements of behavior support plans: A technical brief. *Exceptionality, 8,* 205-216.

行動マネジメント

Colvin, G. (1992). *Managing acting-out behavior: A staff development program.* Eugene, OR: Behavior Associates (distributed by Sopris West, Longmont, CO).

Colvin, G., & Sugai, G. (1989). *Managing escalating behavior* (2nd ed.). Eugene, OR: Behavior Associates.

Koegel, L. K., Koegel, R. L., & Dunlap, G. (Eds.). (1996). *Positive behavioral support: Including people with difficult behavior in the community.* Baltimore: Brookes.

Nelson, C. M., & Rutherford, R. B., Jr. (1988). Behavioral interventions with behaviorally disordered students. In M. C. Wang, M. C. Reynolds, & H. J. Walberg (Eds.), *Handbook of special education: Research and practice* (Vol. 2, pp. 125-153). Oxford, UK: Pergamon Press.

Repp, A. C., & Horner, R. H. (Eds.). (1999). *Functional analysis of problem behavior:*

From effective assessment to effective support. Belmont, CA: Wadsworth.

スクールワイド・教室・教室以外の場所への指導介入

Cangelosi, J. S. (1988). *Classroom management strategies: Gaining and maintaining students' cooperation.* White Plains, NY: Longman.

Charles, G. M. (1989). *Building classroom discipline: From models to practice* (3rd ed.). White Plains, NY: Longman.

Kartub, D. T., Taylor-Greene, S., March, R. E., & Horner, R. H. (2000). Reducing hallway noise: A systems approach. *Journal of Positive Behavioral Interventions, 2*(3), 179-182.

Lewis, T. J. & Garrison-Harrell, L. (1999). Effective behavior support: Designing setting-specific interventions. *Effective School Practices, 17,* No. 4 (pp. 38-46). Eugene, OR: Association for Direct Instruction.

Sprick, R. S., & Howard, L. M. (1995-1997). *The teacher's encyclopedia of behavior management.* Longmont, CO: Sopris West.

Sprick, R., Sprick, M., & Garrison, M. (1993). *Interventions: Collaborative planning for students at risk.* Longmont, CO: Sopris West.

Taylor-Greene, S., Brown, D., Nelson, L., Longton, J., Gassman, T., Cohen, J., Swartz, J., Horner, R. H., Sugai, G., & Hall, S. (1997). School-wide behavioral support: Starting the year off right. *Journal of Behavioral Education, 7*(1), 99-112.

危機プラン

Fairchild, T. N. (1997). School-based helpers' role in crisis intervention. In T. N. Fairchild (Ed.), *Crisis intervention strategies for school-based helpers* (pp. 3-19). Springfield, IL: Charles C. Thomas.

Parks, A. L., & Fodor-Davis, J. (1997). Managing violent and disruptive students. In T. N. Fairchild (Ed.), *Crisis intervention strategies for school-based helpers* (pp. 245-277). Springfield, IL: Charles C Thomas.

Sprick, R., Sprick, M., & Garrison, M. (1993). *Interventions: Collaborative planning for students at risk.* Longmont, CO: Sopris West.

第2章

問題行動に対するアセスメントや指導介入に関する考え方を変える

1. はじめに

　行動の機能に基づく指導アプローチでは、問題行動に対する効果的な解決方法は、（個人の病理的症状ではなく）問題行動のきっかけとなる環境事象や、問題行動を維持している環境事象に焦点を当てる。「児童生徒個人を治そうとする」のではなく、その児童生徒の環境を変えるという点を重視することは、多くの学校関係者にとって考え方の劇的な転換となる。したがって、行動の機能に基づく支援を実際に実施する前に、機能的行動アセスメント（FBA）の基礎となっている以下の3つの前提条件を理解しておくことが重要である。（1）人間の行動は機能的である。（2）人間の行動は予測可能である。（3）人間の行動は変容可能である。

1.1　人間の行動は機能的である

　行動の機能に基づく支援に関する第1の原理は、人はある理由のためにそのような方法で行動するということである。すなわち、多くの行動は、ある目的を果たすという点で機能的なのである。この場合の行動の機能とは、欲しいものが手に入るということかもしれないし、大人や友だちからの注目を得ることかもしれない。あるいは、嫌な状況や嫌いな人から逃避することかもしれない。行動の後に続く結果、あるいは後続事象は、その行動の、将来の生起に影響を及ぼす。児童生徒は、かしこく、洞察力がある人のように、

ある方法が他のものよりも自分の望む成果を効果的に生み出すことを認識し始める。そしてその児童生徒は、効果のある方法を、効果のないものよりも頻繁に使うようになる。例えば、チアリーダー・チームの一員になりたいと思っている児童生徒は、適性試験が「人気者の」女の子たちに不公平に偏っていると不平不満を言うことよりも、決められた演目を繰り返し練習し、いつも欠席遅刻をせずに適性試験に参加することが、目的を果たすために有効であることを学ぶ。

皮肉なことに、適切な行動よりも**問題行動**の方が、自分の求めている結果を効率的に生み出すということを、児童生徒が学ぶ場合もある。例えば、ある生徒が授業中にかんしゃくを起こすことで難しい課題をやらずに逃げ出せた場合、あるいは教師に罵声を浴びせることによって友だちからの注目を一身に浴びることになるような場合に当てはまる。学校関係者にとっては非常に残念なことだが、このような児童生徒は、不適切な行動が自分の欲しいものを得るのに有効な手段となり得ることを知っている。その結果、児童生徒の示す問題行動は生起し続ける、あるいはよりいっそう激しいものになる。例として、次のような場合について考えてみよう。

　　ジェームズは中学1年生で音読に困難がある。社会科の授業では、生徒は1人ずつ、教科書の一部を声に出して交代で読むことになっている。自分の読む順番が来たとき、ジェームズはかんしゃくを起こし始める。床に教科書を放り投げて、教師に罵声を浴びせる。教師は、彼を副校長室へ連れて行くことで対応する。この問題行動は生起し続け、よりいっそうひどい状態になる。

　　小学2年生のマイケルは、列の最後に並ぶように言われると、整列している他の子どものことを押す。しかし、教師がドアを空けたままで押さえるようマイケルに頼むと、マイケルは友だちを押すのをやめる。このようなことが、食堂に移動するために整列するたびに起こる。この問題行動は毎日続いている。

リサは小学校5年生で、皆の注目の的になることが大好きである。彼女は授業中にクラスメイトを笑わすような場にそぐわない冗談をよく大声で言う。教師が毎回その冗談を遮って、5年生らしい行動が何であるのかをリサに長い時間をかけて説教しているにもかかわらず、その行動は続いている。

以上のような混乱やイライラする状況は児童生徒によってもたらされたものではあるが、前後の状況を考えれば、これらの行動について理解することができる。3人の児童生徒は、適切な行動ではなく、不適切な行動を行うことで、自分の望んでいる結果（恥ずかしい状況から逃れる、なんらかの特権を得る、または友だちの注目を浴びる）を達成している。つまりその不適切な行動は、それぞれの児童生徒にとってある機能を果たしているのである。

1.2　人間の行動は予測可能である

人間の行動は、周りに人や物の存在がなければ生じることはない。行動を取り巻く環境条件が、問題行動を準備状態にしたり、引き起こしたり、あるいはその行動を維持させることができる。例えば、ジェームズの場合を考えてみよう。ジェームズは自分が音読をうまくできないことで恥ずかしく思っていた。教師は、ジェームズに読みの問題があることに気づいてはいたが、彼の問題行動で混乱させられていた。その教師は、ジェームズの行動は予測できないものとして見ており、何度も繰り返し副校長室へと呼び出すことでは、その行動がなくならない理由が思い当たらないのである。行動支援チームがより綿密な分析を通じて、ジェームズの問題行動の生起に関係している2つの重要な要因を指摘した。まず第1に、彼の問題行動が、多くの人の前で音読しなければならない状況において最も頻繁に起こるということである。この環境条件は、ジェームズの問題行動の**予測因子**あるいは**先行事象**として機能している。第2に、問題行動のために副校長室に連れて行かれれば、ジェームズは、友だちの前でうまく文章が読めないという恥ずかしい思いをしないで済む。思春期前の多くの子どもたちにみられるように、ジェームズも、

自分がうまく読めないことを友だちに知られるよりは、トラブルメーカーであると思われた方がましだと考えているのだろう。この場合、副校長室に呼び出されるという**後続事象**は、ジェームズにとって報酬になっていた。事実、ジェームズはクラスメイトの前で音読したくないときは、かんしゃくを**起こせばよい**ということを学習していたのである。ジェームズのかんしゃくを引き起こしたり、維持させたりしている、先行事象と後続事象を探し出すことによって、彼の問題行動は確実に予測可能となる。

1.3　人間の行動は変容可能である

　私たちは行動を予測できるだけでなく、変容させることもできる。問題行動の機能、先行事象、そして後続事象がわかることは、その問題行動に適した行動的介入を正確に見つけ出し、指導案を作成するのに役立つ。行動の**機能**のアセスメント（FBA）は、指導の視点を「子どもの内部にある病理を治療すること」から「効果的な日常環境の日課をデザインすること」へと切り替える。行動支援チームは、問題が起こっている日課（例えば、ジェームズの場合、社会科の授業中の音読）を分析して、対象の児童生徒がその状況でうまく振る舞えるように、このような日課に対して実行可能で現実的な変化をどのように行うのかを決定する。

　行動的介入には２つの重要な目標がある。それは、**問題行動を減らすこと**と**適切な行動を増やすこと**である。これらの目標を達成するためには、児童生徒の日課、スキルのレパートリー、または大人との相互作用を、広い範囲で変容させる必要があることが多い。これらの目標を達成するためには、少なくとも３つの方法がある。

1. **そもそも問題行動を無関係なものにする。**
　　その行動を行う必要性を消し去るか、減らしてしまう。
2. **問題行動を非効率的なものにする。**
　　不適切な行動と同じ機能を果たす代替行動を対象児童生徒に教える。
3. **問題行動を効果のないものにする。**

児童生徒が求めているものを、不適切な行動によって手に入れさせないようにする。

1.3.1　そもそも問題行動を無関係なものにする[1]

　問題行動の先行事象を変えることによって、問題が生じている日課を変更すると、しばしば問題行動は無関係なものとなる。例えばスーザンは、国語と算数の授業中に注意集中が極めて困難であるという理由で、行動支援チームに相談依頼がきた。スーザンの行動と日課に関して実施したFBAの結果は、2つの重要な知見をもたらした。すなわち、(1) 算数と国語の授業は午前中に行われていたこと、(2) スーザンはしばしば朝食を食べずに学校に来ていたこと、であった。行動支援チームは、スーザンの示す注意集中の困難さは、空腹が直接的な原因であると結論づけた。そして、スーザンの日課を、毎朝、学校のカフェテリアで朝食を食べるという形に変更した。この変更でスーザンが朝食を取れるようになると、算数と国語の時間に注意集中の困難さを示さなくなった。言い換えれば、スーザンの日課を、お金のかからない実践可能な形で変更することによって、問題行動が「無関係なもの」となったのである。問題行動を変容させるためには、行動の後続事象を変えるよりも、その先行事象を変える方が、時間と労力を節約できることが多い（Luiselli & Cameron, 1998）。

1.3.2　問題行動を非効率的なものにする

　教師や教育関係者たちはたいてい、問題行動の**機能そのもの**が不適切であるとか不快であるとは考えない。教師は、問題行動を起こしている児童生徒が他者からの注目を求めていること、嫌悪的な状況から逃避したがっていること、そしてご褒美や特権を手に入れたがっていることはわかっている。むしろ、児童生徒がその目的（機能）を果たすために用いている「**手段**」が問

訳註[1]　この文は、問題行動の動機づけ変数（セッティング事象）を操作して、問題行動を生じさせる動機づけをなくす、という意味である。言い換えれば、先行子操作をして、そもそも「問題行動を起こさなくても済むようにさせる」あるいは「問題行動を起こす必要性をなくす」という内容である。ここでは、原文に沿う形で、この意味内容を「問題行動を無関係にする」と表現している。

題なのである。効果的な行動的介入の欠くことのできない要素は、不適切な行動と同じ機能を果たしている適切な代替行動を子どもに教えることである。ある子どもが、仮に友だちや教師との関係を損なうことなく、自分の望んでいる目的が達成できるのであれば、適切な行動よりも問題行動は非効率的なものとなる。その子どもは、より頻繁に代替行動を用い始める。

　前述した例において、ジェームズは、恥をかくような状況から抜け出すためにかんしゃくを起こしていたようであった。行動支援チームは、放課後の居残りや校内謹慎処分を実施するのではなく、かんしゃくと同じ機能を果たす代替行動をジェームズに教える必要がある。支援チームはジェームズに対して、課題が難しくて困ってしまったと感じているときは、2分間の休憩を教師に求めるということを教えることができよう。あるいは音読課題の代わりに、ジェームズの読みの能力に合った黙読課題を与えるように教師に依頼することもできよう。これらの2つの指導は、両方ともジェームズのかんしゃくと同じ機能を果たしている。すなわち、人前で困難な学業課題に取り組むというばつの悪い状況に彼がいなくても済むようにするという機能である。そして、これらの代替行動は教師にとって、かんしゃくよりもはるかに受け入れやすいものである。その結果、その問題行動（かんしゃく）は**非効率的**なものになる。ジェームズは、今では教師と対立するような場面を作り出すことなく、恥をかくという状況を避けることができている。

1.3.3　問題行動を効果のないものにする

　児童生徒の立場からすると、問題行動はとてもよく機能している。問題行動によって、困難な状況から脱出できる場合もあれば、求めているものが得られる場合もある。昼食時間の前に、クッキーを食べたがっている幼稚園児について考えてみよう。最初、教師はその子にダメと言う。子どもは駄々をこね始める。教師は、一歩も引かずに子どもの駄々をこねる行動に対してタイムアウト[2]を用いる。その子どもは、より騒がしく、より頑固になる。最終的に、教師は根負けしてしまいその子にクッキーを与える。そして子ども

訳註[2]　問題行動が強化されないように、別室移動などを実施する手続き。

は、駄々をこねると嫌な思いをするということではなく、欲しいものを手に入れるためにはもっともっと大きな声で駄々をこねる必要があるだけということを学習する！　問題行動を効果のないものにするために、行動支援チームは、問題行動を維持させている後続事象を特定しなければならない。そして、その後続事象は取り除かれなければならない。問題行動を維持させている後続事象（例えば、駄々をこねられて教師が根負けしてしまうこと）をなくすことによって、子どもは、その問題行動は自分が求めている結果を得るためには**効果のある**方法ではないことを学ぶのである。

2．アセスメント

・**ある問題行動が児童生徒個人の問題の結果であるのか、あるいは学校・学級規模のシステムの問題の結果であるのかは、どうすれば明らかになるのか？**

　本書では、行動の機能に基づいた支援システムを学校内で開発し、根付かせ、維持させるためのモデルを示していく。学校で見られる行動面のあらゆる範囲の問題に対応できるようなモデルを築くことを目指している。

　最初の課題は、児童生徒の問題行動に頭を悩ませている学校内には、複数のシステムが存在していることを理解することである。そのシステムとは、学校規模（スクールワイド）、学級規模（クラスワイド）、教室以外の共用の場所（例えば食堂、廊下、運動場など）、そして個々の児童生徒に関連するものである（図2．1を参照）。これらのシステムは、全ての学校に存在している。またそれぞれのシステムは重なり合い、そして互いに影響を与え合っている。どのシステムも、問題行動を引き起こしたり、維持させたりする可能性のある場面状況である一方で、問題行動を減らすためにデザインし直すことが可能なものでもある（Todd, Horner, Sugai, & Colvin, 1999）。

　スガイら（1999）は、学校内でどのシステムに介入する必要があるのかを正確に特定する方法を開発してきている。この方法は、学校のオフィス・リフェラルの記録に見られるパターンを検討することに基づいている。校内で起きた全てのオフィス・リフェラルは、簡便なデータベースに毎日入力される。このデータベースからシンプルな棒グラフが作成され、オフィス・リ

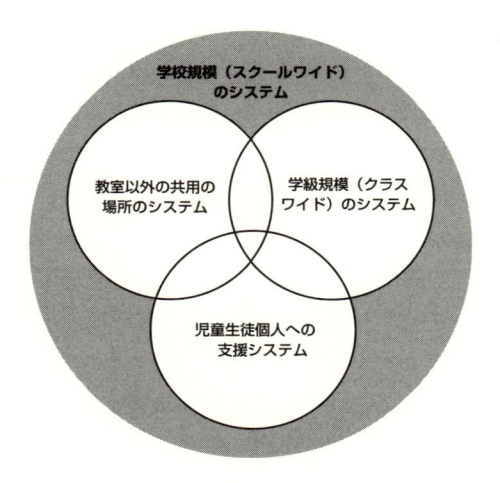

図2.1 各学校内にある行動システム
Horner, Sugai, Todd, & Lewis-Palmer (1999).
© 1999-2000 Lawrence Erlbaum Associates.

フェラルのさまざまなパターンを図示することができる。オフィス・リフェラルのデータを記録し、分析するために、スクールワイド情報システム(School-Wide Information System；以下、**SWIS**) と呼ばれるインターネット上のシステムを利用することを本書では推奨している。SWISに関する情報は、*www.swis.org*で入手可能である。SWISを入手するための連絡先は、第8章の補足資料の項目にリストアップしてある。

もし、児童生徒の大多数（すなわち35％以上）が1年以内に少なくとも1回のオフィス・リフェラルを受けているとすれば、その学校はスクールワイド・レベルの問題を抱えており、効果的な行動支援が実行できない状態にある。スクールワイドのレベルで生じている問題には、スクールワイドのレベルに介入することが必要となるであろう。解決方法のひとつは、その学校内で期待される基本的な行動を4つか5つ決めて、これらの行動を全校児童生徒に対して説明し、モデルを示し、そして練習させることである（Taylor-Greene et al., 1997）。

オフィス・リフェラルの数が、1つか2つの学級で突出して生じているな

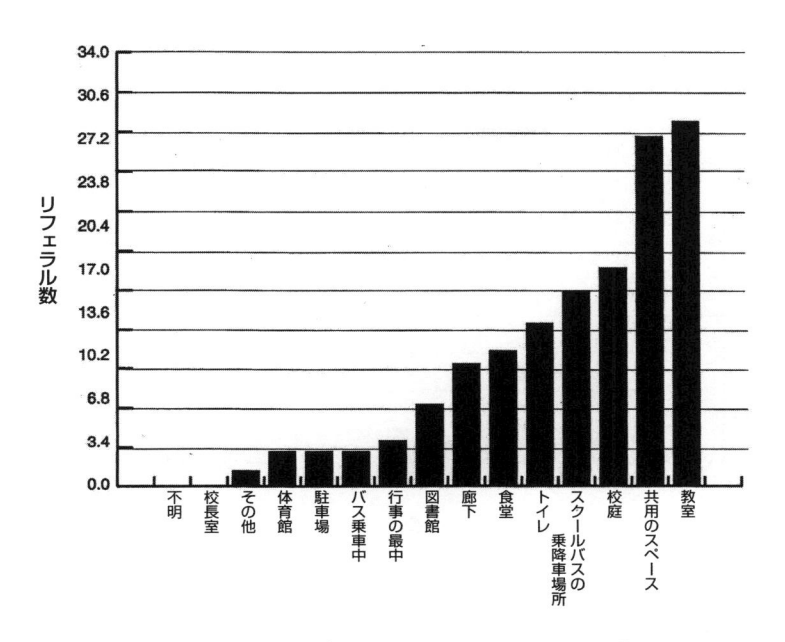

図2.2　場所ごとのオフィス・リフェラルの数

らば、その学級に対してのみ行動的介入を行う必要性がある可能性が高い。同様に、問題の多くが1つか2つの場所、例えば校庭やカフェテリアにおいてのみ生じているならば、その問題は共用スペースにある可能性が高い。最後にもしごく一部の児童生徒が、多数のオフィス・リフェラルを起こしているのであれば、その問題は特定の個人に関する支援システムにあるか、あるいは同じような問題を示す児童生徒グループにあることになる。そして、**これらの児童生徒たちが、行動の機能に基づく支援の恩恵を受ける児童生徒ということである**。

　図2.2と図2.3は、以上のような方法がどのように用いられているかを示している。図2.2は、ある学校におけるオフィス・リフェラル数を、起きた場所ごとに示したものである。この学校では、問題行動の大多数は、教室、共用スペース、そして校庭で起こっている。よって、行動支援チームは、以上の場所における行動の改善に集中して努力するべきであると結論づける

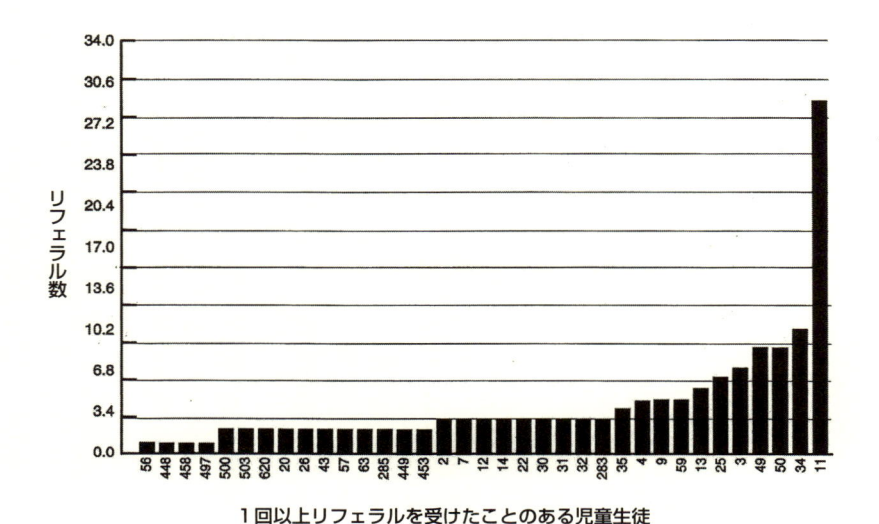

図2.3　児童生徒ごとのオフィス・リフェラルの数

であろう。

　図2.3は、データベース内に記録されたオフィス・リフェラルの数を児童生徒ごとに示したものである（リフェラルを1度も受けていない児童生徒の記録は、このデータベースには入力されていない）。この学校では、リフェラルを1回以上受けていた児童生徒の数は、全児童生徒数の35％に満たなかった。この結果から行動支援チームは、それまでに実施してきたユニバーサルな介入が、大部分の児童生徒の問題行動を低減させるのに効果的であったと当然のこととして結論づけることはできる。したがってこれ以降、この支援チームは、個々の児童生徒に着目することが可能になる。大部分のリフェラルの原因となっている1～7％の児童生徒は、おそらく、行動の機能に基づく支援の対象としてもっとも適した者であろう。もし、学校がSWISと類似したデータベース・システムを使用しているのであれば、支援チームはオフィス・リフェラルに関する報告書を児童生徒ごとに作成できる。その報告書には、データベース内に記録されている、児童生徒の受けたひとつひ

とつのリフェラルに関する詳細な情報が示される。

　学校によっては、1つ以上のシステムで問題が生じている場合もある。それぞれのシステム内で問題行動をアセスメントしたりマネジメントしたりする技術については、すでに広範囲にわたって紹介されている（第1章と第8章の補足資料には、スクールワイド、クラスワイド、そして教室以外の場所の各レベルにおける介入のための参考文献がある）。本書では、**児童生徒への個別の支援システムのレベル**で、問題行動をアセスメントし、マネジメントする方法を紹介していく。

・児童生徒の個別の支援システム・レベルで生じているのは、何％の問題行動なのか？

　オフィス・リフェラルに関する記録を調べると、平均で、リフェラルのうち半数が、約5％の児童生徒によるものであった（Sugai et al., 1999）。これは、学校関係者にとっては驚くべき結果かもしれない。この結果を前向きに捉えれば、大部分の児童生徒は深刻な問題行動を起こしていないことになる。要するに、80〜85％の児童生徒については、簡便かつユニバーサルな応用行動分析学的なマネジメント方法が効果をもつであろう（Sugai et al., 1999）。図2.4に示した学校全体の行動支援ピラミッドの図は、学校内で生じる問題行動の重症度を、(1)システムのレベル（図の左端）、(2)推奨されるアセスメントのレベル（図の真ん中）、そして、(3)推奨される介入のレベル（図の右側）によって分類したものである。

　図2.4は、問題行動のレベルとその強度に合わせて、その行動をアセスメントしたり介入を計画したりするために使用するさまざまなリソースを配分する必要があることを示している。例えば、オフィス・リフェラルの記録が示す傾向を分析した結果、校庭で問題行動が頻発していることが明らかになった場合、校庭のどのような特徴が問題行動を生起する確率を高めているのかを特定するためにアセスメントを行う必要がある。例えば、**校庭には大人の目の届かない場所があるのかどうか？　数に限りのある遊具を共有するのに子どもの数が多すぎることはないか？　校庭では子どもたちの安全を見守る教職員の数が少なすぎることはないか？**などである。このアセスメントを通

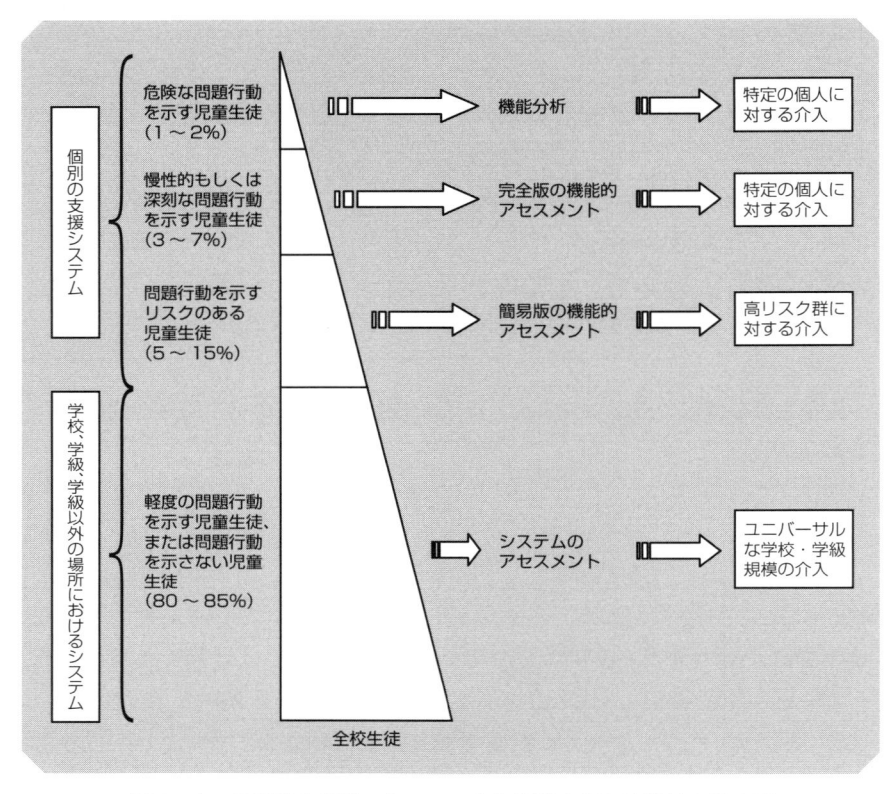

図2.4　効果的な行動アセスメントと行動支援の連続性を示す図
※「学校全体の行動支援ピラミッドの図」とも呼ばれる
Based on Walker, et al. (1996).
© 2003 by Deanne A. Crone and Robert H. Horner.

じて、教室以外の共有の場所のシステムの中で機能不全を起こしている特徴が見出されたとき、介入はその機能不全を直接変更するよう計画されるべきである。

・個別の支援システム・レベルに関する支援依頼のうち、何％が簡易版FBA、完全版FBA、または機能分析を必要としているか？

　行動支援チームは、学校全体の行動支援ピラミッド（図2.4参照）の頂

第2章 問題行動に対するアセスメントや指導介入に関する考え方を変える

点から1〜15％の位置にいる児童生徒と関わりをもつことになる。これらの児童生徒はさらに細かく区別することができる。

　オフィス・リフェラルの記録から、深刻な問題行動を起こすリスクは高いが、その時点では危険性の高い深刻な問題行動は起こしておらず、また慢性化するに至っていないような児童生徒の存在が示されることがある。このような児童生徒に対しては、簡易版FBAで個別化できた高リスク群に対する指導介入によって効果が得られる可能性がある。例えば、学校内に「チェックイン・チェックアウト」システムを設けることが考えられる。このシステムでは、将来的に深刻な問題行動を示すリスクのある児童生徒たちをあらかじめ特定しておく。その児童生徒ひとりひとりに、5つの行動目標が箇条書きになっている行動目標カードが手渡される。1日のはじめに、児童生徒は、新しい行動目標カードを受け取るために毎日同じ教育補助員に「チェックイン」の手続きを行う。そこで児童生徒はその日に必要な教科書等を全て持参していることを見せる。教師は1日を通して、児童生徒がどの程度それぞれの行動目標を達成したかを評価する（評価は通常、0〜2点の尺度で行われる）。1日の終わりに、児童生徒は朝と同じ教育補助員に対して「チェックアウト」を行い、その日の行動目標カードのコピーを学校に置いていく。この同じシステムが、リスクが高いと判断された児童生徒全員に適用される。そのデータ（毎日の行動目標カードの評定）に基づいて、実行中のシステム（チェックイン・チェックアウトシステム）が効果を示さないと判断された児童生徒に対しては、簡易版FBAを実施し、高リスク群への介入プログラムをその子ども用に個別化するための方略を見つけ出す。最も重要な留意事項は、高リスク群への介入プログラムが特定の児童生徒の問題行動の機能に適合しているかどうかである。我々は、高リスク群への介入プログラムや簡易版FBAが、個別の支援システムによる対応が求められる児童生徒の半数以上をカバーしうるものと考えている。

　「ピラミッドの頂点」に位置している児童生徒のおよそ3分の1（あるいは全校児童生徒の3〜7％）が、深刻な問題行動のある児童生徒である。これらの児童生徒の多くは、停学や退学のリスクがあると考えられる。この児童生徒たちには、完全版のFBAと個別化された行動支援計画（BSP）が必

要となるだろう。

　一般的に、個別の支援システムによる対応が必要な児童生徒の 15％以下（もしくは全校児童生徒の 1 ～ 2 ％）は、深刻でなおかつ危険な行動を慢性的に示す。これらの児童生徒は、退学やオルタナティブ・スクールに転校措置されるリスクがあるか、あるいは児童生徒自身や他の人を危険な状態にさらしている可能性がある。行動支援チームは、これらの児童生徒に対するアセスメントと介入のために、より多くのリソースと時間を費やす必要がある。支援チームへと相談依頼された、この少数の限られた児童生徒に対しては、おそらく行動の機能分析を用いることが適切であろう。

　FBA に費やされる時間、リソース、そして分析しなければならないデータの量は、アセスメントの範囲によって異なる。簡易版 FBA にはおおよそ 20 ～ 30 分の時間が必要であると考えられる。（本書で紹介している）完全版 FBA にはおよそ 2 時間が必要であり、さらに、機能分析には 20 時間かそれ以上の時間を費やす必要がある（Gable, 1999; Gresham, Quinn, & Restori, 1999）。BSP を立案し、実行し、そしてその成果をモニターするためには、さらに多くの時間が必要となる。実際に必要とされる時間数は、学校毎に異なるかもしれない。しかし学校の違いに関わらず、必要とされる時間の長さは簡易版 FBA、完全版 FBA、機能分析へと移るにしたがい大幅に増加する。

・**学校全体の行動支援ピラミッドモデルは、個別のオフィス・リフェラルに対応する IDEA の基準を満たしているか？**

　この問いに対する答えは「イエス」である。IDEA の修正条項（1997）においては、「ある種の懲戒処分が学校関係者によって決定されたとき、IEPチームは、10 日以内に行動的介入の計画を立案するために必要なデータを収集することを目的として、FBA を実施する計画を立てるためのミーティングを開催しなければならない。あるいは、行動的介入計画が既に存在するならば、その計画が懲戒処分の対象となるような行動に対応することが確実にできるように、IEP チームはその介入方法を見直し、（必要に応じて）修正しなければならない」ということが求められている。**つまり、学校は、1**

意思決定の規準：	意思決定の規準：	意思決定の規準：
児童生徒が自分自身や周囲の人に危険をもたらしている。もしくは、以前に行ったアセスメントが不明確で効果がなかった。	児童生徒が停学・退学・オルタナティブ・スクールへの転校措置の可能性がある。もしくは、チームが仮説に対して最低限の確信しかもっていない。	児童生徒は危険をもたらしていない、停学・退学・オルタナティブ・スクール転校措置の可能性がない。そして、チームが仮説に対して確信をもっている。
意思決定：機能分析を実施する。	意思決定：完全版機能的行動アセスメントを実施する。	意思決定：簡易版機能的行動アセスメントを実施する。

（左2列）IDEA（1997）の要求事項を満たす

（全体）優れた専門的実践の基準を満たす

図2.5　機能的行動アセスメントのレベルに関する意思決定の規準

年で10日以上の停学、退学、オルタナティブ・スクールへの転校措置のリスクのある、障害のある全ての児童生徒に対して完全版FBAを実施するよう求められているのである。行動支援チームに相談依頼がある児童生徒の大部分は、これらの基準は満たしていないため、簡易版FBAで十分であろう。法的には、簡易版FBAは、IDEAの修正条項（1997）で規定された、上記基準に**該当する**児童生徒に関する要求事項を満たしそうにない。完全版FBAと機能分析の2つが、IDEAの修正条項の要求事項を満たしている。

　行動の機能に基づくアプローチ（すなわち簡易版FBA、完全版FBA、機能分析）を問題行動の重症度に応じて活用することは、専門的な実践としての基準を満たしており、問題行動を減少させ、適切な行動を促進する学校の力量を高めることになる。図2.5は簡易版FBA、完全版FBA、機能分析のいずれを用いるのかを決める際の意思決定プロセスを示している。

・FBAの実施にはどのようなステップが含まれるのか？
　FBAは、行動支援チームが支援要請を受けた後に開始される。「支援要請」

表2.1 機能的アセスメントの各レベルにおける目標、手続き、ツール、必要な時間

アセスメントの レベル	目　標	手続き	アセスメント ツール	必要な時間
簡易版機能的行動 アセスメント	問題の定義	短時間の インタビュー	F-BSP手順書の 教師インタビュー[a]のみ または FACTS-A[b] FACTS-B[c]	20〜30分 20分
完全版機能的行動 アセスメント	問題行動がいつ、 どのように、なぜ 生起するのかを理 解する	短時間の インタビュー 追加の インタビュー 直接観察 記録の見直し	F-BSP手順書の 教師・保護者・本 人インタビュー[a] SDFA[d] FA Interview[e] FAO[f] FBA form[g] 学校の記録	20〜30分 20〜30分 20〜45分 30分〜4時間 30分
機能分析	行動の理解を立証 する	直接観察と 系統的な実験操作	FAO	20時間、あるい はそれ以上

原註）表にあるアセスメントツールは提案にすぎない。学校によって異なるツールを使ってもよい。表にあるアセスメントツールは巻末資料に未記入のものが掲載されている。[a]機能的行動アセスメントと行動支援計画の実施手順（巻末資料B），[b]教職員用の機能的アセスメントチェックリスト：パートA（巻末資料C），[c]教職員用の機能的アセスメントチェックリスト：パートB（巻末資料C），[d]児童生徒を対象とした機能的アセスメントインタビュー（巻末資料D），[e]簡易版機能的アセスメントインタビュー用紙（巻末資料F），[f]機能的アセスメント観察用紙（巻末資料H），[g]機能的行動アセスメント観察用紙（巻末資料G）

は、教師、学校管理職、チームのメンバー、家族、児童生徒本人、またはその他の関係者の全てから行われる可能性がある。FBAの各ステップにおける目標、ツール、必要な時間の概略を表2.1に示した。

2.1　簡易版機能的行動アセスメント

最初の課題は問題を定義することである。行動支援チームは、問題行動を

操作的に定義しなければならない。また、問題行動の先行事象と後続事象も特定する。多くの場合、これらの課題は教師への簡単なインタビューで達成することができる。教師は、支援チームにとってもっとも重要な情報源である。なぜなら教師は毎日、児童生徒と一緒に活動し、彼らを観察しているからである。目標を明解にした援助を受けながら練習を積めば、教師は問題行動の先行事象、後続事象、そして問題行動に内在している機能について、多くの有益な情報を提供できるようになる。

　次のステップは、インタビューで得たデータを用いて、その問題行動が生起している理由に関して検証可能なサマリー仮説を立てることである。サマリー仮説には、問題行動に関する記述、問題行動の先行事象と後続事象に関する記述、そして問題行動の機能に関する仮説についての記述が含まれる。例えば次のように記述する。**「ジェームズは難しい文章を音読するよう言われると、本を床に放り投げ、教師を罵倒する。それは、問題行動を起こし、副校長室に連れて行かれることによって、友だちの前で読み間違いをして恥をかくことから逃避するためである」**

　最初のサマリー仮説ができたら、行動支援チームは、すでに問題行動について十分にアセスメントしたか、あるいはさらなる情報が必要かどうかについて判断を行う。すなわち、**サマリー仮説が問題行動の正確な説明になっていることに、どの程度チームが確信をもてるか？　自分たちが間違っていた場合、どの程度深刻な結果を招くか？**と問うてみる。もし、支援チームが自分たちのサマリー仮説にあまり確信をもてないのであれば、アセスメント情報をさらに収集すべきである。つまり完全版FBAを実施すべきである。さらに、対象の児童生徒が停学、退学、またはオルタナティブ・スクールへの転校措置のリスクがある場合、支援チームは、より多くの時間とリソースをアセスメントの過程に費やさなければならない。

　もし、行動支援チームがサマリー仮説に確信があり、問題行動の危険性が低く、児童生徒の教育を受ける権利を脅かすほどのものでなければ、簡易版FBAに基づきBSPを作成するべきである。その後、支援要請をした人物は、チームが提案した解決策を採用し、行動支援チームのメンバーから支援を受けながらその方法を実行する。そして、提案された支援方法の有効性を評価

するための、フォローアップの日程を関係者間で調整する。

2.2　完全版機能的行動アセスメント

　完全版FBAとは、問題行動に関する仮説を立てて検証するプロセスである。完全版FBAの目的は、BSPの効果と効率を向上させることである。具体的には、簡易版FBAに直接観察とさらに広範囲にわたるインタビューが追加されたものである。観察は、問題行動が特徴的に生起する場面で実施する。少なくとも1回は、同年齢の他の児童生徒の行動が参照できる条件で観察を行うべきで、これはアセスメントの対象となっている児童生徒の行動と他の児童生徒の行動とを比較するためである。同年齢の他の児童生徒の行動を参照するための観察を行わなければ、対象児の問題行動の頻度と強度が、同年齢の集団からかけ離れているかどうかを判断することができない。また、観察では、生起した問題行動のひとつひとつについて先行事象と後続事象を記録しなければならない。

　完全版FBAには追加のインタビュー情報が含まれる場合もある。児童生徒本人や保護者、そして他の教職員に対して、問題行動の詳細をさらに理解するためにインタビューを実施することもある（観察とインタビューのためのツールの見本は巻末資料にある）。また、完全版FBAには学業成績の記録を見直すことが含まれる場合もある。

　完全版FBAが完了した後、行動支援チームはサマリー仮説の確定あるいは修正をする。仮に、問題行動の先行事象、後続事象、およびその機能が正確に特定できたという確信がもてない場合、支援チームは以下の判断を行わなければならない。それは、**完全版FBAに基づいてBSPを作成すべきか、それともさらに多くの時間とリソースをかけて機能分析を実施するべきかどうか？** という問いに対する判断である。

　この意思決定は、明確な根拠なしに行ってはならない。機能分析は、さらに多くの時間を費やすことになり、また、応用行動分析学の専門家の支援を必要とするからである。支援チームは、機能分析を実施するために利用できるリソースがあるかどうかを、事例ごとに判断しなければならない。もしリ

ソースがすぐに利用可能であれば、即座に機能分析に取りかかることができる。もしリソースが不足しているようであれば、支援チームは、まずサマリー仮説が誤りであった場合の結果の深刻度について検討し、機能分析を実施するかしないかを選択する。例えば、児童生徒が自分自身や周囲にいる他の人たちを著しく危険にさらすような問題を引き起こしていたとすれば、その児童生徒の行動に対する機能分析は当然行われるべきであろう。機能分析の実施が示唆されない場合には、支援チームはBSPを立案し始めることになる（事例の多くは、この時点でBSPを立案し、その効果を検証するという判断をすることが妥当である）。

2.3 機能分析

　機能分析を実施することによって、行動支援チームは、問題行動ならびにその先行事象や行動の機能について、自分たちがわかっていることを実験的に確認することができる。機能分析では、仮説を検証するために環境変数を実験的、系統的に操作する（Vollmer & Northrup, 1996）。機能分析を行うことによって、問題行動の先行事象、問題行動を維持させている後続事象、そして問題行動の機能が明確になる。ここで得られた情報は、BSPを立案し実行するために用いられる。

　ここで読者は、重症度の高いケースであればあるほど、アセスメントの時間は長く必要となることを心に留めておいたほうがよい。アセスメントの時間は（重症度に応じて）20～30分から2時間へ、さらに2時間から20時間以上にまで増加する。問題行動が深刻な結果を引き起こしているような場合、アセスメントのために貴重な数時間を費やす余裕など教師にはないだろう。目の前の問題行動に対処するために、とりあえずその場がしのげるプランを教師は必要としている。学校は、深刻な問題行動に即座に対応するための、ユニバーサルな危機管理プランを備えているべきである。行動支援チームがFBAを完了させるまでの間、学校は対象の児童生徒と学級全体の安全を確保するために、短期的な危機管理プランによって教師を支援しなければならない（第1章の補足資料の危機管理プランの項目を参照）。

3．指導介入

. BSPの評価と修正には、どのようなステップが含まれるか？

　行動支援チームは、FBAを実施すべきレベルを決定し、それが完了するとすぐにBSPを立案し、実行し、そして修正するというプロセスに着手する。そのBSPは、複数の成果を生み出すものであり、以下のもので構成される。(1) セッティング事象や先行事象を変化させることによって問題行動の生起を予防する手続き、(2) 適切な行動を教える手続き、(3) 問題行動の後続事象を操作する手続き、(4) BSPの文脈適合性に関する配慮、(5) BSPの効果を評価するためのデータ収集の手続き、(6) 実施、評価、フォローアップについてのスケジュールの作成である。

　表2.2には、BSPを立案するまでに必要とされる手続きを一覧表にしてある。さらに第4章に、仮想的な事例に関するBSPを示してある。BSPの立案に関してもっと情報を得たい方は、第1章の補足資料に示した基礎的な教科書を参照していただきたい。

　BSPを実行した後、行動支援チームは、その効果と効率について評価しなければならない。支援チームはBSPの開始から2、3週間後に再び召集されるべきである。そして支援チームは、BSPの目標を再確認し、それまでの行動のデータを検討し、目標が達成されたかどうかを判断しなくてはならない。目標が達成されていた場合は、次のステップとしてBSPの効率性、つまり、**BSPは適切に効率的であったか？　あるいは、時間とリソースを節約するために立案し直す余地があるか？**について評価する。もしBSPの効率性が適切であれば、支援チームはBSPを修正したり再評価する必要はない。その場合、支援チームは2〜6ヶ月以内に、対象児童生徒のためのフォローアップ・ミーティングを行う。もし、BSPの効率性に改善の余地があるとすれば、チームは必要な修正を行う決定をする。そしてその修正されたBSPを実行し、2、3週間経過した頃、支援チームは再びミーティングを開いて、そのBSPの効果と効率を再評価しなければならない。

　最初の評価ミーティング（最初の支援計画の開始から2、3週間後に実施）で、支援チームが、目標が達成されていないという結論を出すこともある。

表2.2　行動支援計画の立案のステップと手続き

<u>問題の同定</u>
・支援要請を受け付ける
・支援計画作成を正式決定する

<u>機能的行動アセスメント</u>
・操作的定義に基づき問題行動を記述する
・仮説の立案とその評価のためのインタビューと観察を実施する
・必要であれば機能分析を実施する

<u>支援計画の立案</u>
・行動目標を設定する
・競合行動バイパスモデル作成用紙を完成させる（巻末資料B、ステップ6参照）
・指導介入方略の選択肢の一覧表を作成する
・関連する文脈的変数の全てを考慮する
・行動支援計画を構成する手続きを選定する

<u>計画実行</u>
・チームメンバーのそれぞれの役割と責任について、合意する
・その他の重要な人物（保護者や児童生徒など）の役割と責任について、合意する
・フォローアップミーティングの時期を決定する
・指導介入計画を行動支援計画に明記する
・行動支援計画を関係者全員に配布する
・行動支援計画を実行する

　その場合、BSPを修正するより前に、目標が達成されなかった理由を特定する必要がある。BSPが効果を示さない理由として、それが適切に実行されていない場合がよくある。支援チームは、支援計画の実行が困難となっている実施場面文脈上の制約が存在していないかどうかを検討する必要がある（実施場面文脈上の制約に関しては第4章でさらに解説する）。もし、重大な場面文脈上の制約が存在するのであれば、支援チームはそのことを考慮に入れた上で、支援計画を修正しなければならない。一方で、文脈上の制約がない場合、BSPは忠実に再実行されなければならない。

　支援計画がきちんと実行されているにもかかわらず、BSPの目標が達成されていないことが明らかになる場合もある。そのBSPは、問題行動に関する最初のアセスメントが不正解であったためにうまくいかなかった可能

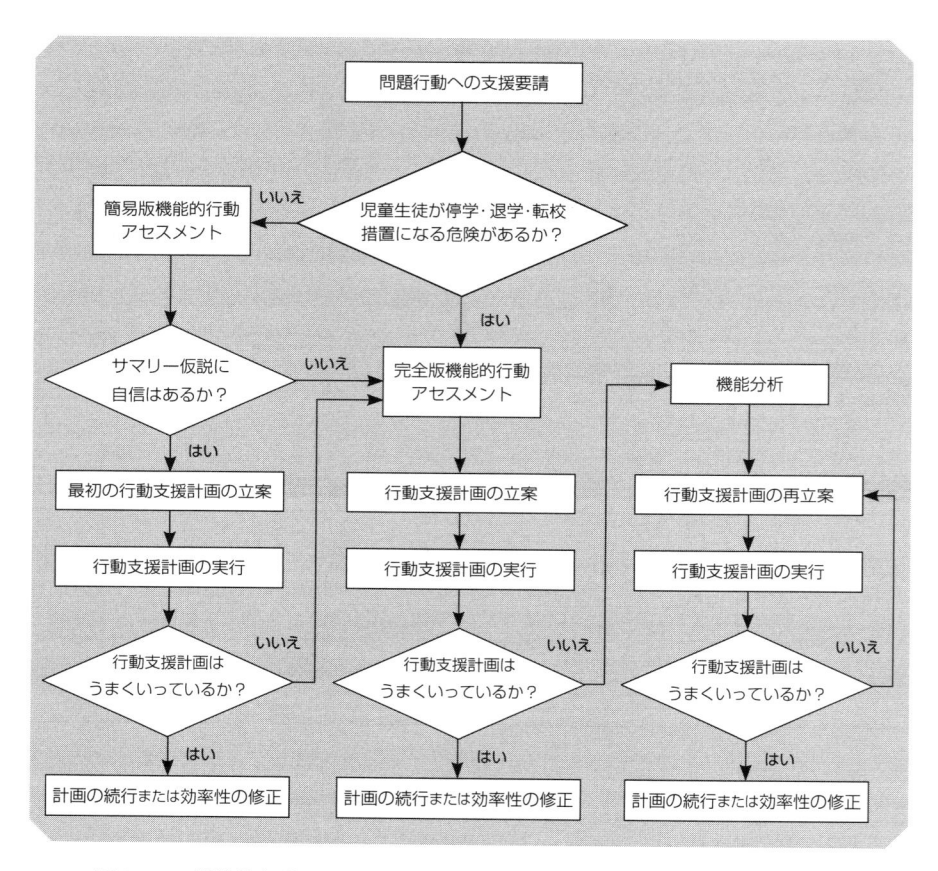

図2.6　機能的行動アセスメントと行動支援計画の手続きのフローチャート

性がある。その場合、支援チームは、さらなる FBA を実施する必要があるかどうかを判断しなくてはならない。特に、最初の BSP が簡易版 FBA のデータに基づいていた場合、アセスメントを追加して実施した方がよいだろう。もし、支援チームがさらにアセスメントを行う必要があると判断したら、観察、インタビュー、あるいは環境要因の系統的な操作を追加することで、問題行動の理解について確信が得られるまで作業を継続しなければならない。もし支援チームが、FBA を再実施する必要はないと判断するのであれば、BSP の方を修正する必要がある。そして、修正された支援計画の効

果と効率を評価するために、支援チームを2、3週間以内に召集する予定を立てなければならない。簡易版FBA、完全版FBA、機能分析に含まれるステップの概要を、図2.6のフローチャートに示した。

第2部

機能的行動アセスメントを学校組織に組み入れる
～3人の子どもの事例を通して～

第3章

機能的行動アセスメントの実施

1. はじめに

　本章では、最初に機能的行動アセスメントと行動支援計画（FBA－BSP）のプロセスの詳細を、学校で実際に生じうるような事例を用いて説明する。本章は、機能分析ではなく、簡易版機能的行動アセスメント（簡易版FBA）と完全版機能的行動アセスメント（完全版FBA）に焦点を当てている。機能分析に関する文献は、本章の補足資料の項目を参照してほしい。FBA－BSPのプロセスを示すために、3人の子どもの事例を選んだ。この事例は他の章でも説明のために使っている。以下の事例は実在の子どもたちではなく、いろいろな児童生徒に当てはまるFBA－BSPのプロセスを例示するために創作された仮想例である。

事例1

　トムは小学3年生で通常の学級に在籍している。トムは年度の途中で現在の学校に転校してきた。トムは、けんか、他の児童に対する言葉による嫌がらせ、大人を馬鹿にする態度が見られるため、担任が行動支援チームに支援を要請した児童であった。トムはすぐにかんしゃくを起こす。彼は読み書きの面で困難を抱えており、週に1時間半、読みの指導をリソースルーム（特別支援学級）の教師から受けている。トムは活発な性格で、休み時間にはスポーツを率先して楽しんでいる。

事例2

サラは幼稚園児で、大人からの注目の的になりたがっている。サラはすぐにかんしゃくを起こす。クラスではよくおしゃべりをしている。また、他の子どものことをよく「告げ口」する。他の子どもたちが、クラス共有のおもちゃを使っていると、彼女はその子たちに向かって大声を上げ、教師に告げ口をし、そして泣き叫び始める。休み時間には、自分を怒らせた友だちのことを地面に押し倒してしまった。サラの両親は最近離婚している。幼稚園に入園した最初の半年間で、サラはかんしゃくなどの問題行動で、合計10回のオフィス・リフェラルを受けていた。

事例3

ロナルドは中学1年生、12歳の男の子で、乱暴な攻撃行動を示している。注意欠陥・多動性障害（ADHD）の診断を受けており、リタリンを1日に2回服用している。ロナルドは、小学3年生のときに学業成績が思わしくないことと問題行動が頻繁だったため、特別支援教育サービスに紹介されていた。年度始めからの20週間で、ロナルドは50回以上のオフィス・リフェラルを受けている。個別の行動支援チームへの支援要請があったとき、学校側は問題行動を理由に彼を退学させることを検討中であった。

2．アセスメントのプロセス

アセスメントのプロセスは、行動支援チームへの支援要請から始まる。一般には教師が支援要請を行うが、保護者、あるいは食堂の監視員のような教師ではない学校職員が要請することもできる。この要請は、支援要請コーディネーターが受け付ける。コーディネーターは、この要請を行動支援チームへと送り、行動支援チームはFBA-BSPのプロセスを開始する。図3．1、図3．2、図3．3には、先に示した3人の事例に関して記入済みの支援要請用紙が示してある。未使用の支援要請用紙は巻末資料Aに掲載してある（図に示した例の中では、支援要請用紙の1ページ目だけが使用されている。期待されている行動に関する問いが、用紙の1ページ目に新たに加えられるよ

うになってきている)。

　コーディネーターが、ひとりひとりの児童生徒に関する教師からの支援要請を検討しながら、FBA‒BSPのプロセスを進めるのに役立つと考えられる重要な情報について、その詳細を記録する。例えば、サラ（図3.1）とロナルド（図3.3）の担任教師は、「弱化手続き」に大きく頼っていた。弱化手続きとは、例えば放課後の居残り、オフィス・リフェラル、説教をする、あるいはしつけをするように保護者に言うことであった。2名の教師は、このような弱化の方法を試みてきていたが、「**幼稚園や学校に入学して以来、未だに行動に変化が見られない**」「**厳しい規律を課しても、この子どもはびくともしないように見える**」という状態であった。

　図に示した支援要請用紙には5つの重要なポイントが示されている。1つ目は、教師が行っているような、問題行動が生じた後の事後的対応ではうまくいっていないということである。問題行動をマネジメントするためには、事後的対応ではない、もっと先を見越した、予防的な対応をBSPに組み入れる必要がある。2つ目は、教師が感じているストレスやイライラが支援要請用紙にはっきりと現れる場合が多いことである。過去に試みたことのある指導方法に関する質問への、ロナルドの担任教師の回答は、教師自身が高いフラストレーションを感じていることを示している。このような教師にはBSPを実行する最初の段階で、多くのサポートが必要である。3つ目の重要なポイントは、効果のない方法でも使い続けていれば、いつかはうまくいくと教師が信じ込んでいることである。つまり、「**うまくいっていませんが私はこの方法を使い続けるつもりです**」「**私はうまくいくまでオフィス・リフェラルをし続けます**」などのように。

　弱化手続きが成功しないことはすでに証明されているにもかかわらず、多くの教師たちはこの手続きが行動を変容させるもっとも効果的な方法であると強く信じている。弱化手続きがうまくいかない場面に何度も繰り返し直面していても、教師は自分で選んだ指導方法としてこの手続きを使用し続けることが多い。コーディネーターと行動支援チームは、支援要請をしてきた教師とともに、その教師が弱化手続きとは異なる行動変容のための方法を見つけ出し、それを理解できるよう援助していかなければならない。

トムの担任は弱化手続きに一部頼っていたが、問題行動を減少させようとカリキュラムの修正も試みていた（図3.2）。このような努力は、ある程度はうまくいっていたようである。行動支援チームは、このような効果のある方法を、今後どの程度発展させていくことができるかを判断しなければならない。また、支援チームはその判断の結論が出るまでは、教師の努力を認めた上でその実行を支援していくべきである。

　支援要請用紙をさらに詳細に見ていくと、4つめの重要なポイントが明らかになる。それは、教師による問題行動の記述はかなり曖昧で情報量が乏しいということである。サラについては「**告げ口屋さん**」と書かれ、ロナルドについては「**攻撃的**」「**手に負えない**」と書かれている。このような記述では、問題行動が観察可能で予測可能な形で記述されているとはいえない。また、この教師たちは問題行動がもっとも生起しそうな時間を特定することができていない。つまり、この教師たちにとって、問題行動は「**いつも**」生起しているように見えるか、「**予測不可能**」で「**突発的に**」起こるものなのである。支援チームは教師と協働で作業して、問題行動の**操作的定義**を書き上げ、その先行事象のうち最も頻繁に見られるものを見極めなくてはならない。

　問題行動の操作的定義は、観察可能で、測定可能な用語を用いて行動を記述するものである。2人の観察者が別々に児童生徒を観察しても、その行動が生起したかしないかについて観察結果が一致するように、問題行動の記述は明確にするべきである。例えば、担任教師はロナルドを「攻撃的」と記述するのではなく、「ロナルドは他の生徒がケガをするほどの力で殴る」とか「ロナルドは自分のイスや周りの生徒のイスの脚を蹴る」と表現することができるだろう。

　教師の多くは、行動を操作的に定義したり、先行事象を特定したりするという考え方に、最初は違和感を覚えるだろう。しかし、行動アセスメントに関する専門用語を使う機会を十分持てば、教師はよりスムーズに問題行動を定義したり、先行事象や後続事象の特定ができるようになる。そして、行動支援チームは、支援要請用紙を通じて教師から受け取る情報の質に大きな変化が生じてくることに気づき始めるだろう。ここでロナルドとトムの支援要請用紙を比較してみよう。トムの担任教師は8年間、この学校に勤めている。

支援要請用紙

記入日　　1月4日　　　　　　教師名／チーム名　　アーリー　　
　　　　　　　　　　　　　　IEP：　有　・　無　（○をつける）
児童生徒氏名　　サラ　　　　　学年　　幼稚園　　

状　況	問題行動	最もよくみられる結果
いつ攻撃的になるか予測できない	おしゃべり 人を突きとばす 告げ口屋さん	他の園児は動揺する 私は、その行動がどうして幼稚園でダメなのかを彼女に話している

これまでに試してきたことは何か？　それは有効だったか？
いつも告げ口をしないようにサラには伝えてきた。サラが人を突きとばしたときは、園長室に連れて行き、30分間オフィス・リフェラルを行った。そして、そのことを母親に報告してきた。幼稚園ではずっとこのような対応を続けてきたけど、サラの行動に変化はみられない。私はずっと頑張っているのに、うまくいかない！

対象児童生徒の行動上の目標／期待は何か？　　告げ口をしないこと　　

これまでに問題行動が生じている状況を変えるためにしてきたことは何か？（チェックする）

＿ 課題を対象児のスキルに合わせる	✓ 座席を替える	＿ 活動のスケジュールを変える	その他
＿ 対象児童生徒の学業スキルを改善するためチューター（訳註：クラス内で勉強の手助けをする友だち）を手配	＿ カリキュラムを変える	＿ 援助をする	

その場で期待されている行動を教えるために、これまでしてきたことは何か？（チェックする）

✓ 問題行動が起きそうになったら望ましい行動のリマインダー（訳註：思い出すきっかけとなる刺激）を出す	＿ クラス全体に対して期待されている行動とルールを明確にする	＿ クラスで期待されている行動の練習をする	その他
＿ 期待されている行動に対して、ごほうびをあげるプログラム	✓ ことばでの約束	＿ セルフマネジメント・プログラム	
＿ 行動に関する系統的なフィードバック	＿ 対象児童生徒との個別の契約書	＿ 対象児童生徒／保護者との約束	

問題行動に対してこれまで試みてきた結果の提示にはどのようなものがあったか？（チェックする）

✓ 何かの特権を失う	✓ 保護者に連絡ノートか電話で知らせる	✓ オフィス・リフェラル	その他
＿ タイムアウト	＿ 居残り	✓ 叱責	
＿ スクールカウンセラーに紹介	＿ 保護者と話し合い	＿ 対象児童生徒との個別面接	

図3.1　サラの支援要請用紙

（記録用紙自体は Todd, Horner, Sugai, and Colvin（1999）から許可を得て転載
© 1999 by Lawrence Erlbaum Associates.）

支援要請用紙

記入日___10月5日___　　　　教師名／チーム名___スミス___
　　　　　　　　　　　　　　IEP:　有　・　無　（○をつける）

児童生徒氏名___トム___　　　　学年___3年生___

状　況	問題行動	最もよくみられる結果
学級にいる大抵の時間 運動場や食堂では起こらない トムがしたくないことをするように指示するときは必ず	けんか 他の児童への悪口 大人への口答え	他の児童や大人と言い争いをすることになる オフィス・リフェラル
これまでに試してきたことは何か？　それは有効だったか？ オフィス・リフェラルを行い、叱責をしてきた。10月に、私はトムを読み学習のグループ（トムのレベルに合っており、1対1の支援が受けられる）に入れた。読み学習のグループ変更は、最も効果的であるように思われた。私はトムの読みのスキルに関する取り組みを続けていくつもりであるし、オフィス・リフェラルも効果が出るまで続けるつもりである。		

対象児童生徒の行動上の目標／期待は何か？　___他者に対して失礼なことをしない___

これまでに問題行動が生じている状況を変えるためにしてきたことは何か？（チェックする）

✓ 課題を対象児のスキルに合わせる	✓ 座席を替える	__ 活動のスケジュールを変える	その他
__ 対象児童生徒の学業スキルを改善するためチューター（訳註：クラス内で勉強の手助けをする友だち）を手配	✓ カリキュラムを変える	✓ 援助をする	

その場で期待されている行動を教えるために、これまでしてきたことは何か？（チェックする）

✓ 問題行動が起きそうになったら望ましい行動のリマインダー（訳註：思い出すきっかけとなる刺激）を出す	__ クラス全体に対して期待されている行動とルールを明確にする	__ クラスで期待されている行動の練習をする	その他
__ 期待されている行動に対して、ごほうびをあげるプログラム	✓ ことばでの約束	__ セルフマネジメント・プログラム	
__ 行動に関する系統的なフィードバック	__ 対象児童生徒との個別の契約書	__ 対象児童生徒／保護者との約束	

問題行動に対してこれまで試みてきた結果の提示にはどのようなものがあったか？（チェックする）

__ 何かの特権を失う	__ 保護者に連絡ノートか電話で知らせる	✓ オフィス・リフェラル	その他
✓ タイムアウト	__ 居残り	✓ 叱責	
__ スクールカウンセラーに紹介	__ 保護者と話し合い	__ 対象児童生徒との個別面接	

図3.2　トムの支援要請用紙

（記録用紙自体は Todd, Horner, Sugai, and Colvin（1999）から許可を得て転載
© 1999 by Lawrence Erlbaum Associates.）

支援要請用紙

記入日　　2月1日　　　　　　　教師名／チーム名　　ジャクソン

　　　　　　　　　　　　　　　IEP：　有　・　無　（○をつける）

児童生徒氏名　ロナルド　　　　学年　　中学1年生

状　況	問題行動	最もよくみられる結果
いつでも起こる 思いがけないときに、突然起こるようにみえる	攻撃的で手に負えないほどのいじめ	私は彼の行動について何度も何度も指導してきた。子どもたちは結局、彼を無視するようになった。彼はリフェラルを受け、停学になっている。

これまでに試してきたことは何か？　それは有効だったか？
今年度に入ってから、居残り、懲罰的なリフェラル、保護者への連絡、叱責、そして停学処分を行ってきた。この子は懲罰に対して動じていないようであり、私はロナルドの行動について指導することにうんざりしている。

対象児童生徒の行動上の目標／期待は何か？　　　けんかをしない

これまでに問題行動が生じている状況を変えるためにしてきたことは何か？（チェックする）

＿課題を対象児のスキルに合わせる	✓座席を替える	＿活動のスケジュールを変える	その他
＿対象児童生徒の学業スキルを改善するためチューター（訳註：クラス内で勉強の手助けをする友だち）を手配	＿カリキュラムを変える	＿援助をする	

その場で期待されている行動を教えるために、これまでしてきたことは何か？（チェックする）

✓問題行動が起きそうになったら望ましい行動のリマインダー（訳註：思い出すきっかけとなる刺激）を出す	✓クラス全体に対して期待されている行動とルールを明確にする	＿クラスで期待されている行動の練習をする	その他
＿期待されている行動に対して、ごほうびをあげるプログラム	＿ことばでの約束	＿セルフマネジメント・プログラム	
＿行動に関する系統的なフィードバック	＿対象児童生徒との個別の契約書	＿対象児童生徒／保護者との約束	

問題行動に対してこれまで試みてきた結果の提示にはどのようなものがあったか？（チェックする）

✓何かの特権を失う	✓保護者に連絡ノートか電話で知らせる	✓オフィス・リフェラル	その他
＿タイムアウト	✓居残り	✓叱責	
✓スクールカウンセラーに紹介	＿保護者と話し合い	＿対象児童生徒との個別面接	

図3.3　ロナルドの支援要請用紙

（記録用紙自体は Todd, Horner, Sugai, and Colvin（1999）から許可を得て転載
© 1999 by Lawrence Erlbaum Associates.）

ここ3年の間に、この教師は4人の児童に関して支援要請をしている。対照的に、ロナルドの担任教師は、新任であった。今回初めて、教育困難な生徒の問題行動をマネジメントする必要性に直面したのだった。この2人の教師によって報告された情報の間には、明確さという点で大きな違いが見られる。

最後に、コーディネーターは期待される望ましい行動の多くが否定形を用いたルール、例えば、「**けんかをしない**」「**告げ口をしない**」など、で記述されていることに気づくであろう。周囲の大人は、どの行動が許されないのかを伝えることに加えて、**期待される行動をやり遂げることも教えなくてはならない**。児童生徒に何が期待されているのかをはっきりと教えることで、不適切行動に取って変わる代替行動が何であるのかを示すことができる。例えば、「**手足をぴったり体につける**」「**礼儀正しくする**」という2つのルールは、児童生徒にそこで期待されている行動が何であるのかを教えるものである。BSPを作成する中で、支援チームは教師が望ましい行動をどのように定義し、教え、ほめるのかを決める手助けをすることができる。

2.1　簡易版機能的行動アセスメント

アセスメントのプロセスの次のステップは、簡易版FBAの実施である。簡易版FBAは児童生徒の担任教師への簡単なインタビューで構成されている（中学校や高校の生徒には担任教師がいないのが一般的である。この場合、インタビューはその生徒の支援要請をしてきた教師に対して行う）。簡易版FBAは、ひとりひとりの教師の児童生徒に関する情報の豊かさに頼ることになる。このインタビューの主な目的は、(1) 問題行動を特定すること、(2) 問題行動の顕著な特徴について明らかにすること、(3) 1日の中で問題行動が最も起きやすい時間帯を特定すること、(4) 問題行動の先行事象とセッティング事象を特定すること、そして (5) 問題行動の生起する可能性に影響する、その行動の典型的な後続事象を特定することである。

2.1.1　教師へのインタビュー

FBAに必要な情報が得られるものであれば、行動支援チームは自分たち

が使い慣れている教師インタビュー用紙を使用してもよい。「機能的行動アセスメントと行動支援計画の実施手順（F‐BSP実施手順）」は「教師のための機能的アセスメント・チェックリスト（March et al., 2000）」から多くのインタビュー項目を取り入れたものである。それ以外の項目は、前述したインタビューの目的を満たすための項目を含めて作られた。F‐BSP実施手順のインタビュー方法は、効率良く情報収集することが可能で、使いやすく、また使い方を身につけるのも容易である。図3.4、図3.5、図3.6に、先述の3人の事例について記入済みの教師インタビュー用紙を示してある。教師インタビューはF‐BSPの実施手順の一部になっている。この実施手順のその他のところについては、第3、4、5章の各章で該当部分が示される。記入前のF‐BSP実施手順全体とその使用方法の説明は、巻末資料Bにある。

　通常、教師インタビューは行動支援チームのメンバーによって実施される。教師がFBAの手続きに慣れてきたら、支援チームのメンバーによる援助なしでインタビュー用紙に記入してもらってもよい。インタビューは全てを終えるのに大体20〜30分かかる。このインタビュー用紙にはアセスメント・ツールとして優れた点がいくつかある。そのひとつは、問題行動の曖昧な記述を避けることができる点である。問題行動について有益な記述をするためには、例えば、同じ出来事を見た2人の人間が、それを同じ問題行動としてラベル付けできるような方法で記述されなければならない。例えば、次の2つの言い方には大きな違いがある。「**リサはまるでADHD児のようだ**」と「**リサは整理整頓ができない。リサの机の中はしわくちゃな紙だらけだ。教科書や教材を見つけるのにクラスメイトの3倍くらい時間がかかる。10分以上着席していることはめったにない。順番を待たずに答えてしまったり、他の子どもや大人の邪魔をする**」

　F‐BSP実施手順に示された教師インタビューによって、教師は支援に有益な問題行動の定義を生み出すことができる。それは、このインタビューでは、具体的で測定可能でかつ客観的な情報、すなわち問題行動の頻度や強度、それが生じている文脈がわかるような情報が求められることによってである。支援要請用紙には、サラは「**告げ口屋**」と記されていた。記入済みの教師インタビュー用紙（図3.4）では、彼女の問題行動は、より明確な状態で書

機能的行動アセスメント・インタビュー
（教師・学校職員・保護者用）

児童生徒氏名：＿＿サラ＿＿　年齢：＿５才＿　学年：＿年長＿　日付：＿１月６日＿
インタビューを受けた人：＿ライリー先生＿
インタビュー実施者：＿コーン（支援チーム内の実行チーム・メンバー）＿

児童生徒のプロフィール：
児童生徒が得意にしていることや学校生活の中で発揮されている長所は何ですか？
とても感性豊かで、周囲の大人や幼い弟に対して思いやりがある。自分自身のことについて、はっきりと主張することができる。

ステップ１Ａ：教師／学校職員／保護者に対するインタビュー
問題行動に関して

> **問題行動は、どのようなものですか？**
> 他の子どもがサラのものに手を出そうとすれば、サラは怒ってその園児のことを教師に告げ口し、そしてそれが自分の手元に戻ってくるまで泣いたり、けんかを仕掛けたりする。
>
> **問題行動は、どの程度の頻度で起こりますか？**
> １週間に３〜４回
>
> **問題行動が生じると、どれくらいの時間、持続しますか？**
> １〜５分間
>
> **問題行動はどの程度、日常生活に支障をもたらしますか、またはどの程度危険ですか？**
> それほど危険ではないが、教師を困らせる。

先行事象に関して
日課の特定：いつ、どこで、誰と一緒にいるときに問題行動が最も生じやすいですか？

時間割（時間）	活動内容	具体的な問題行動	問題行動の起こりやすさ 少　　多	誰といると問題行動が生じるか
9:00	出欠確認、ひとりでの活動		1 ② 3 4 5 6	
9:15	大勢で輪になっての活動	告げ口、友だちを押す、駄々をこねる	1 2 3 4 ⑤ 6	クラスメイト
9:45	おやつ	〃	1 2 ③ 4 5 6	
10:00	文字の勉強（大人数）	〃	1 2 3 ④ 5 6	クラスメイト
10:20	アート・音楽（大人数）	〃	1 2 3 4 ⑤ 6	クラスメイト
10:50	休み時間	〃	1 2 3 ④ 5 6	クラスメイト
11:05	少人数での活動	〃	1 2 ③ 4 5 6	クラスメイト
11:30	帰りの時間		1 ② 3 4 5 6	

図３．４　記入済みの教師へのインタビュー用紙（サラの場合）
（記録用紙自体は March et al.（2000）から許可を得て転載）

先行事象（およびセッティング事象）のまとめ

どのような状況が問題行動を引き起こしていると思いますか？
(難しい課題、移動時間、やることが決まっている活動（設定保育や授業など）、小集団場面、教師からの指示、特定の人物（友だちや教師）の存在など)

やる活動が決まっている時間でも、決まっていない時間でも起こる。他の子どもが1人でもサラの近くで活動していたり、サラと一緒に作業していれば問題行動は起こる。課題の難しさは行動に影響を与えていないように思う。

問題行動が最も起きやすいのは、いつですか？（時間や曜日）

集団活動（大人数）のとき、アートや音楽（大人数）の時間、休み時間

問題行動が最も起きにくいのは、いつですか？（時間や曜日）

朝の出欠確認のとき、1人での活動、帰りの時間

セッティング事象：問題行動を悪化させる具体的な状況、出来事や活動はありますか？
(薬の飲み忘れ、勉強についていけていない、家庭でのトラブル、食事をしていない、寝不足、友だちと問題を起こしていたなど)

バスの中で気分がさえず、イライラしながら登園した場合。

後続事象に関して

問題行動の後にいつも何が生じていますか？
(教師はどんな対応をするか、他の児童生徒はどのような反応をみせるか、本人は校長室（園長室）に連れて行かれるか、本人は課題をまぬがれるか、本人は主導権を得ているかなど)

たいてい他の子どもはあきらめて、サラが欲しがっているものを渡してしまう。教師は告げ口をするのは良くないことだとサラに言い聞かせる。時々サラは教室でかんしゃく（泣き叫んだり、他の子どもを怒鳴ったり、他の子どもが描いている絵を破いたりする）を起こすため、園長室に連れて行かれることがある。

···インタビューはここで終了···

ステップ2A：検証可能なサマリー仮説を考える（ABC分析）

セッティング事象	先行事象	行動	後続事象
朝、家やバスの中でうまく過ごせない	クラスメイトとの大人数のグループの場面でモノをクラスメイトと一緒に使う必要のあるとき	1. 告げ口、友だちを押す、駄々をこねる、泣き叫ぶ	教師が、どう振る舞えばいいのかを言い聞かせる。家庭では母親が言い聞かせる。欲しいものをクラスメイトから得られる。

問題行動の機能

上の表に書いたABC分析それぞれについて、なぜその問題行動が生じると考えられますか？
(教師の注目を得るため、友だちの注目を得るため、欲しいものを獲得するため、やりたい活動をするため、嫌いな活動から逃れるため、指示から逃れるため、特定の人物から逃れるため、など)

1. サラは大人からの注目を得るとともに、欲しいものを手に入れるためにかんしゃくを起こしていると思われる。

上記の仮説にどれくらいの確信があるか？

とても確信がある			まあまあ		全く確信がない
6	5	4	③	2	1

機能的行動アセスメント・インタビュー
（教師・学校職員・保護者用）

児童生徒氏名：＿＿トム＿＿　年齢：＿8才＿　学年：＿小3＿　日付：＿10月7日＿
インタビューを受けた人：＿スミス先生＿
インタビュー実施者：＿サンド（支援チーム内の実行チーム・メンバー）＿

児童生徒のプロフィール：
児童生徒が得意にしていることや学校生活の中で発揮されている長所は何ですか？
運動がとても得意で、運動場ではリーダーである。他の児童は、自分のチームにトムがいてほしいとトムを探す。

ステップ１Ａ：教師／学校職員／保護者に対するインタビュー
問題行動に関して

> **問題行動は、どのようなものですか？**
> イライラして、課題を拒否したり、本を放り投げ捨てたりする。怒鳴ったりからかったりしながら、教師を怒らせようとする。
>
> **問題行動は、どの程度の頻度で起こりますか？**
> 大きなかんしゃくは週に２～３回、朝の時間のどこかで起こる。ほとんど毎日、イライラして小さなかんしゃくを起こしたり、課題を拒否したりする。
>
> **問題行動が生じると、どれくらいの時間、持続しますか？**
> 大きなかんしゃくは１時間かそれ以上、昼食になるまで続く。他の時間帯のかんしゃくは小さいが、何度も繰り返し、再指示されたときにはいつも起こる。
>
> **問題行動はどの程度、日常生活に支障をもたらしますか、またはどの程度危険ですか？**
> トム自身の勉強もクラス全体の勉強も妨げられる。クラスメイトを押してしまい、ケガをさせてしまったこともある。

先行事象に関して
日課の特定：いつ、どこで、誰と一緒にいるときに問題行動が最も生じやすいですか？

時間割（時間）	活動内容	具体的な問題行動	問題行動の起こりやすさ 少 1 2 3 4 5 6 多	誰といると問題行動が生じるか
8:45	出欠確認、朝の会		1 ② 3 4 5 6	
9:00	算数	課題の拒否、教師に向かって叫ぶ	1 2 3 4 ⑤ 6	教育補助員
9:45	音楽・図工・社会	ものを乱暴に机の上に置く	1 2 3 4 ⑤ 6	教師
10:15	やる内容が指定されていない自由な学習時間	クラスメイトを押す	1 2 3 ④ 5 6	クラスメイトと教師
10:45	休み時間		① 2 3 4 5 6	
11:00	読書の時間		1 2 ③ 4 5 6	クラスメイトと教師
12:00	昼食		① 2 3 4 5 6	
12:45	書字		1 2 ③ 4 5 6	教師
1:00	国語		1 2 3 ④ 5 6	教師
2:00	休み時間		① 2 3 4 5 6	
2:15	理科		1 2 ③ 4 5 6	クラスメイトと教師

図3.5　記入済みの教師へのインタビュー用紙（トムの場合）
（記録用紙自体は March et al.（2000）から許可を得て転載）

先行事象（およびセッティング事象）のまとめ

どのような状況が問題行動を引き起こしていると思いますか？
（難しい課題、移動時間、やることが決まっている活動（設定保育や授業など）、小集団場面、教師からの指示、特定の人物（友だちや教師）の存在など）

大きなかんしゃくは、やるべきことが決められている時間、難しい課題が出されたとき、休み時間の直前、クラスメイトからの嫌な関わりがあったときに起こる。すこしイライラしたり、指示に従わないような様子は、1対1で付いてくれている教育補助員がいない状況で難しい課題が出された場合に起こる。

問題行動が最も起きやすいのは、いつですか？（時間や曜日）

大きなかんしゃくは、算数の時間や9:45～10:15の時間帯に起こる。イライラは国語や自由な学習時間、読みや書字の勉強時間、理科の時間に起こる。

問題行動が最も起きにくいのは、いつですか？（時間や曜日）

休み時間、昼食の時間、出欠確認・朝の会の時間

セッティング事象：問題行動を悪化させる具体的な状況、出来事や活動はありますか？
（薬の飲み忘れ、勉強についていけていない、家庭でのトラブル、食事をしていない、寝不足、友だちと問題を起こしていたなど）

トムはこれまで勉強で失敗をしてきている。1対1で付く教育補助員が来ることのできない日は、問題行動が多くなる。

後続事象に関して

問題行動の後にいつも何が生じていますか？
（教師はどんな対応をするか、他の児童生徒はどのような反応をみせるか、本人は校長室（園長室）に連れて行かれるか、本人は課題をまぬがれるか、本人は主導権を得ているかなど）

トムの行動は学級全体の活動が止まってしまうほど、妨げになっている。他の子どもたちはトムに静かにするように言い、教師も彼を叱る。校長室に連れて行くこともある。結局は、授業時間を通して課題を何もやらずに済んでしまうことが多い。

···インタビューはここで終了··

ステップ2A：検証可能なサマリー仮説を考える（ABC分析）

セッティング事象	先行事象	行動	後続事象
1対1で付く教育補助員がいない	休み時間の前のやる内容が指定されていない授業時間に、クラスメイトがトムに注意をすること	1. 課題を拒否する、叫ぶ、本を叩きつける、他の児童の邪魔をする	教師やクラスメイトからの注目
学習面でうまくいかなかった経験	教育補助員がいないときに難しい課題が出される	2. 課題を拒否する、本を叩きつける	教師からの注目、課題をやらずに済む

問題行動の機能

上の表に書いたABC分析それぞれについて、なぜその問題行動が生じると考えられますか？
（教師の注目を得るため、友だちの注目を得るため、欲しいものを獲得するため、やりたい活動をするため、嫌いな活動から逃れるため、指示から逃れるため、特定の人物から逃れるため、など）

1. トムはクラスメイトや教師の注目を得るために、大きなかんしゃくを起こしている。
2. トムは、ひとりではできそうもない課題を回避したり、教師の注目を得たりするために、小さなかんしゃくを起こしたり、課題を拒否している。

上記の仮説にどれくらいの確信があるか？

とても確信がある			まあまあ		全く確信がない
6	5	4	③	2	1

機能的行動アセスメント・インタビュー
(教師・学校職員・保護者用)

児童生徒氏名: __ロナルド__ 年齢: __13才__ 学年: __中学1年__ 日付: __2月3日__
インタビューを受けた人: __ジャクソン先生__
インタビュー実施者: __アンドリュース(支援チーム内の実行チーム・メンバー)__

児童生徒のプロフィール:
児童生徒が得意にしていることや学校生活の中で発揮されている長所は何ですか?
毎日、学校に来ること

ステップ1A:教師/学校職員/保護者に対するインタビュー
問題行動に関して

> **問題行動は、どのようなものですか?**
> 集団の中でうまく活動できない。誰かがロナルドに注意をすると、怒ってその生徒を殴る。そのことを根に持ち、放課後によくけんかをしかける。また、先生に向かって大声で叫び、課題を拒否する。
>
> **問題行動は、どの程度の頻度で起こりますか?**
> 1週間に1度くらいけんかをする。全ての授業時間で課題を拒否する。週に2回くらい、教師に向かって怒鳴る。
>
> **問題行動が生じると、どれくらいの時間、持続しますか?**
> 教室内でのけんかは、5〜10分程度続く。校長室に連れて行かれたとき以外は、授業時間のほとんどで課題を拒否している。怒鳴るのは短時間だが、何度も繰り返す。
>
> **問題行動はどの程度、日常生活に支障をもたらしますか、またはどの程度危険ですか?**
> けんかは危険である。他の生徒に鼻血を出させ、保健室につれていかなくてはならないことがあった。彼が怒鳴ると、学級と教師にとって妨害となる。課題を拒否しているため、ロナルドは中学1年生を留年する恐れがある。

先行事象に関して
日課の特定:いつ、どこで、誰と一緒にいるときに問題行動が最も生じやすいですか?

時間割 (時間)	活動内容	具体的な問題行動	問題行動の 起こりやすさ	誰といると問題 行動が生じるか
8:20〜9:15	理科	けんか	少　　　　　多 1 2 3 ④ 5 6	クラスメイト
9:20〜10:15	数学	怒鳴る、課題の拒否	1 2 3 4 5 ⑥	教師
10:20〜11:15	読み	〃	1 2 3 4 5 ⑥	教師
11:20〜12:15	スペイン語	〃	1 2 3 4 ⑤ 6	教師
12:20〜1:00	昼食		① 2 3 4 5 6	
1:05〜2:00	社会	けんか	1 2 3 ④ 5 6	クラスメイト
2:05〜3:00	体育		① 2 3 4 5 6	

図3.6 記入済みの教師へのインタビュー用紙(ロナルドの場合)
(記録用紙自体は March et al. (2000) から許可を得て転載)

先行事象（およびセッティング事象）のまとめ

どのような状況が問題行動を引き起こしていると思いますか？
（難しい課題、移動時間、やることが決まっている活動（設定保育や授業など）、小集団場面、教師からの指示、特定の人物（友だちや教師）の存在など）

けんかはロナルドが集団で活動しているとき、特にある決まった生徒たちと活動しているときに起こりやすい。課題を拒否したり怒鳴ったりするのは、時間のかかりそうな課題や難しい課題を授業中にやり終えるように言われるときである。

問題行動が最も起きやすいのは、いつですか？（時間や曜日）

けんかは理科や社会の時間に起きやすい。数学や読み、スペイン語の時間には課題を拒否したり怒鳴ったりしやすい。

問題行動が最も起きにくいのは、いつですか？（時間や曜日）

昼食や体育の時間には何も問題がない。

セッティング事象：問題行動を悪化させる具体的な状況、出来事や活動はありますか？
（薬の飲み忘れ、勉強についていけていない、家庭でのトラブル、食事をしていない、寝不足、友だちと問題を起こしていたなど）

特定の生徒たちの近くにいるときには問題行動が起こりやすい。また、前日や前々日にけんかをしていた場合も起こりやすい。

後続事象に関して

問題行動の後にいつも何が生じていますか？
（教師はどんな対応をするか、他の児童生徒はどのような反応をみせるか、本人は校長室（園長室）に連れて行かれるか、本人は課題をまぬがれるか、本人は主導権を得ているかなど）

けんかになると、他の子どもはあきらめて引き下がり、教師にそのことを伝える。教師はロナルドを校長室に連れて行く。課題を拒否したり怒鳴ったりした場合、教師との長い口論の末に、結局課題をやらずに済ませてしまうことが多い。ロナルドは多くの科目で単位がとれていない。

················インタビューはここで終了················

ステップ２Ａ：検証可能なサマリー仮説を考える（ABC分析）

セッティング事象	先行事象	行動	後続事象
特定のクラスメイトがいる、教師が活動の様子を見ていない	集団で協力して活動することが期待される時間。クラスメイトがロナルドに対して否定的または中立的な意見を言う	1. 怒る。放っておいてくれとクラスメイトに言う。行動がエスカレートする、クラスメイトを殴る	他の生徒はあきらめて引き下がる。校長室に連れて行かれることが多い。
学習面でうまくいかなかった経験	難しかったり、終えるのに時間がかかる課題をやり終えるように言われる	2. 課題を拒否する。教師に向かって怒鳴り、課題の文句を言う。	授業に参加せずに済む。教師とロナルドが言い争う。校長室に連れて行かれる。

問題行動の機能
上の表に書いたABC分析それぞれについて、なぜその問題行動が生じると考えられますか？
（教師の注目を得るため、友だちの注目を得るため、欲しいものを獲得するため、やりたい活動をするため、嫌いな活動から逃れるため、指示から逃れるため、特定の人物から逃れるため、など）

1．ロナルドは自分が力のあることを示すために、そしてクラスメイトとの否定的な関わりを回避しようと彼らを殴っている。
2．課題をやらずに済ませるため、ロナルドは課題を拒否し、教師と言い争う。

上記の仮説にどれくらいの確信があるか？

とても確信がある			まあまあ		全く確信がない
6	5	4	③	2	1

かれている。つまり、「他の子どもがサラのものに手を出そうとすれば、サラは怒ってその子のことを教師に告げ口し、そしてそれが自分の手元に戻ってくるまで泣いたり、けんかを仕掛けたりする」。そして、これは「**週に３、４回**」生起し、ひとつひとつのエピソードは「**１～５分間**」続く。その行動は「**それほど危険ではないが、教師を困らせる**」ものである。

　Ｆ－ＢＳＰ実施手順の教師インタビューの項目を使用する２つ目の大きな利点は、問題を特定する際に、対象となった児童生徒自身ではなく、その問題行動の前後の流れを重要視しているところにある。言い換えれば、このインタビューは、変容可能な出来事、つまり教職員がコントロールできる出来事へと、教職員の意識を向けさせる。このインタビューを行うことにより、支援チームは、問題行動の先行事象やその生起パターンを探り、最大の効果をもたらすような状況はどこかを特定することができるようになる。これは、インタビューを通じて、１日の中で子どもの問題が多く生じる時間帯と問題が生じない時間帯を明らかにすることで達成できる。例えば、ロナルドの担任教師は、支援要請用紙の中では、問題行動が「**いつでも起こる**」また「**思いがけないときに突然起こるようにみえる**」と指摘していた。しかしながら、記入済みのＦ－ＢＳＰインタビュー用紙（図３.６）によれば、ロナルドは、１日のうちのある特定の時間帯で、他の時間帯よりも問題行動を起こしやすいことが明らかである。算数や読みの時間帯では、ロナルドが問題行動を起こす可能性が非常に高い。昼食や体育の時間は比較的問題がない。このような情報は、問題行動に関する仮説を立てる際に、あるいは効果のあるＢＳＰを立案する際に非常に重要なものとなる。

　Ｆ－ＢＳＰ実施手順の中の教師インタビューを完成させる際の最後のステップは、なぜ問題行動が生じるのかを説明するための検証可能なサマリー仮説を立てることである。サマリー仮説は、問題行動が生じている日課のひとつひとつに対して作成される。多くの子どもたちは問題行動を複雑化させており、そのために支援チームは問題行動と関係している複数の異なる日課を特定することが必要となる。

2.1.2 検証可能なサマリー仮説を立てる

サマリー仮説は BSP の処方箋としての役割を果たしており、問題行動を低減させるために操作されるべき、行動の先行事象と後続事象は何かを示し、問題行動に置き換わるどのような新しい行動を教えるべきかを示す。サマリー仮説はまた、問題行動によってもたらされている機能を記述することによって、FBA と BSP を連結させる。先行研究によれば、問題行動の主要な機能が少なくとも 2 つ特定されている。それは、正の強化と負の強化である（Carr, 1977; O'Neill et al., 1997）。問題行動が何か（例えば、注目や物品）を得ることによって維持されているのであれば、その行動は子どもにとって正の強化として機能している（O'Neill et al., 1997）。一方、問題行動が、本人にとって何か望ましくないことから逃避できたり回避できたりすることで維持されているのであれば、その行動は子どもにとって負の強化として機能している（O'Neill et al., 1997）。同じ反応型（反応の形）の行動でも、ある子どもの中で異なる複数の機能を示す場合もあれば、違う子どもにとっては異なる機能を示すという場合もある。

トムの場合、日課に関するマトリクス表における分析（図 3.5 の日課を特定する部分）と先行事象のまとめに関する質問への回答（図 3.5）を見ると、問題行動が特に生起しやすい日課が少なくとも 2 つあることが示されている。すなわち、(1) やるべき内容が決まっている授業時間で、なおかつ休憩時間前の授業時間、(2) やるべき内容が決まっている授業時間で、なおかつ 1 対 1 の援助がない授業、という日課である。1 番目の日課でのトムの問題行動は、次のようなサマリー仮説としてまとめることができる。「**学習内容が難しい、休み時間前の授業時間では、トムは課題に取り組むことを拒否したり、教師に向かって叫んだり、大きな音を立てながら本を叩きつけたりする。この問題行動は教師や友だちの注目によって維持されている**」次に示すサマリー仮説は、それぞれサラとロナルドに関して作られたものである。「**友だちと一緒に大きな集団で過ごしている時間に、友だちの 1 人がサラのものを使おうとすると、サラは教師の注目を得ようとして、告げ口をしたり、友だちを押したり、めそめそ泣いたりする**」「**ロナルドの場合、グループ活動中に教師の目が行き届いていないとき、活動が長時間にわたるときに、友だちから嫌**

なことを言われると、それがきっかけで他の生徒を殴る。この問題行動は友だちに嫌なことを言わせないようにするために起きている」

　F-BSP実施手順における教師インタビューの2ページ目の一番下には、サマリー仮説について支援チームがどの程度確信を持っているかを示す欄がある。評価は1～6の尺度で行われ、1は「全く確信がない」で、6は「とても確信がある」である。この評価が4、5、6であれば、問題行動を予測したり維持したりしている日課について理解できていると、支援チームが確信しているということである。評価が1、2、3であれば、チームは問題行動を理解していると確信できていないということである。

　この時点で、簡易版FBAは終了となる。ここまでで以下の2つの基準を満たしていれば、完全版FBAを行わずにBSPの立案に取りかかることになる。その基準とは、(1) 対象となる児童生徒が、停学や退学、オルタナティブ・スクールへの転校措置、その他公教育を受けることが制約されるような懲戒処分を受けるリスクのある障害児童生徒ではないこと、(2) 支援チームが、最初に立てたサマリー仮説を正しいと確信している（確信の評価が4以上である）こと、である。どちらかの基準を満たしていない場合には、完全版FBAを実施すべきである。

2.2　完全版機能的行動アセスメント

2.2.1　インタビューの追加

　完全版FBAは簡易版FBAに追加する形で実施される。完全版FBAでは、自然な日常場面での児童生徒の観察および追加のインタビューが実施される。このインタビューは、まだインタビューの対象となっていない教師や保護者、および対象児童生徒に対して実施する。これらの人たちは、問題行動の全体像を理解するのに役立つ追加情報を提供してくれる可能性が高い。

　F-BSP実施手順における教師インタビューは、保護者に対しても適用可能である（図3.7に例を示している）。家族にインタビューする場合、学校に関連する問題のみに焦点を当ててインタビューを続けることが難しい場合がある。家族は子どもの学業面の問題に加えて、貧困や離婚、薬物の使用な

ど多様な悩みを抱えているかもしれない。インタビューをする側は「全てを修復したい」と思うかもしれない。また、家族が経験してきた過去の全ての出来事について、「子どもの行動の理由を知る手がかりとなるかもしれない」と考え、その詳細について情報を集めたくなる誘惑にかられるかもしれない。問題行動のセッティング事象として作用しているような、家庭内の問題を知っておくことは重要なことである。しかし、効果的なインタビューをするためには、学校の範囲内の事柄あるいは変容が可能な事柄に焦点を絞ってインタビューする必要がある。

例えば、両親が離婚すると、その家族の他のメンバーと同じように、対象の児童生徒も情緒的に混乱する。しかし、学校側が離婚カウンセリングを行う必要はないし、両親の離婚をその子どもの問題行動を正当化したり許容したりする理由に使ってはならない。一方で、学校側は両親の離婚という事実を把握し、それがどの程度、対象児童生徒の注意散漫や引きこもり、または攻撃的行動のセッティング事象として作用しているのかを理解しておくべきである。例えば、共同監護[1]の問題が行動に関係しているかもしれない。家庭での約束ごとや朝の活動の流れ、また子どもへの期待はそれぞれの親の暮らし向きによって大きく変わるため、それが朝の学校での子どもの行動に大きく影響するような違いをもたらすことがある。学校内で実行可能なもので、学校生活に悪影響を及ぼすセッティング事象を減らすことができる指導介入は、学校が始まる前に、毎日そばにいて援助してくれる大人のメンター[2]を児童生徒に付き添わせることである。このメンターは朝一番に、子どもの出席をとって、子どもが朝食を食べたか、教科書などを全て持ってきているか、1日を始める準備ができているかを確認する。

学校の問題に的を絞って保護者インタビューを続けるための効果的な方法は、登校前と放課後の活動に関連させてインタビュー用紙に回答を記入してもらうことである。例えば、**お子さんはどうやって家に帰っているのか？ 登**

訳註[1] アメリカでは、離婚後も父母双方が婚姻中と変わらず子どもについて責任を負っていこうとする離婚後の共同監護が、ほとんどの州で認められている。

訳註[2] ここでは世話をしてくれる人という意味。本来は、先輩にあたる人が後輩の指導をする際に用いられる。

機能的行動アセスメント・インタビュー
（教師・学校職員・保護者用）

児童生徒氏名： ___トム___　年齢： __8才__　学年： __小3__　日付： __10月7日__
インタビューを受けた人： ___トムの母親___
インタビュー実施者： ___サンド（支援チーム内の実行チーム・メンバー）___

児童生徒のプロフィール：
児童生徒が得意にしていることや学校生活の中で発揮されている長所は何ですか？
愛情深い子ども、創造的で活動力がある、運動が得意

ステップ１A：教師／学校職員／保護者に対するインタビュー

問題行動に関して

問題行動は、どのようなものですか？ 宿題をどうやったらいいかわからないと言う、母親や父親に口答えをする、宿題のプリントを破く、鉛筆を投げる、泣き叫ぶ、駄々をこねる **問題行動は、どの程度の頻度で起こりますか？** 宿題をやらなくてはいけない日は毎晩 **問題行動が生じると、どれくらいの時間、持続しますか？** 夕食になるまで（約2時間） **問題行動はどの程度、日常生活に支障をもたらしますか、またはどの程度危険ですか？** 子どもにとっても親にとっても非常にストレスを感じさせ、大きな葛藤がある。危険でない。

先行事象に関して

日課の特定：いつ、どこで、誰と一緒にいるときに問題行動が最も生じやすいですか？

時間割 （時間）	活動内容	具体的な問題行動	問題行動の 起こりやすさ 少　　　　　多	誰といると問題 行動が生じるか
7:15～7:45	起床、着替え	起きるのを嫌がって文句を言う	1 ② 3 4 5 6	母親
7:45～8:15	朝食		① 2 3 4 5 6	
8:15～8:30	学校に向かうバスに乗る	1～2度、友だちと言い争う	1 2 ③ 4 5 6	友だち
			1 2 3 4 5 6	
			1 2 3 4 5 6	
3:00～3:20	バスで家に帰ってくる	1～2度、友だちと言い争う	1 2 ③ 4 5 6	友だち
3:20～3:30	おやつ		① 2 3 4 5 6	
3:30～？	宿題をやるべき時間	拒否する、泣き叫ぶ、怒鳴る	1 2 3 4 5 ⑥	母親と父親
			1 2 3 4 5 6	

図3.7　記入済みの保護者へのインタビュー用紙（トムの場合）
（記録用紙自体は March et al.（2000）から許可を得て転載）

先行事象（およびセッティング事象）のまとめ

どのような状況が問題行動を引き起こしていると思いますか？
（難しい課題、移動時間、やることが決まっている活動（設定保育や授業など）、小集団場面、教師からの指示、特定の人物（友だちや教師）の存在など）

　おやつを食べ終わった後、宿題をやり始める時間になったとき

問題行動が最も起きやすいのは、いつですか？（時間や曜日）

　宿題をやらなければいけない午後 3:30 になると毎日起こる

問題行動が最も起きにくいのは、いつですか？（時間や曜日）

　朝起きるとき、学校に行くとき、バスに乗るときにはそれほど大きな問題はない

セッティング事象：問題行動を悪化させる具体的な状況、出来事や活動はありますか？
（薬の飲み忘れ、勉強についていけていない、家庭でのトラブル、食事をしていない、寝不足、友だちと問題を起こしていたなど）

　母親がいつもより強くトムに宿題をやらせようと求めたとき起こりやすい。母親がトムのすることに辛抱強くなれない日。

後続事象に関して

問題行動の後にいつも何が生じていますか？
（教師はどんな対応をするか、他の児童生徒はどのような反応をみせるか、本人は校長室（園長室）に連れて行かれるか、本人は課題をまぬがれるか、本人は主導権を得ているかなど）

　母親がトムと言い争いをする。母親はトムの下のきょうだいに注意を払えない。トムは宿題をやり終えないことが多いため、母親はトムが落第しないように、代わりに宿題をやってしまうこともある。

··インタビューはここで終了··

ステップ 2 A：検証可能なサマリー仮説を考える（ABC 分析）

セッティング事象	先行事象	行動	後続事象
母親の機嫌が悪く、トムに対して辛抱強くなれない	下校後すぐに宿題をやるように言われる	1. 泣き叫ぶ、駄々をこねる、怒鳴る、宿題を拒否する	母親とトムが言い争う、代わりに母親が宿題をやることもある
		2.	

問題行動の機能

上の表に書いた ABC 分析それぞれについて、なぜその問題行動が生じると考えられますか？
（教師の注目を得るため、友だちの注目を得るため、欲しいものを獲得するため、やりたい活動をするため、嫌いな活動から逃れるため、指示から逃れるため、特定の人物から逃れるため、など）

1. トムは母親の注目を得たり、難しすぎると思った宿題から逃げるためにかんしゃくを起こしている。

上記の仮説にどれくらいの確信があるか？

とても確信がある			まあまあ		全く確信がない
6	5	④	3	2	1

下校の間に問題行動はないか？　家に帰ったら何をしているのか？　宿題をするための時間が決まっているか？などが質問の例である。図3.7に、トムの両親に対して行ったBSPのインタビューを例として示した。この結果によれば、宿題をやるべき時間に問題行動がもっとも頻発していることがわかる。両親から収集された情報は、家庭と学校が連携して、トムに毎日宿題を完成させ提出させるための支援を、行動支援チームが推進していく際に有益なものとなる。

　多くの場合、FBAの実施過程に児童生徒本人は関与していない。しかし、最近は、児童生徒がFBAに重要な情報を提供可能なことが研究によって実証されてきた。リードら（Reed et al.,1997）は、児童生徒の示す問題行動に関して、児童生徒本人と教師の間で合意する割合について調査した。先行事象（77％）、行動（85％）、後続事象（77％）に関しては、両者の間で高い一致率を示したが、問題行動の準備状況を作るセッティング事象については、一致率が非常に低かった（26％）。同様の結果が、ニッペ、ルイス・パーマー、スプラギュー（Nippe, Lewis-Palmer, & Sprague, 1998）でも示された。問題行動のセッティング事象に関して、教師と児童生徒本人の間の一致率が、他の調査対象と比較して相対的に低いということは興味深い。しかし、これは驚くべき結果ではない。なぜならば、教師たちは児童生徒の行動に影響を与える多くのセッティング事象、例えば、朝食を食べ損ねてイライラしていたり、家庭で家族間の言い争いが原因で怒っていたりすることに気づいていないのかもしれないからである。

　また、児童生徒本人は、教師に比べてより多くの問題行動を認めていた（Nippe et al., 1998; Reed et al., 1997）。このような違いが見られるのは、教師が教室内で観察可能な行動を報告している一方で、本人は授業と授業の間の移動中、または学校に行く前や放課後の行動を含めて報告できることを示している。

　教師や保護者、あるいはその他の観察者は、児童生徒の行動が生起したかどうか、その行動の動機は何であるか、あるいはそれが生じた文脈について、本人ほどの知識を入手する術はもちあわせていない。FBAの実施過程で、他のやり方では見逃されてしまう貴重な情報を児童生徒が提供できるのは明

第3章　FBAの実施

らかである。本人からの情報は、介入計画の効果に決定的な影響を与えるほどの重要なものである。

　F－BSP実施手順の中には、問題行動・先行事象・後続事象を特定するために実施される、児童生徒本人へのインタビューが含まれている。児童生徒へのインタビューは、実行チームのメンバーが本人を援助しながら実施する（実行チームは、行動支援チームの下位チームのこと）[3]。児童生徒に対してインタビューを実施するのに先立って、実行チームのメンバーは、児童生徒用のインタビュー用紙の最初のページにある、毎日の日課欄を記入しておく必要がある。実行チームのメンバーからインタビューを受けているときに、児童生徒は自分が学校の中でもっとも問題を起こしそうな場所と時間を考える。そして、児童生徒は、そのメンバーと協力しながら、この時間帯に、不適切な行動を引き起こす原因となるようなことが起きているのかどうかについて話し合う。児童生徒に対するインタビューで得られた情報は、問題行動の機能や先行事象についてサマリー仮説を立てる際に利用できる。図3．8に、例としてロナルドに対して行われた本人に対するインタビューの結果を示している。児童生徒へのインタビュー用の記録用紙は、F－BSP実施手順の一部として巻末付録Bに掲載してある。

　中学校や高校の生徒たちは、普通は1時間ごとに教室を移動しなければならない。つまり、生徒たちは何度も移動しなければならないということである。ロナルド自身は移動時間の途中で頻繁に問題行動を起こすと報告している。教師はこのことに気づいておらず、教師に対するインタビューの中では報告されていなかった。移動時間は問題行動が起こりやすい時間帯なので、児童生徒に対するインタビューの中にある日課に関するマトリクス表の中にも入れておくことがとても重要である。

　児童生徒に対するインタビューが終わった後、行動支援チームは得られた情報を分析して、問題行動がいつ、どこで、なぜ、誰と一緒のときに起こっているのか、という点についてサマリー仮説を立てる。児童生徒に対するインタビューから立てられた仮説は、教師（および保護者）のインタビューか

訳註[3]　実行チームについては図6．1を参照。

機能的行動アセスメント・インタビュー
（児童生徒用）

児童生徒氏名：＿＿＿ロナルド＿＿＿　年齢：＿13才＿　学年：＿中学1年＿　日付：＿2月7日＿
インタビュー実施者：＿＿アンドリュー先生（支援チーム内の実行チーム・メンバー）＿＿

児童生徒のプロフィール：
学校にいる間、何をするのが好きですか？　得意なことは何ですか？（活動、授業、他の子を助けるなど）
昼食の時間に友だちとたむろするのが好き。体育は楽しいし得意。理科はときどきできる。
学校のパーティーやダンスが好き。

ステップ1B：児童生徒へのインタビュー
問題行動に関して

> **自分がしていることで何かトラブルや問題になってしまうことはありますか？**（おしゃべりしてしまう、課題が終わらない、けんかなど）
> 「他の子とけんかすること。他の子を殴ること。先生に口答えすること。」
>
> ＿＿＿＿＿＿をどのくらいしていますか？（＿＿には児童生徒があげた行動を書き込む）
> 「つまらないグループ活動をしなければならない社会や理科の時間はいつもけんかをする。それはだいたい金曜日だと思う」
> 「先生への口答えはそんなに頻繁にしない。ばかばかしくて退屈なことをさせられているときだけだ」
>
> ＿＿＿＿＿＿は毎回どれくらいの時間やっていますか？
> 「けんかは先生に注意されるまでやる。そして教室から出されて、しばらくして校長室に連れて行かれる」
>
> ＿＿＿＿＿＿についてどれくらい困っていますか？（あなたや他の子がけがをして終わることがありますか？　他の子は困っていますか？）
> 「以前に何人かの子にけがをさせてしまったけど、そんなにひどくはない」

先行事象に関して
日課の特定：いつ、どこで、誰と一緒にいるときに問題行動が最も生じやすいですか？

時間割 （時間）	活動内容	具体的な問題行動	問題行動の 起こりやすさ 少　　　　　多 1 2 3 4 5 6	誰といると問題 行動が生じるか
8:20〜9:15	理科	けんか	1 2 ③ 4 5 6	友だち
9:20〜10:15	数学	課題がわからない	1 2 3 4 5 ⑥	先生
10:20〜11:15	読み	課題がわからない	1 2 3 4 5 ⑥	先生
11:20〜12:15	スペイン語	課題がわからない	1 2 3 ④ 5 6	先生
12:20〜1:00	昼食		① 2 3 4 5 6	
1:05〜2:00	社会	けんか	1 2 3 4 ⑤ 6	友だち
2:05〜3:00	体育		1 ② 3 4 5 6	
その他	移動教室	けんか	1 2 3 4 5 ⑥	友だち
その他	代用教員と課題をする		1 2 ③ 4 5 6	先生
その他	援助の必要なとき		1 2 ③ 4 5 6	先生／友だち

図3.8　記入済みの児童生徒へのインタビュー用紙（ロナルドの場合）

（記録用紙自体は March et al.（2000）から許可を得て転載）

先行事象（およびセッティング事象）のまとめ

上記の問題行動を一番起きやすくしているのは何ですか？（難しい課題、移動時間、やることが決められている活動、小集団場面、教師の指示、特定の人物の存在など）

「J君やM君と授業を受けなければいけないなら、けんかする。やつらはいつも馬鹿にするようなことを言うから。特に、先生が机で作業しているときは、自分たちのことをよく見ていないから絶好の機会だ」

いつ、どこで一番問題行動が起きやすいですか？（曜日、特定の授業、廊下、トイレ）

「社会の時間が一番けんかする。ときどき理科でもする。その授業のときJ君とグループ活動をしなければならないことが多いから」

問題行動が最も起きにくいのはいつですか？（曜日、特定の授業、廊下、トイレ）

「体育と昼食の時間は全然トラブルを起こさない。とても楽しい時間だから。僕を困らせるやつは誰もいないから」

セッティング事象：登校前や放課後、授業の合間に、問題行動が起きやすくなるようなことが何かありますか？（薬の飲み忘れ、勉強についていけていない、家庭でのトラブル、食事をしていない、寝不足、友だちと問題を起こしていたなど）

「月曜日に誰かとけんかをしたら、火曜日にもまだイライラしていて、またそいつとけんかするかもしれない」

後続事象に関して

問題行動の後にいつも何が生じていますか？
（教師はどんな対応をするか、他の児童生徒はどのような反応をみせるか、本人は校長室（園長室）に連れて行かれるか、本人は課題をまぬがれるか、本人は主導権を得ているかなど）

「だいたい他の子が怒るかけがをして、僕はひとりになる。それから、先生がけんかをやめるように言う。先生は他の子たちがけんかを始めてもほとんど大声を上げたりしない。けれど、僕はそこにいたくなくて、部屋から出されるまで他の子たちを困らせ続ける」

················インタビューはここで終了················

ステップ2B：検証可能なサマリー仮説を考える（ABC分析）

セッティング事象	先行事象	行動	後続事象
けんかの前にJ君やM君が一緒にいる	グループでの共同作業、教師に見られていない、友だちからの否定的なコメント	1. 他の生徒を殴る。グループ活動ができない。	クラスメイトが引き下がる。教員の叱責。最後は校長室に連れて行かれ、状況を回避することになる。
		2.	
		3.	

問題行動の機能

上の表に書いたABC分析それぞれについて、なぜその問題行動が生じると考えられますか？
（教師の注目を得るため、友だちの注目を得るため、欲しいものを獲得するため、やりたい活動をするため、嫌いな活動から逃れるため、指示から逃れるため、特定の人物から逃れるため、など）

1. ロナルドは嫌な場面から逃れるために他の生徒を叩いている。彼はグループでの共同作業中に友だちに嫌なことを言われることから逃れたい。

ステップ3：上記のサマリー仮説に対する確信の評定

2つのインタビュー（教師・学校職員・保護者用と児童生徒用）で、以下の項目は一致していたか？（○か×）
(a) セッティング事象 ＿＿＿＿　(b) 先行事象 ＿○＿　(c) 問題行動 ＿○と×
(d) 後続事象 ＿○＿　(e) 問題行動の機能 ＿○＿
上記のサマリー仮説にどれくらいの確信があるか？
とても確信がある　　　　　　　まあまあ　　　　　　　全く確信がない
6　　　5　　　④　　　3　　　2　　　1

図3.9　機能的行動アセスメントと行動支援計画の実施手順
（F-BSP 実施手順）のステップ3

ら作成されたサマリー仮説と比較することができる。2つの仮説の間の一致度が高ければ高いほど、支援チームは自分たちのアセスメントの正確さに自信がもつことができる。F-BSP実施手順には、教師と児童生徒に対するインタビューから得られた仮説を比較したり、サマリー仮説に対する確信の度合いを再評価したりする部分がある。これは、図3.9に示してある。

　小学校2年生以下の年少の児童からはFBAに関する情報を得ることが困難であることを指摘しておく。それは、年少の児童は年長の児童生徒ほど自分の行動に気づいていなかったり、その原因について理解していないことが多いからである。

2.2.2　観　察

　完全版FBAを完成させるためには、最低1回は児童生徒の様子を直接観察することが必要である。観察は、予測可能な行動パターンが観察されるまで行うのが理想的である。また、教師・保護者・児童生徒本人のインタビューの中で、問題行動が生じやすいとされた状況で、観察は行われるべきである。使用できる観察方法はいろいろとある。目的に合っていれば、行動支援チームは、自分たちが慣れている観察方法のいずれかを使用すればよい。目的に合った観察方法を選ぶことで、（1）問題行動の先行事象、（2）問題行動の生起の有無、（3）問題行動を維持させる後続事象、について客観的で数量化されたデータを得ることができる。機能的アセスメント観察

(Functional Assessment Observation: 以下、**FA観察**) 用紙は、機能的な視点をもちながら行動を観察するのに役立つツールである。「FA観察によって明らかになるのは、a) 問題行動の生起数、b) 同時に起こる複数の問題行動、c) 問題行動が最も起こる可能性の高い時間帯と、最も起こる可能性の低い時間帯、d) 問題行動の前兆となる出来事、e) 問題行動を維持させている機能についての理解、f) 現在、問題行動に後続している後続事象である」(O'Neill., 1997, p.37)。もし、必要性があり実現可能であれば、観察を何日間かに分けて実施し、その結果を1枚のFA観察用紙に記録することもできる。サラについて記録したFA観察用紙の例を図3.10に示してある。FA観察用の記録用紙は巻末資料Hにある。この用紙の記入に関する手続きについては、『問題行動解決支援ハンドブック (*Functional Assessment and Program Development for Problem Behavior: A Practical Handbook*)』(O'Neill et al., 1997)[4]を参照すること。

　この観察の目的は、サマリー仮説の妥当性を検証することである。もし、教師のインタビューと児童生徒のインタビューの各々から立てられた仮説の間で不一致があれば、それを解消することも観察の目的である。FA観察は、行動支援チームのメンバーの中で、FBAに基づいて観察を行う力量のある人物によって行われる。サラのFA観察の例では、問題行動の先行事象と、それを維持している後続事象に関するサマリー仮説が正しかったことが確かめられている。インタビューで報告された問題行動は、観察中に記録された問題行動と同じタイプであった。問題行動の多くは大人数での活動の最中に生起していた。また問題行動の大部分は、大人から注目が得られることや、サラが欲しいものを手に入れられることによって維持していた。インタビューからの情報と観察結果とがしっかりと一致していることで、支援チームは仮説に対する確信を高めることができ、この仮説に基づいてサラのためのBSPを立案することも可能となる。

訳註[4]　O'Neill, R. E., Horner, R. H., Albin, R. W., Sprague, J. R., Storey, K., & Newton, J. S. (1997): *Functional assessment and program development for problem behavior: A practical handbook* (2nd ed.). Cole Publishing Company, Brooks.『子どもの視点で考える問題行動解決支援ハンドブック』三田地昭典・三田地真実監訳 (2003) 学苑社

機能的アセスメント観察用紙

児童生徒名：サラ　　観察開始日：1月15日　　観察終了日：1月17日

時間	行動			きっかけ					考えられる機能					実際の結果	
	告げ口	人を押す	要求や指示	難しい課題	移動	中断（人と注目し合うこと）	集団行動	多彩なちょっかい	注目や語らい動きもの	獲得 自己刺激	要求や指示	逃避・回避	人（ ）	その他・不明	
出席															R.K.
お集まり／集団活動	1 5 10	1 5 10					1 5 10	1 5 10	1 5 10					1 5 10	
おやつ		2	2						2						
大集団での文字学習	3 6 11	3 6 11					3 6 11	3 6 11	3 6 11					3 6 11	
大集団での美術／音楽	4 7 12	4 7 12					4 7 12	4 7 12	4 7 12					4 7 12	
休み時間	8 13	8 13					8 13	8 13	8 13					8 13	
小集団活動	9						9 14	9 14	9 14					9 14	
解散															R.K.
合計								14	15					24	25
出来事:	1 2 3 4	5 6 7	8 9	10 11	12 13 14		15 16 17	18 19 20	21 22 23						
日付:	1/15		1/16		1/17										

図3.10　機能的アセスメント観察用紙（サラ）

記録用紙自体は O' Neill et al., *Functional Assessment for Problem Behavior: A Practical Handbook* (2nd ed.) の許可を得て転載。
© 1997. Wadsworth, an imprint of the Wadsworth Group, a division of Thomson Learning の許可を得て転載。Fax 800-730-2215.

FBA観察に加えて、他の児童生徒の行動を参照とするための観察を実施すると役立つことが多い。他の児童生徒の行動を、対象児童生徒と比較する主な目的は、同学年の児童生徒を基準にして対象児童生徒の問題行動の深刻さを判断することである。対象となっている子どもの行動は、クラスメイトたちの行動と比較される。観察で収集されるデータは、課題を行っている時間の割合と、課題に取り組んでいない時間の割合、そして問題行動を起こしている時間の割合である。この観察は通常15～30分間行われる。「同年齢の児童生徒との比較観察用紙」のデータの一部を、例として図3.11に示してある。サラの観察データをまとめたものは図3.12にある。

　他の児童の観察データをまとめてみると、サラの行動が他の児童と大きくかけ離れており、その行動が学級を混乱させているという教師の困惑が妥当なものであることがわかる。サラは授業時間の30％で課題に取り組んでおらず、授業時間の12％は教師の授業を妨害するようなおしゃべりをしている。一方、これを他の児童と比べると、他の児童が課題に取り組まなかったのは、授業時間のわずか17％であり、観察時間中におしゃべりをすることは全くなかった。

　追加のインタビューと最低1回の観察を行えば、行動支援チームは最初に立てたサマリー仮説を確認したり修正したりするための情報が十分に集められる。この時点で、行動支援チームは、BSPを立案し実行計画を作成する準備ができたことになる。次の章では、行動支援チームが、行動の機能に基づくBSPをどのように作成するのかについて概説する。

補足資料

機能分析に関する文献

Carr, E. G., Yarbrough, S. C., & Langdon, N. A. (1997). Effects of idiosyncratic stimulus variables on functional analysis outcomes. *Journal of Applied Behavior Analysis, 30*(4), 673-686.

Daly, E. J., III, Witt, J. C., Martens, B. K., & Dool, E. J. (1997). A model for conducting a functional analysis of academic performance problems. *School Psychology Review, 26*(4), 554-574.

生徒：サラ		学校：ウィルソン		オン＝課題従事　オフ＝課題不従事		
		詳細		お＝不適切なおしゃべり　　離＝離席		
日付：1月15日		学年：幼稚園		そ＝そわそわする		
場面：教室		活動：朝の会		行動1＝告げ口		
開始時間：9時15分		終了時間：9時35分		行動2＝突き飛ばし		
観察者：グリーン先生						

	:10	:20	:30	:40	:50	:00
対象児 友だち 男　女	お　離 （オン） そ　オフ 行動1 行動2	お　離 （オン） そ　オフ 行動1 行動2	（お）離 オン そ　（オフ） （行動1） 行動2	お　離 オン そ　（オフ） 行動1 （行動2）	お　離 （オン） そ　オフ 行動1 行動2	お　離 （そ）（オフ） 行動1 行動2	お　離 （オン） そ　オフ 行動1 行動2

	:10	:20	:30	:40	:50	:00
対象児 （友だち） 男　（女）	お　離 （オン） そ　オフ 行動1 行動2	お　離 （オン） そ　オフ 行動1 行動2	お　離 （オン） そ　オフ 行動1 行動2	お　離 （オン） そ　オフ 行動1 行動2	お　離 （オン） そ　（オフ） 行動1 行動2	（お）離 オン （そ）（オフ） 行動1 行動2	お　離 オン そ　（オフ） 行動1 行動2

図3.11　同年齢の児童生徒との比較観察用紙からのデータの例[※]

訳註[※] 10秒間毎に記録をする［10〜00の数字は秒数］。例えば、対象児の記録の場合、最初の0〜10秒の間は課題従事［オン］であるが、20秒〜30秒の間は、課題不従事［オフ］であり、その内容は不適切なおしゃべり［お］と告げ口［行動1］であることを示している。

1月15日：　9：15〜9：35（教室ー朝の会）		
	対象の児童生徒	比較対象の同年齢の児童生徒
課題従事	70%	83%
課題不従事	30%	17%
おしゃべり	6%	3%
離席	0%	0%
そわそわする	0%	0%
告げ口	12%	0%
つき飛ばし	0%	0%

図3.12　同年齢の児童生徒との比較観察用紙からのデータをまとめたもの

Derby, K. M., Wacker, D. P., Peck S., Sasso, G., DeRaad, A., Berg, W., Asmus, J., & Ulrich, S. (1994). Functional analysis of separate topographies of aberrant behavior. *Journal of Applied Behavior Analysis, 27*(2), 267-278.

Harding, J., Wacker, D., Cooper, L., Millard, T., & Jensen-Kovalan, P. (1994). Brief hierarchical assessment of potential treatment components with children in an outpatient clinic. *Journal of Applied Behavior Analysis, 27*(2), 291-300.

Haynes, S. N. (1998). The assessment-treatment relationship and functional analysis in behavior therapy. *European Journal of Psychological Assessment, 14*(1), 26-35.

Haynes, S. N., Leisen, M. B., & Blaine, D. D. (1997). Design of individualized behavioral treatment programs using functional analytic clinical case models. *Psychological Assessment, 9*(4), 334-348.

Kahng, S. W., & Iwata, B. A. (1999). Correspondence between outcomes of brief and extended functional analyses. *Journal of Applied Behavior Analysis, 32*, 149-159.

Meyer, K. A. (1999). Functional analysis and treatment of problem behavior exhibited by elementary school children. *Journal of Applied Behavior Analysis, 32*, 229-232.

Northup, J., Wacker, D., Sasso, G., Steege, M., Cigrand, K., Cook, J., & DeRaad, A. (1991). A brief functional analysis of aggressive and alternative behavior in an outclinic setting. *Journal of Applied Behavior Analysis, 24*(3), 509-522.

Selinske, J. E., Greer, R. & Lodhi, S. (1991). A functional analysis of the comprehensive application of behavior analysis to schooling. *Journal of Applied Behavior Analysis, 24*(1), 107-117.

Vollmer, T. R., Iwata, B. A., Duncan, B. A., & Lerman, D. C. (1993). Extensions of multielement functional analyses using reversal-type designs. *Journal of Developmental and Physical Disabilities, 5*(4), 311-325.

Vollmer, T. R., Marcus, B. A., Ringdahl, J. E., & Roane, H. S. (1995). Progressing from brief assessments to extended experimental analyses in the evaluation of aberrant behavior. *Journal of Applied Behavior Analysis, 28*(4), 561-576.

Wacker, D. P., Steege, M., & Berg, W. K. (1988). Use of single-case designs to evaluate manipulable influences on school performance. *School Psychology Review, 17*(4), 651-657.

Watson, T. S., Ray, K. P., Turner, H. S., & Logan, P. (1999). Teacher-implemented functional analysis and treatment: A method for linking assessment to intervention. *School Psychology Review, 28*, 292-302.

第4章

行動支援計画を立案する

1．はじめに

　本章では、第3章で紹介された3名の事例を用いて、行動支援計画（BSP）を作成するために機能的行動アセスメント（FBA）の結果をどのように利用するのかについて示す。BSPとは、FBAで収集された情報の概要と、指導介入計画の詳細を書いた文書である。効果的なBSPには、指導介入の方略が、どのような方法で、誰によって、どのような状況の中で実施されるのかについて、詳細に書かれている。さらに、BSPにはモニタリングの方法と評価の手続きが含まれている。

2．競合行動

　BSPを作成する最初のステップは、**問題行動を低減させ、適切な行動あるいは代替行動を増加させる**ための方略を考え出すことである。指導介入がFBAの結果と関連づけられることを確実にすることで、BSPの効率性・有効性・妥当性は高まる。競合行動バイパスモデルとは、FBAとBSPの関連を作り出すために使用されるツールのひとつである。競合行動バイパスモデルの書式は、機能的行動アセスメントと行動支援計画（F-BSP）の実施手順書の中に組み込まれている。記入用紙は、巻末資料Bに掲載してある（ステップ6：競合行動バイパスモデルの作成）。

　競合行動とは、相互に排他的な行動である。つまり、人は同時に2つの競合する行動を行うことはできない。例えば、走ることと歩くことは競合行動

である。これをBSPに応用すると、問題行動と望ましい行動は競合行動となる。例えば、子どもは「**教師を無視する**」ことと「**教師の指示に従う**」ことを両方同時に行うことはできない。

　競合行動バイパスモデル作成のステップの目的は、次の3つから成っている。(1)サマリー仮説に基づいたBSPを立案することの重要性を際立たせること、(2)問題行動の代わりとなる競合行動（望ましい行動もしくは許容範囲にある行動）を見つけ出すこと、(3)問題行動を非効果的かつ非効率的で、無価値なものにするために、日課や環境を変える方略を決めることである。

　行動支援チームは、日課を修正するために必要な方略に関するアイデアを、ブレインストーミング[1]によってたくさん出すために、競合行動バイパスモデルを利用する。日課を修正する具体的な方法としては、(1)問題行動のきっかけとなっている先行事象を修正する、(2)望ましい行動もしくは代替行動を教える、(3)問題行動を消し去ろうとするよりも、それを維持している後続事象を効果のないものへと変更する、の3つである。競合行動バイパスモデルに従って作成された指導介入の方略は、BSPの基盤となる。

　理解しやすいように、図4.1にあるトムのために作成された競合行動バイパスモデルを例に説明する。競合行動バイパスモデルの中段の部分はサマリー仮説を再度記述したものである。つまり「**現在、起きている状況**」を表している。一番上の段は、対象となる子どもに期待される望ましい行動、つまり「**最終的にそうなってほしい状況**」を表している。下段の部分は、問題行動と同じ機能を果たしている行動の中で、教師・学校職員・保護者が許容可能な代替行動を示している。つまり、「**とりあえず皆が幸せでいられる状況**」を表している。多くの場合、大人が子どもに対して腹を立てるのは問題行動の機能（例えば、大人の注目を獲得すること）のためではない。むしろ腹立たしいのは、その機能を果たすために子どもがとる方法（例えば、クラスで大騒ぎをすること）の方である。効果的なBSPを立案するためには、行動支援チームとその支援を要請した教師は、問題行動と同じ機能をもつ、許容

訳註[1]　アイデア出しのひとつの方法。互いの意見を批判、批評、否定しないというルールで行う。

ステップ6：競合行動バイパスモデルの作成

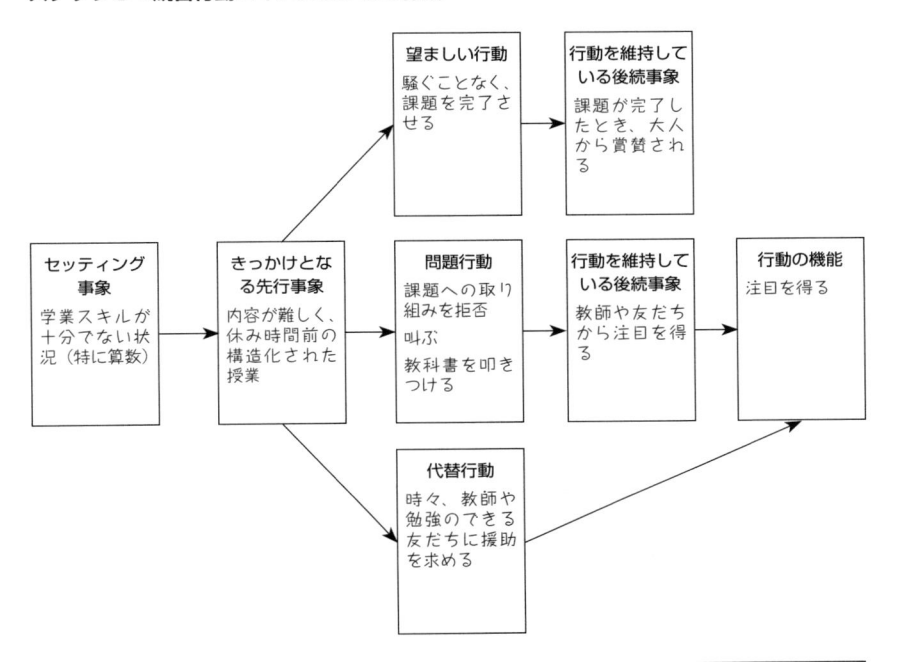

```
                          ┌──────────────┐  ┌──────────────┐
                          │ 望ましい行動  │  │ 行動を維持して│
                          │ 騒ぐことなく、│  │ いる後続事象  │
                          │ 課題を完了さ  │  │ 課題が完了し  │
                          │ せる         │  │ たとき、大人  │
                          │              │  │ から賞賛され  │
                          │              │  │ る            │
                          └──────────────┘  └──────────────┘
                              ↑
┌──────────┐  ┌──────────┐  ┌──────────┐  ┌──────────┐  ┌──────────┐
│セッティング│  │きっかけとな│  │問題行動   │  │行動を維持して│ │行動の機能 │
│事象       │→│る先行事象  │→│課題への取り│→│いる後続事象 │→│注目を得る │
│学業スキルが│  │内容が難しく、│ │組みを拒否 │  │教師や友だち │ │           │
│十分でない状│  │休み時間前の │  │叫ぶ       │  │から注目を得 │ │           │
│況（特に算数）│ │構造化された │ │教科書を叩き│ │る           │ │           │
│           │  │授業        │  │つける     │  │             │ │           │
└──────────┘  └──────────┘  └──────────┘  └──────────┘  └──────────┘
                              ↓                              ↑
                          ┌──────────────┐
                          │ 代替行動      │
                          │ 時々、教師や  │
                          │ 勉強のできる  │
                          │ 友だちに援助  │
                          │ を求める      │
                          └──────────────┘
```

セッティング事象 に対する方略	先行事象 に対する方略	行動の指導 に対する方略	後続事象 に対する方略
算数のカリキュラムが本人に適切なレベルかを評価する 算数では、補足的な教示を与える 算数では、個別に教示を与える	望ましい行動を明確にする 早めに休み時間がとれるように、長い休み時間を2つの短い休み時間に分ける 前もって適切な行動を知らせる 静かなところへ席を移す	望ましい行動を教える 報酬のシステムについて教える ロールプレイを通して、援助を求めることを教える	期待されている望ましい行動を強化する 不適切な行動は無視する 「注目チケット」が得られる 他の報酬（図工の道具や図工をするための時間など）が得られる

図4.1　行動支援計画：ステップ6（トム）

記録用紙自体は O' Neill et al., *Functional Assessment for Problem Behavior: A Practical Handbook* (2nd ed.) の許可を得て転載。© 1997. Wadsworth, an imprint of the Wadsworth Group, a division of Thomson Learning の許可を得て転載。Fax 800-730-2215.

ステップ6：競合行動バイパスモデルの作成

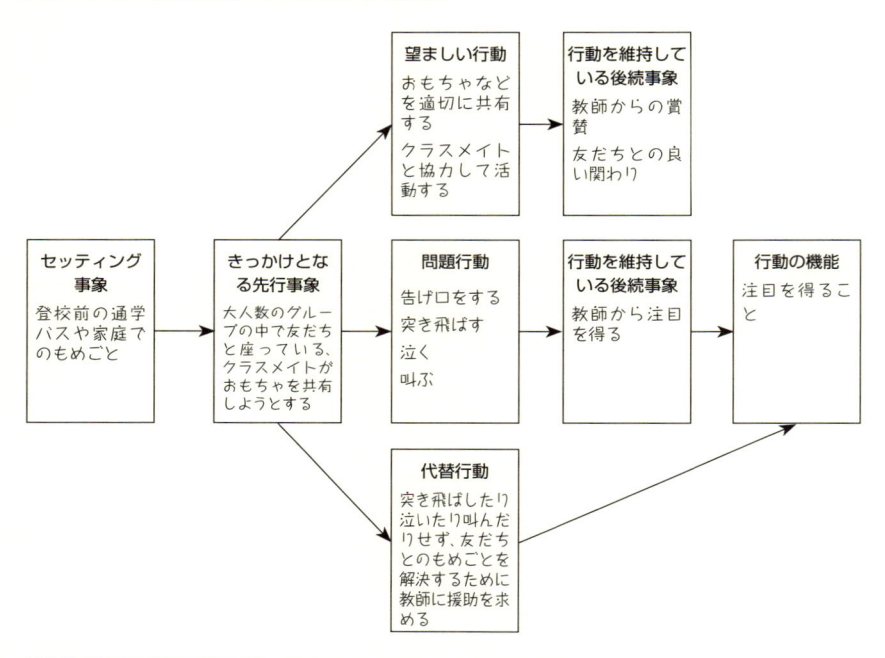

```
                          ┌──────────────┐   ┌──────────────┐
                          │ 望ましい行動  │   │ 行動を維持して│
                          │ おもちゃなど │   │ いる後続事象 │
                          │ を適切に共有 │   │ 教師からの賞 │
                          │ する         │   │ 賛           │
                          │ クラスメイト │   │ 友だちとの良 │
                          │ と協力して活 │   │ い関わり     │
                          │ 動する       │   │              │
                          └──────────────┘   └──────────────┘
                                 ↑
┌──────────┐  ┌──────────┐  ┌──────────┐  ┌──────────┐  ┌──────────┐
│セッティング│  │きっかけとな│  │ 問題行動 │  │行動を維持し│  │ 行動の機能│
│ 事象      │  │る先行事象 │  │告げ口をする│ │ている後続事│  │ 注目を得る│
│登校前の通学│→│大人数のグル│→│突き飛ばす │→│象         │→│ こと     │
│バスや家庭で│  │ープの中で友│  │泣く      │  │教師から注目│  │          │
│のもめごと │  │だちと座って│  │叫ぶ      │  │を得る     │  │          │
│           │  │いる、クラス│  │          │  │           │  │          │
│           │  │メイトがおも│  └──────────┘  └──────────┘  └──────────┘
│           │  │ちゃを共有し│                                     ↑
│           │  │ようとする │                                     │
└──────────┘  └──────────┘                                     │
                    │        ┌──────────────┐                   │
                    │        │ 代替行動     │                   │
                    └───────→│ 突き飛ばした │───────────────────┘
                             │ り泣いたり叫 │
                             │ んだりせず、 │
                             │ 友だちとのも │
                             │ めごとを解決 │
                             │ するために教 │
                             │ 師に援助を求 │
                             │ める         │
                             └──────────────┘
```

セッティング事象に対する方略	先行事象に対する方略	行動の指導に対する方略	後続事象に対する方略
家庭と学校の連絡を密にする 通学バスと学校の連絡を密にする	望ましい行動を明確にする 問題行動を起こさないように、事前に何が適切な行動なのかを知らせる 使用できるおもちゃなどを増やす しっかりとした友だちを隣の席にしておく よいモデルとなる友だちとペアにする	望ましい行動を教える 援助を求めることを教える 友だちと一緒に問題解決することを教える おもちゃなどを順番に使用することを教える	望ましい行動を強化する 適切に活動し協力することに対して賞賛を与える グループ全体が報酬を得られるような強化システムを設定する

図4.2　行動支援計画：ステップ6（サラ）

記録用紙自体は O'Neill et al., *Functional Assessment for Problem Behavior: A Practical Handbook* (2nd ed.) の許可を得て転載。© 1997. Wadsworth, an imprint of the Wadsworth Group, a division of Thomson Learning の許可を得て転載。Fax 800-730-2215.

ステップ6：競合行動バイパスモデルの作成

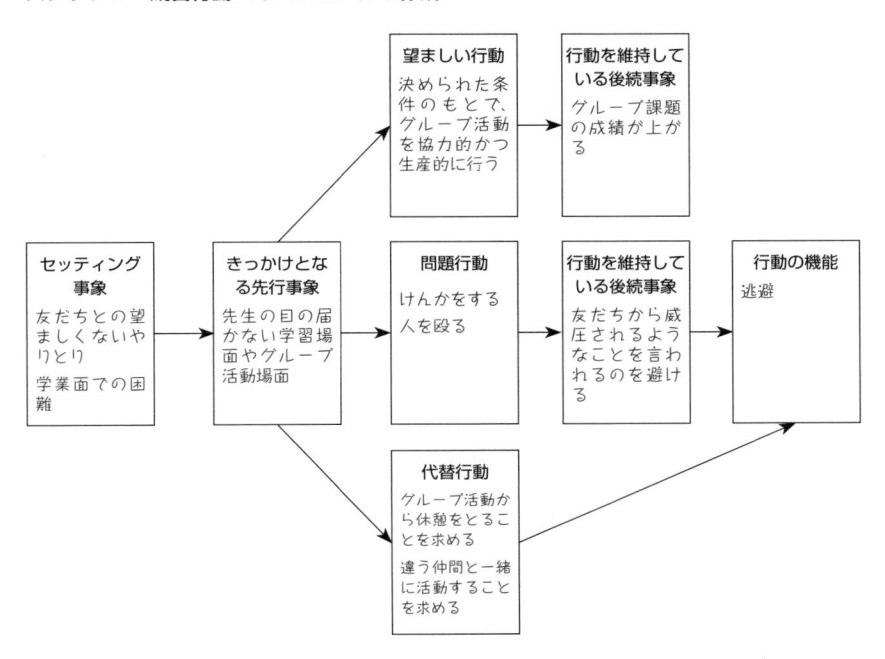

望ましい行動
決められた条件のもとで、グループ活動を協力的かつ生産的に行う

行動を維持している後続事象
グループ課題の成績が上がる

セッティング事象
友だちとの望ましくないやりとり
学業面での困難

きっかけとなる先行事象
先生の目の届かない学習場面やグループ活動場面

問題行動
けんかをする
人を殴る

行動を維持している後続事象
友だちから威圧されるようなことを言われるのを避ける

行動の機能
逃避

代替行動
グループ活動から休憩をとることを求める
違う仲間と一緒に活動することを求める

セッティング事象に対する方略	先行事象に対する方略	行動の指導に対する方略	後続事象に対する方略
一番よくない関わり方をしている友だちを物理的に離す 学業面のスキルをアセスメントする 学業面のスキルに合うようにカリキュラムを個別化したり修正したりする	望ましい行動を明確にする 参加が期待される集団活動の数を減らす 活動をグループで行うかひとりで行うか選択させる 彼を観察したり個別支援したりする回数を増やす チェックインシステム（訳註：行動目標カードを用いた手続き）を導入する よいモデルになる友だちとペアを組ませる	望ましい行動を教える 休憩をとることやペアを替えることを要求できるように教える 問題解決スキルを教える	望ましい行動を強化する 行動と成績のつながりをしっかりと伝える 適切な行動に対して報酬を与える

図4.3　行動支援計画：ステップ6（ロナルド）

記録用紙自体は O'Neill et al., *Functional Assessment for Problem Behavior: A Practical Handbook* (2nd ed.) の許可を得て転載。© 1997. Wadsworth, an imprint of the Wadsworth Group, a division of Thomson Learning の許可を得て転載。Fax 800-730-2215.

範囲にある代替行動を子どもに教える必要がある（例えば、難しい課題に関して援助を求めることを子どもに教える）。

　図４．１を参照しながら、トムの事例について考えてみよう。トムの主な問題行動は「**課題に取り組むことを拒み、騒ぎを起こす**」ことであった。彼の問題行動の機能は「**教師や友だちの注目を得る**」ことで、望ましい代替行動（すなわち競合行動）は「**騒ぐことなく課題を完了させる**」ことであった。問題行動と同じ機能をもつが、それと競合している許容範囲にある代替行動は、「**時々、教師あるいは勉強がよくできる友だちに、援助や注目を求める**」こととされた。この許容範囲にある代替行動を、児童が一貫して行えるようになれば、この行動は「望ましい行動」への足がかりとなるだろう。例えば、トムの担任教師や保護者も、最終的には彼が教師や友だちに過度に依存することなく、ひとりで課題に取り組めるようになってほしいと願うだろう。サラとロナルドの競合行動バイパスモデルについては図４．２と図４．３に示した。

　一度、行動支援チームが、望ましい行動と許容範囲にある代替行動を決めたなら、次は児童生徒がこれらの行動を行えるように促すための方略を考え出さなければならない。問題行動を非効果的かつ非効率的で、無価値なものにするために、子どもに新しいスキルや行動を教えたり、子どもの日課の特性を変容させたりすることに焦点を当てなければならない。サマリー仮説の各項目（セッティング事象、きっかけとなる先行事象、問題行動、後続事象）について、子どもがうまくいく状態、すなわち問題行動が減少し、適切な行動が増加するような状態にしやすくするために、子どもの活動の流れを変えることができる。競合行動バイパスモデルの書式（F−BSP の実施手順の第６ステップ）には、（１）セッティング事象の操作、（２）きっかけとなる先行事象の操作、（３）適切な行動の指導、（４）後続事象の操作に関してブレインストーミングするための余白が用意されている。例えば、以下にロナルドの競合行動バイパスモデルで示唆された方略を示す（図４．３）。（１）セッティング事象を変えるために、**ロナルドと一番よくない関わり方をしている友だちを、物理的に引き離す**。（２）先行事象を変えるために、**ロナルドに対して、活動をグループで行うかひとりで行うかを選択させる、あるいは教師**

が彼を観察したり個別援助したりする回数を増やす。（3）新しい行動を教えるために、**ロナルドに対して、休憩をとることやグループ活動でパートナーを替えることを要求することを教える**。（4）後続事象を変えるために、**ロナルドの適切な行動に対して報酬を与える**。

　BSPを立案する時点で、行動支援チームはブレインストーミングを行う。チームのメンバーは、ブレインストーミング中は、いかなる提案に対しても批判すべきではない。提案された全てのアイデアを一覧表にして、それをその後で検討し、学校や教室という制約のある場面文脈の中で、どの方略が最もその場面に適合しそうかをチームで決定する。ブレインストーミングを行うことによって、支援チームはアイデアをいつでも引っ張り出せる「アイデア銀行」を作ることができる。支援チームは最初、いくつかの方略を選択して実行するが、最初のプランが対象の児童生徒に対して有効ではないとわかるときもある。このようなときに再び立ち返り、またそこから選ぶことのできる方略の選択肢がたくさんあれば、効果がなかったBSPの修正が容易になることと支援チームはわかるであろう。

　競合行動バイパスモデルを使用してBSPを作成する際に保護者や教師を参加させる主な理由は、「（1）FBAの結果と指導介入との結びつきを強めるため、（2）実施される指導手続きと、指導計画を実行に移す人の価値観・スキル・リソース・日課との間の適合性を高めるため、（3）多くの要素で構成された支援計画の中で、用いられることのできる複数の指導手続き間の論理的な一貫性を高めるため、（4）支援計画が最終的に実行されるという実現性を高めるため、である」（O'Neill et al, 1997, P. 69）。

3．文脈適合性

　BSPを作成する際に考慮すべき2番目の重要事項は、BSPを実際に計画を実行する人々の価値観・スキル・リソース・日課と適合させることである。この考え方は**文脈適合性**と呼ばれている。文脈適合性の重要性は、どれだけ強調してもし過ぎるということはない。例えば、「**完璧な**」BSPを作成したとしよう。もし正確に実行されれば、その計画は失敗しようがないが、そう

いう計画は決して正確に**実行され得ない**とわかるだけである。そうなったときに、行動支援チームは、計画を実行する上での重要な実際的な制約、すなわち必要な時間・リソース・予算・スキル・設備・実行者の態度や信念などについて考慮し忘れていたことに気づくだろう。

　文脈適合性の重要性について、いくつかの事例を用いて説明できる。

事例1　〜ロナルドの場合〜

　行動支援チームが、ロナルドのBSPに家庭−学校間の連絡帳のシステムを組み込むことにしたとしよう。最初に、支援チームは授業毎の目標を決める。ロナルドは毎日、授業を担当する教師に授業時間内に自分の目標を達成したかどうかを行動記録用紙にチェックしてもらう。1日の終わりに、スクールカウンセラーに行動記録用紙の確認をしてもらい、それを家庭に持ち帰る。彼の両親は、行動記録用紙に目を通し、それにサインし、ロナルドを励ますためのコメントを書き込み、それを学校へ戻すことになっている。

　これはかなりしっかりとした方略で、すでに深刻な問題行動のリスクのある中学生に対する効果が示されてきているものである。ロナルドの両親にこのシステムを理解してもらい、参加してもらうよう指導することは可能であろう。**しかし、もしロナルドの両親が読み書きができない場合、どうなるのだろうか。**この場合、両親は毎日の行動記録を読むことができないし、コメントを書き加えることもできない。**これは、ロナルドの支援がうまくいくかどうかに、どのような影響を与えるだろうか？　両親を困らせた上に、学校から距離をとらせてしまうのではないだろうか？**　この手の問題は、一度文脈適合性を考慮すれば、支援計画をわずかに修正することで簡単に回避することができる。例えば学校側は、記録用紙を使わずに、電話で両親に連絡すればよいのである。

事例2　〜トムの場合〜

　トムに対して最初に立案されたBSPの中には、担任教師とリソースルー

ムの教師の間のコミュニケーションを増やすことが含まれていた。リソースルームの教師は、自分が担当する授業でのトムの行動をノートに記録し、そのノートをトムを介して担任教師へと返却していた。ここで2つの問題が生じた。（1）トムが怒ったとき（例えば、そのノートに、彼の行動のマイナス面の記録が書かれていたとき）に、ノートをズタズタに破ってしまうことがよくあった、また（2）トムは注意散漫で忘れっぽいために、そのノートを忘れたり紛失したりすることがよくあった。このような問題があるからといって、今の指導介入の方略をやめてしまう必要はない。むしろ文脈適合性を考慮に入れることで、この方略を修正することができ、もっと効果的にすることができる。（1）の問題を解消するために行動記録用のノートはラミネート加工し、グリース鉛筆[2]で記録することにより、ノートは毎日再利用できるようになる。（2）の問題を解消するために、教師間のノートの受け渡しは、児童ではなく教師が責任をもって行うことにできる。他に可能性のある解決策としては、ノートの記録内容の良し悪しに関わらず、担任教師にノートを渡せたら、トムにご褒美を与えることである。

　文脈適合性の問題は、時間と労力の問題に集中することが多い。行動支援チームは、教師が費やせる範囲以上の時間や労力を要求するような、広範囲にわたるBSPを作成してしまうことがある。BSPを作成するときに、行動支援チームは**効果と効率の両方**を重視すべきである。例えば、行動支援チームは、児童生徒の行動を継続して観察したり、継続して個別に関わることを教師に要求したりするようなBSPを作成するのではなく、児童生徒本人によるセルフ・マネジメントやセルフ・モニタリングなどの方法を含んだBSPを作成することができよう。こうすることで、その子どもに自己責任と自立について指導できるだけではなく、教師の負担を軽減することもできる。セルフ・マネジメントを含んだBSPは、このような2つの目的を達成することができるのである。

訳註[2]　顔料と油脂でできた鉛筆で、どんなものにも書けるが、少量の水と布または指で擦ると簡単に拭き取れる。

4．行動支援計画を個別化する

　問題行動のある子どもに指導介入を実施する際に、最も難しい課題のひとつは、指導に対する子どもたちの反応が多様であるということである。指導介入の方略が、ある子どもには効果的かもしれないが、別の子どもにはそうではないことがある。あるいは、ある特定の子どもたちの、ある決まった場面でしか効果的でない場合もある。BSP に FBA の結果が盛り込まれていないような場合は、見た目が同じタイプの問題行動を示している子どもに対して、その機能が子どもによって異なる場合であっても、同じ指導介入を実施してしまうこともある。

　教室内で大騒ぎを頻繁に起こす小学２年生の児童について考えてみよう。FBA に基づき、次のようなサマリー仮説が作成された。「**ルーベンは教師から難しい読みの課題が与えられたとき、その課題から逃避するために、課題のプリントをクシャクシャに丸めて、クラスメイトに対して唾を吐きかけ始める**」。同じ行動であっても別の子どもでは、FBA は少し違ったサマリー仮説を生み出すかもしれない。例えば、「**リタは読みの授業で、教師が10分間以上個別に関わらない時間ができると、教師の注目を得ようと課題のプリントをクシャクシャに丸めて、クラスメイトに対して唾を吐きかけ始める**」。２人の児童の問題行動は全く同じように見える。しかし行動の先行事象とその機能は全く異なり、そのために全く違う BSP が示唆される。

　教師がごく一般的に用いる逸脱行動への対応方法、すなわち児童生徒が深刻な逸脱行動を起こすたびに、10分間廊下に座らせるような方法[3]について考えてみよう。問題行動に対するこのごく普通の対応は、実はルーベンにとってはご褒美になってしまうのである！　彼は廊下に出されることで、自分が求めていたこと、つまり読み課題から逃避できるのである。一方、リタに対しては、廊下への移動はより効果的な懲戒的な方略かもしれない。それはこの方法が適用されれば、リタが教師から受けられる注目の量はさらに減ってしまうからである。将来的にリタは、逸脱行動によって教師から注目を得

訳註[3]　この方法は、日本では体罰に該当する可能性があるので注意されたい。ここでは、「学習の場から一時的に離す」という対応と考えていただきたい。

ようとすることは少なくなる。

　行動の機能に基づくアプローチでは、問題行動が生じている状況や対象となる児童生徒、標的行動に固有の特徴について考慮する。このような特徴は、指導介入の成否を決める。FBAの手続きを用いることで、行動支援チームは、ひとりひとりの児童生徒の状況に合ったBSPを作成することができる。

　BSPを個別化する際に重要な配慮点の２番目は、強化子の選択である。多くのBSPでは、子どもの適切な行動を強化するための報酬システムを組み込む。強化子の選択は、**目の前の児童生徒**を動機づけるものを基本にするべきであり、決して**全ての児童生徒**を動機づけると大人が信じているものを基本にするべきではない。例えば、トムに対して最初に立案されたBSPでは、問題が頻繁に起こっていた活動中に彼が適切な行動をしたら、コンピューターの使用を５分間許可することにしていた。これは計画通りに実行されたが、トムの問題行動はさらに悪化してしまった。**なぜ指導介入を導入した後に、トムの行動は悪化してしまったのだろうか？**　トムと話をするまで支援チームのメンバーは、困り切っていた。トムと話してみて、初めて彼の最も好きでない活動がコンピューターを使うだったことがわかったのである！

　つまり、トムの適切な行動に対して、彼を罰するような活動を「ご褒美」として与えていたことになる。さらにトムに質問を重ねていくうちに、彼がアートの活動を好んでいることがわかった。BSPは、コンピューターの代わりに、５分間アートの活動ができるように修正された。トムは自分にとって意味のある強化子を得ることに向かって活動するにしたがい、彼の行動は即座に改善した。児童生徒の好みの活動や強化子の情報は、第３章で紹介した「児童生徒を対象としたインタビュー」によって簡単に得ることができる。

５．行動支援計画を文書化する

　競合行動バイパスモデルを完成させて、どの方略を用いるのかを決めたら、行動支援チームはその決定事項を行動支援計画書の書式に記入する。多くの

学区[4]には、行動支援計画書に関する独自の書式がある。先の3名の事例に関して書かれた書式の例を図4.4、図4.5、図4.6に示す。この書式は、F－BSPの実施手順書の中にある（巻末資料B「ステップ7：指導介入の方略を選択する」を参照）。

　行動支援チームは、競合行動バイパスモデルから生まれた方略の中から選択したものをBSPに列挙する（これがステップ7：F－BSP実施手順書における指導介入で用いる方略を選択する）。このとき、第6ステップで扱われなかった方略がBSPに追加されることもある。重要なことは、誰の責任のもとで、いつ、どのような手順でその方略を実行するのかが文書化されていることである。児童生徒に新しい行動を指導する必要があれば、誰がその行動を教えるのかを計画の中に示しておかなければならない。そして支援チームの誰かが、BSPについて対象児童生徒と話し合いをもつように計画しておくべきである。このきわめて重要なステップは、忘れられたり、無視されたりすることが多い。BSPを効果的なものにするためには、その中で期待されていることや目標、あるいは報酬に関する情報が児童生徒自身にも伝えられている**必要がある**。またその計画について対象児童生徒が質問できる機会を設けておくべきである。

　不適切な行動への対応方法を文書化しておくことは、BSPに不可欠な要素のひとつである。子どもの不適切行動は、長い時間かかって形成されてきたものである。その不適切な行動を適切な行動へと置き換えるには、同じくらい長い期間がかかる可能性がある。毎日の日課の中で児童生徒と関わる機会をもつ大人は、不適切な行動に対応するための一貫した計画を持っているべきである。軽度の不適切行動の事例であれば、計画は、その行動を単に無視することであるかもしれない。しかし、深刻な、あるいは危険な行動に対しては、危機管理計画が必要になる場合もある。

　ロナルドの示した深刻な破壊的、あるいは危険な行動に対しては、危機管理計画が作成された。表4.1に示したような危機管理計画は、必ずBSPに添付されるべきである。また、この危機管理計画は、FBAの実施期間中や、

訳註[4]　学区はアメリカの行政地区を指す。日本で言うところの市区町村の教育委員会単位に近いもの。

ステップ７：指導介入の方略を選択する

作業課題	担当者	いつまでに	再評価日	評価の結果 ・経過観察 ・修正 ・中止
1．算数のアセスメントとカリキュラムの個別化。	算数のリソース・ルームの教師	2週間後 （11月1日）	2〜3週間 （11月8日）	
2．適切な援助の要求の仕方をロールプレイで教える。	スクールサイコロジスト	10月25日まで	11月8日	
3．授業中の適切な行動の報酬として校内のお店で使えるクーポン券か5分間のアートの活動の時間を許可する。	担任教師	10月22日から開始する	11月8日	
4．行動目標カード（訳註：目標が箇条書きされており、それが達成できたかどうかをチェックすることができるカード）と「クーポン」を作る。関係する大人全員に行動目標カードの使い方を知らせる。	スクールサイコロジスト	10月21日	11月8日	
5．トムに対して、行動支援計画の説明をする。	担任教師	10月21日	11月8日	

※緊急事態に対する行動マネジメントが必要になった場合は、危機管理プランを作成し添付する。

図4.4　行動支援計画：ステップ7（トム）

ステップ7：指導介入の方略を選択する

作業課題	担当者	いつまでに	再評価日	評価の結果 ・経過観察 ・修正 ・中止
1.「1分間チェック・イン」の実施。担任教師は朝一番にサラに話しかけて状態を把握し、その日の園での期待される行動を伝える。	幼稚園教師	来週の火曜日（1月25日）	2～3週間（2月6日）	
2. 他の園児とおもちゃを共有する方法と、告げ口ではない適切な方法で教師に援助を要求する方法についてロールプレイで練習をする。	幼稚園教師	1月28日	2月6日	
3. サラが逸脱しないで、他の園児と一緒に活動参加できたら、10分ごとに注目する（笑顔、励まし、賞賛する）。	幼稚園教師	1月25日	2月6日	
4. 行動支援計画をサラに説明する。	スクールサイコロジスト	1月24日より前に実施	2月6日	
5. 告げ口は無視する。	幼稚園教師	1月25日	2月6日	

※緊急事態に対する行動マネジメントが必要になった場合は、危機管理プランを作成し添付する。

図4.5　行動支援計画：ステップ7（サラ）

ステップ7：指導介入の方略を選択する

作業課題	担当者	いつまでに	再評価日	評価の結果 ・経過観察 ・修正 ・中止
1．個別課題を行うかグループ活動に参加するかをロナルドに選択させる。	社会と理科の教師	翌日 （2月11日）	2～3週間 （2月28日）	
2．グループ活動の間の机間巡視の回数を増やす。	全教師	2月11日	2月28日	
3．友だちとの衝突回避を学ぶためのグループ活動に参加させる。	スクールカウンセラー主導で	2月18日から始める	2月28日	
4．リラクゼーションの仕方を学ぶグループ活動に参加させる。	スクールカウンセラー主導で	2月19日から始める	2月28日	
5．課題の中断や活動のパートナーの変更を要求するための方法を教える。	スクールサイコロジスト	2月11日	2月28日	
6．適切な方法でロナルドが休憩や賞賛を求めてきたらそれに応じる。	全教師	2月11日	2月28日	
7．授業中の様子をモニタリングするための行動目標カードを作る。	スクールサイコロジスト	2月11日	2月28日	
8．行動支援計画をロナルドに説明する。	スクールサイコロジスト	2月11日	2月28日	

※緊急事態に対する行動マネジメントが必要になった場合は、危機管理プランを作成し添付する。

図4.6　行動支援計画：ステップ7（ロナルド）

表４．１．ロナルドに対する危機管理計画の実例

1. ロナルドが興奮するきっかけに気づく。
2. ロナルドを落ち着かせる。可能であればロナルドを同級生から離す。
3. 問題が悪化した時は、学校長に知らせる。
4. スクールカウンセラーが体育の授業を、代わりに担当する。
5. 体育教師は、ロナルドのところに行って話をし、体育館まで連れていく。
6. ロナルドは体育館の外で10分間のタイムアウトを受ける。
7. ロナルドが落ち着いてきたら、そのことを褒め、適切にタイムアウトを受けたことを賞賛する。
8. 体育教師は教室に戻った後、期待されていることをロナルドに伝える。
9. 体育教師（または他の大人）はロナルドが教室に戻るまで付き添う。

学校のリソースや教職員内でのお互いの援助の可能性に関する話し合いなどの中で集められたデータに基づくべきである。ロナルドの危機管理計画の中に記載された学校スタッフは、その計画の中での自らの役割に同意していた。危機管理計画書のコピーは、校長とロナルドを担当する教師たちに配布されている。

　おそらく、BSPを文書化する中で最も大事なステップは、計画の実行に携わる全ての人から書面による同意を得ることである。同意を得る必要があるのは、児童生徒自身・教師・保護者・実行チームなどのメンバーである。最後に行動支援チームは、計画を見直し、評価し、必要に応じて修正する日程を決めておくべきである。行動支援計画書のコピーは、児童生徒に関わるひとりひとりの教師と児童生徒の保護者に配布する必要がある。また、それは行動支援チームの記録ファイルにも保管しておかねばならない。

　効果的なBSPを作成することは、科学であり、また技術である。ひとつずつのBSPを効果的なものにするためには、本書でここまで論じてきた、数多くの重要な特徴について検証する必要がある。これらの特徴には、（１）観察可能で測定可能な問題行動の定義、（２）問題行動の機能に関する検証可能なサマリー仮説、（３）問題行動を低減するための方略、（４）適切な行動を強化するための方略、（５）行動の変化を測定・評価するための方略、（６）文脈適合性についての配慮が含まれる。F－BSP実施手順の第7ステップで

は、使用される方略が列挙されるわけだが、第1から第8ステップまでの実施手順書全体が、最終的な行動支援計画書の一部と考えることもできる。このF-BSP実施手順には、行動の機能に基づく支援計画がもつべき重要な特徴の全てが含まれている。この実施手順に従えば、同じ情報を複数の書式（例えば、インタビュー用紙、BSP用紙、評価用紙、など）で重複して集めるような無駄なことはない。ホーナーら（1999-2000）は、BSPの質を評価するためのチェックリストを作成している。このチェックリストは図4.7と巻末資料Ⅰに掲載してある。

BSPの作成というテーマの全てを扱うことは、この章の範囲を越えているが、この章末の補足資料に、このテーマに関してのリソースとなる文献リストを掲載してあるので参考にしてほしい。

補足資料

行動支援計画

Artesani, A. J., & Mallar, L. (1998). Positive behavior supports in general education settings: Combining person-centered planning and functional analysis. *Intervention in School and Clinic, 34*, 33-38.

Fad, K. M., Patton, J. R., & Polloway, E. A. (1998). *Behavioral intervention planning*. Austin, Texas: Pro-Ed.

Horner, R. H., Sugai, G., Todd, A. W., & Lewis-Palmer, T. (1999-2000). Elements of behavior support plans: A technical brief. *Exceptionality, 8*(3), 205-215.

Muscott, H. S. (1996). *Planning and implementing effective programs for school-aged children and youth with emotional/behavioral disorders within inclusive schools*. Mini-Library Series on Emotional/Behavioral Disorders. Council for Children with Behavioral Disorders.

Repp, A. C., & Horner, R. H. (Eds.). (1999). *Functional analysis of problem behavior: From effective assessment to effective support*. Belmont, CA: Wadsworth.

Sugai, G., Lewis-Palmer, T., & Hagan, S. (1998). Using functional assessments to develop behavior support plans. *Preventing School Failure, 43*, 6-13.

行動支援計画の質を評価するためのチェックリスト

支援計画（あるいは立案の過程）は以下のような特徴を備えていますか？

行動支援計画の立案と実行の際に、以下のそれぞれの項目をどの程度考慮しましたか？
◎＝大変考慮した　○＝考慮した　△＝ほとんど考慮しなかった　N＝当てはまらない

1. ＿＿＿　行動支援を実施するための学習上と生活上の文脈を定義する
2. ＿＿＿　問題行動の操作的な記述
3. ＿＿＿　問題となる日課を特定する
4. ＿＿＿　機能的アセスメントの仮説を示す
5. 指導介入／**介入前の確認事項**（多くの日課に影響する問題）
    a) ＿＿＿　現在の健康と生理状態
    b) ＿＿＿　コミュニケーション能力
    c) ＿＿＿　自分で移動可能かどうか
    d) ＿＿＿　日課が予測可能かどうか
    e) ＿＿＿　選択の機会はあるか
    f) ＿＿＿　家族や友人との関係
    g) ＿＿＿　活動パターン
6. 指導介入／**予防**（問題行動を的外れなものにする）
    a) ＿＿＿　スケジュール
    b) ＿＿＿　授業のカリキュラム
    c) ＿＿＿　授業の方法
7. 指導介入／適切行動の指導（問題行動を非効率的にする）
    a) ＿＿＿　代替技能の指導
    b) ＿＿＿　新しい適応技能の指導
8. 指導介入／後続操作
    消去（問題行動を非効果的にする）
    　a) ＿＿＿　正の強化を最小限にする
    　b) ＿＿＿　負の強化を最小限にする
    強化（適切な行動をより効果的にする）
    　a) ＿＿＿　正の強化を最大限にする
    弱化（必要な場合）
    　a) ＿＿＿　問題行動に対して弱化子を随伴する
    安全性／危機管理計画
    　a) ＿＿＿　問題行動が生じたときにどのように対応するかについて、明確な計画がある
9. 評価とアセスメント
    a) ＿＿＿　収集すべき情報を明らかにする
    b) ＿＿＿　行動を測定する過程を明らかにする
    c) ＿＿＿　意志決定の過程を明らかにする
10. 文脈適合性を保証する
    a) ＿＿＿　価値観
    b) ＿＿＿　技能
    c) ＿＿＿　リソース
    d) ＿＿＿　学校管理システム
    e) ＿＿＿　支援プログラムが児童生徒にとって最も役に立っているという認識

図4.7　行動支援計画チェックリスト
Horner, Sugai, Todd, Lewis-Palmer（1999-2000）.
© 1999-2000 by Lawrence Erlbaum Associates. 許可を得て転載

第5章

行動支援計画の評価と修正

1．はじめに

　本章では、行動支援計画（BSP）の効果とそれが教師などに実行される可能性を、どのように評価していくかについて説明する。BSP の評価・修正のための方略を説明するために、第3章で示した事例をここでも使用する。

　評価を行うことは、BSP を効果的にするための必須の要素で、最初から計画の中に組み込んでおく必要がある。評価に含まれるべき内容には、（1）行動上の変化を評価すること、（2）（直接的な支援者に対して）BSP の実行しやすさと受け入れの程度を評価すること、（3）児童生徒や保護者、教師の満足度を評価すること、がある。評価の手続きは、簡潔でかつ効率の良いものでなければならない。行動支援チームは、データに基づいて判断を下すのに不必要な情報を蓄積することはせずに、必要な情報を集めなくてはならない。さらに、行動支援チームは、文脈適合性の問題に対しても注意深く配慮する必要がある。そして評価は、達成した行動目標が時間が経っても維持する行動計画をもって終結するはずであろう。

2．理論的根拠

　問題行動に対するアセスメントや指導介入の中で、評価はもっとも無視されがちなステップである。しかし、評価は、学校内に効果的な個別の行動支援プログラムを組み込むときの不可欠な部分である。系統的な評価を実施しないと、指導介入が成功したかどうか、あるいは行動支援チームの取り組み

が価値あるものであったかどうかを判断する客観的な方法が存在しないことになる。リソースが十分にない環境では、プログラムの効果や価値を示すエビデンスが示されなければ、そのプログラムは直ちに中止されたり、他のものと置き換えられたりするだろう。同時に、評価のプランが面倒なものであったり、時間がかかったりするものだと、そのプランの有用性が評価される前に放棄されてしまう。行動支援チームは、BSP を継続するか、経過観察するか、修正するかをデータに基づいて判断を下すべきで、これには簡単でかつ効率良く収集できる情報を用いる。

　入念に計画された評価手続きは、効果が出ていない指導介入の問題の部分を正確に特定できる。注意深く経過観察することで、支援チームは指導介入の早い段階で問題を特定することができる。例えば、ロナルドの家庭－学校間の連絡システムは、始めのうちは彼の行動に影響を与えていなかった。ロナルドの友人とのけんかは続いており、その頻度と強度は、BSP を実施する前と同じであった。行動支援チームは、ロナルドの BSP からこの連絡システムを外そうとしていたが、毎日の記録シートを検討した結果、この連絡システムが十分に実行されていなかったことがわかった。つまり、ロナルドの両親がこのシステムに参加していなかったのである。さらにその問題を調べていくと、文脈適合性の問題が明らかになった。ロナルドの両親は 2 人とも読み書きができなかったのである。両親が積極的に連絡システムに参加しなかったのは、**参加できなかった**からであった。この情報に基づいて、行動支援チームは、学校とロナルドの両親の間では、書面での連絡よりも定期的に電話で連絡をとった方がよいと判断し、BSP を修正した。この小さな修正によって両親の参加する機会が増え、ロナルドの行動が改善した。

　系統的な評価を行うことで、行動支援チームはデータに基づいた客観的な判断を下すことができる。個々の児童生徒のデータが定期的に示されることで、実行チームの全てのメンバーが、子どもの行動変容がみられているところと、そうでないところに関して最新情報を得ることができる。対象の児童生徒が目覚しい変化をとげたとしても、それはまだ他の子どもたちに期待されている行動の範囲内に達していないことが多い。そのために、客観的なデータがないと、指導開始時から現在までにみられた児童生徒の行動での改善

よりも、同年代の子どもたちから逸脱し続けている様子に目を奪われてしまい、自分たちの努力が子どもの変化をもたらさなかったと信じ込み、がっかりしてしまうかもしれない。対象児童生徒の行動データが定期的に収集され、長期間にわたる改善が示されれば、それは実行チームが努力し続ける励ましや支えになる。

3．評価に欠くことができない要素

　問題行動は、多くの人たち — 教師、校長、保護者、対象児童生徒たち — に影響を及ぼす。この人たちはそれぞれ問題行動に対してその人なりの評価や反応をする。したがって、複数の人たちからの評価データを収集することが重要である。さまざまな情報源とは、以下で詳述する。

　アセスメントや指導介入に関わる人、例えば、教師、保護者、児童生徒自身、またはその他の実行チームのメンバーは誰でも評価に関わることができる。児童生徒自身に自己評価をさせることは、特に役に立つ方略である。自己評価をすることで、その児童生徒は自分の行動の特徴をはっきりとさせ、もっと頑張ろうと動機づけられたり励まされたりすることが多い。このことは教師にも当てはまる。教師は、自分自身が直接評価に関わったときの方が、そうでないときよりも、評価データをより意味のあるものとして感じることが多い。

3．1　行動の変化を測定する

　不適切な行動の減少と望ましい行動の増加に対するBSPの効果を測定する方法は数多くある。行動の生起頻度を数える、個別化された行動評定尺度、行動観察がもっともよく使われる方法である。

3．1．1　行動の生起頻度を数える
　もっとも簡便な評価方法のひとつは、行動の生起頻度を数えることである。教師は、子どもが高頻度の問題行動をどの程度行っているのかを効率的に記

録するための方略を必要としている。例えば、サラは、毎日ありとあらゆる時間帯で、おしゃべりをしている。こういう場合、サラがおしゃべりをするたびに教師に記録を求めることはとても大きな負担となり、指導の時間にもマイナスの影響を及ぼす可能性がある。もっと簡単な手段、例えばクリップ方略を使えば、おしゃべりを記録するという目的を果たすことができる。

　クリップ方略を用いるのには、教師は毎朝、片方のポケットに一握りのペーパークリップ（または、他の小さな物）を入れておく。サラが問題行動を起こす度に、教師はクリップ１つを反対側のポケットに入れる。１日の終わりに、教師はいくつのクリップが反対側のポケットに入っているかを数える。このクリップの数は、教師によって観察された問題行動の生起数（例えば、サラが他の児童とおしゃべりした回数）を示している。この数はサマリー用紙に記録される。この用紙をさっと見るだけで、行動が良くなっているかどうか判断することができる。

　サマリー用紙は、目につきやすく覚えておきやすい場所に置いておくべきである。そのためのとても簡単な解決策は、教師の指導案ノート（または、教師が毎日必ず使用する他の場所）に付箋紙を貼りつけておくことである。この付箋紙には、日付を書く欄と問題行動の生起数を書く欄がある（図５.１参照）。週の終わりに、教師はこの付箋紙の１週間分のデータを、もっと長期に保存するために、実行チームのあらかじめ決められたメンバーに渡す。

日　付	児童生徒のおしゃべりの回数
2月2日	ししLL
2月3日	しLL

図５.１. 簡単な付箋紙を使った行動頻度のデータのサマリー用紙

3.1.2　行動評定尺度

2つめの評価方法は、定期的（時間ごと・日にちごと・週ごと）に、個別化された行動評定尺度に記入することである。はじめに、ターゲット行動が選ばれ、それをサマリー用紙に記入する。ターゲット行動は問題行動（生起頻度の減少が期待される行動）でも望ましい行動（生起頻度の増加が期待される行動）のどちらでもよい。どのターゲット行動もリッカート尺度[1]に基づいて、0＝行動が生起しなかった、1＝行動が何度か生起した、2＝行動が頻繁に生起した、で評定する。幼い子どもが対象の行動評定尺度は、はい＝行動が生起した、いいえ＝行動が生起しなかった、というように簡潔に2項目にしてもよい。さらに幼い子ども、あるいは読み書き能力に制限のある子どもの場合には、ニコニコ顔と悲しい顔の写真で代用することもできる。個別化された行動評定尺度の見本は図5．2に載せてある。

行動評定は、児童生徒自身に対して自らの行動に関するフィードバックを与える手段となる。また行動評定を行うことで、教師は適切な行動をした児童に対して、定期的に賞賛や報酬を与える機会をもつことができる。行動評定を頻繁に（例えば毎回の授業後などに）行う方が、そうでない場合よりも、児童生徒の行動に強く影響する可能性が高い。行動評定の多くは、外部の観察者ではなく児童生徒自身や教師によって行われる。児童生徒自身による行動評定は、セルフ・マネジメントのための行動的介入の中に組み入れられている。

実行チームは、どれくらいの頻度で — 例えば毎時間か、毎日か、毎週かというように — 行動評定が行われるべきか、決めなければならない。この重要な決定をするには、（1）機能的行動アセスメント（FBA）で示されたターゲット行動の生起頻度、（2）対象児童生徒の年齢、（3）対象児童生徒のスケジュール内の活動の間の休み時間、を考慮しなければならない。

もし、問題行動が頻繁に生起するなら、子どもの行動評定もまた頻繁に行うべきである。高頻度で問題行動を起こす子どもは、それぞれの評定と評定の間隔を短く設定し、頻繁に評定をすれば、成功するチャンスが多くなる。

訳註[1]　心理検査的回答尺度のひとつ。

児童生徒名：＿＿＿＿＿＿＿＿＿＿　　教師のサイン：＿＿＿＿＿＿＿＿＿＿＿＿＿

日　付：＿＿＿＿＿＿＿＿＿＿＿＿　　リソースルーム教員のサイン：＿＿＿＿＿＿＿＿

行動目標：
1．課題を全て正確に行う
2．必要なときには援助を求める

日　課

朝の会	できた	できない
数学	できた	できない
音楽・美術	できた	できない
社会	できた	できない
自由学習の時間	できた	できない
休み時間	できた	できない
読書の時間	できた	できない
昼食	できた	できない
書き取り	できた	できない
国語	できた	できない
休み時間	できた	できない
科学	できた	できない

目　標：　　／12　　　　　　　　合　計：　　／12

ご褒美：＿＿＿＿＿＿＿＿＿＿＿＿＿＿＿＿（クーポンがもらえる）

コメント：＿＿＿＿＿＿＿＿＿＿＿＿＿＿＿＿＿＿＿＿＿＿＿＿＿＿＿＿＿＿＿＿＿＿
＿＿＿＿＿＿＿＿＿＿＿＿＿＿＿＿＿＿＿＿＿＿＿＿＿＿＿＿＿＿＿＿＿＿＿＿＿＿＿
＿＿＿＿＿＿＿＿＿＿＿＿＿＿＿＿＿＿＿＿＿＿＿＿＿＿＿＿＿＿＿＿＿＿＿＿＿＿＿
＿＿＿＿＿＿＿＿＿＿＿＿＿＿＿＿＿＿＿＿＿＿＿＿＿＿＿＿＿＿＿＿＿＿＿＿＿＿＿
＿＿＿＿＿＿＿＿＿＿＿＿＿＿＿＿＿＿＿＿＿＿＿＿＿＿＿＿＿＿＿＿＿＿＿＿＿＿＿

図5.2　個別の行動評定尺度の例

© 2003 by Deanne A. Crone and Robert H. Horner. *Building Behavior Support Systems in Schools: Functional behavioral Assessment* by Deanne A. Crone and Robert H. Horner. 本ページの複写は、本書の購入者が個人的な目的で使用する場合のみ許可される。

そして、ひとつの評定期間で成功すれば、その次の評定でも成功しようとする子どもの動機づけが高まる。評定をする間隔を空けすぎてしまうと、それぞれの評定期間において子どもが失敗をしてしまう可能性が高くなり、その次の評定期間で適切に行動しようとする動機づけが低下してしまうであろう。

子どもがもっと低年齢の場合、年齢が上の子どもよりも頻繁にフィードバックを与える必要がある。一番良いのは、低年齢の子どもの行動評定は、ひとつの授業時間内に何回かフィードバックが与えられるよう計画することである（例えば、20分の読みの授業時間内に4回など）。年齢が高い子どもの行動評定期間は、それよりも長くてよい（例えば、中学生であれば、それぞれの授業の後など）。

行動評定期間は、児童生徒のスケジュール内にある活動の切れ目に合わせることが多い。小学生の場合、行動評定期間は、新しく始まる活動の時間、例えばホームルームの時間、国語、休み時間などに合わせることができるであろう。中学生の場合、評定を授業の合間の休み時間に合わせることも可能であろう。

一定期間データを収集したら、児童生徒の進歩を示すためにデータをグラフ化する必要がある。2週間という期間（この期間は、BSPの立案から最

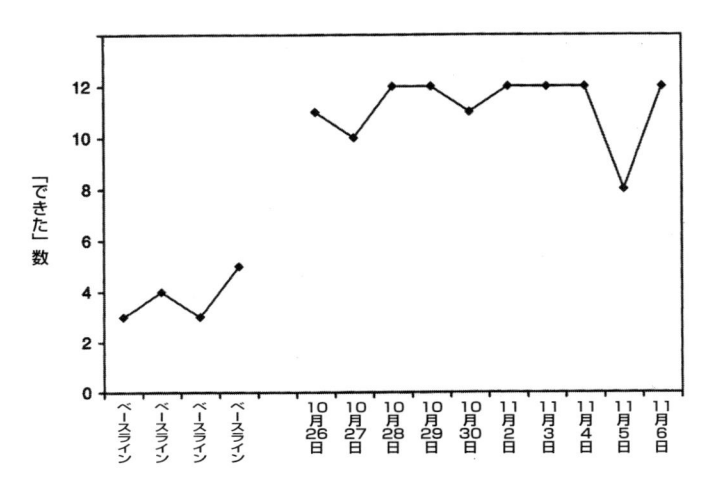

図5.3　トムの評価データをグラフにまとめたもの

初のフォローアップ・ミーティングまでの期間として推奨されているもの）は、BSPに関してデータを基にした判断を下すのに十分なデータを集めるのに丁度よい期間である。図5.3にはトムの行動評定のデータのグラフを示した。

　実行チームのメンバーは、このグラフを対象児童生徒と共有した方がよい。対象児童生徒の行動を視覚的に示すことは、フィードバックを与える他の方法以上に、多くのものをその子どもに与えるであろう。

　実行チームは対象児童生徒の保護者に対して、日々の報告書を提出する一方で、行動サマリー用紙の記録を手元においておきたいと思うだろう。このような事務手続き上の問題は、行動評定の用紙を2、3枚コピーして使用することで解決できる。

3.1.3　観　察

　観察はよく用いられているもうひとつの評価方法である。通常、観察は、

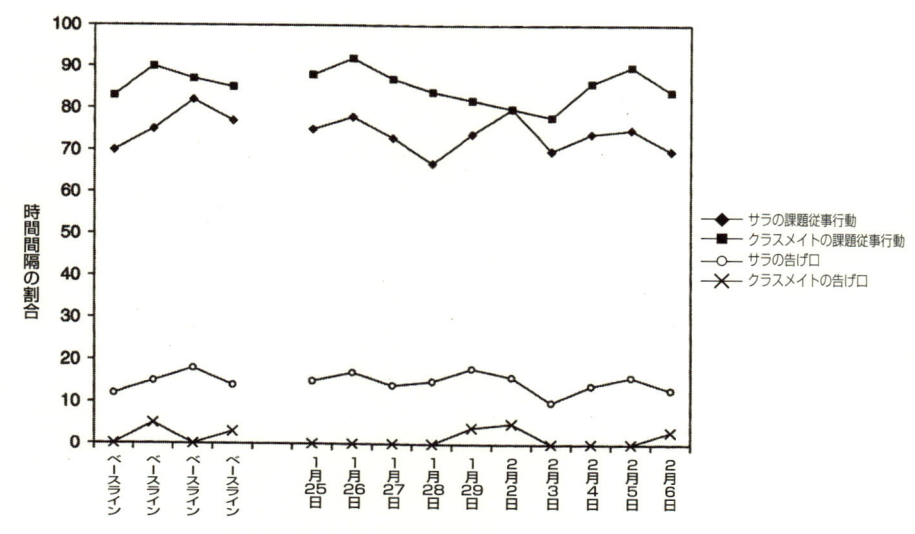

図5.4　サラに対する評価のための観察データをまとめたグラフ※

訳註※　上記のデータは時間間隔記録法で観察されたものである。まず、観察時間（例えば10分間）を短い時間間隔（例えば10秒間）に分ける。上記のデータは全観察時間間隔（10分間＝600秒間）のうち、対象となった行動が観察された時間間隔の割合を示している。

実行チームの中で行動アセスメントのスキルをもつメンバーによって実施される。観察者は、課題に従事している行動、課題に従事していない行動、問題行動（FBA によって定義されたもの）、望ましい行動（評価プランによって定義されたもの、巻末付録B、ステップ8：評価プランを参照）の生起を記録する。観察は、評価プランの中で対象となった日課の中で実施されるべきである。観察時間は、対象となる日課の長さによって決まる。実行チームは、新しく学習したスキルが般化して、その結果、指導介入を実施していない日課でも問題行動が減少したかどうかをアセスメントしたいと思うかもしれない。もしそうであれば、指導介入をしてない場面における評価データも収集しなければならない。観察記録シートの記入例は第3章（図3.11を参照）に示した。サラに対してBSPが導入されてから、最初の2週間分の観察評価データをまとめたグラフを図5.4に示した。

3.2 評価プランを文書化する

機能的行動アセスメントと行動支援計画の手順書（F–BSP 実施手順書）には評価プランを文書化するページがある。図5.5、図5.6、図5.7はサラ・トム・ロナルドの評価プランを示したものである。評価プランを立案する際には、以下の3つの重要な要素がある。（1）長期、短期の行動目標を決める。（2）目標が達成されたかどうかを測定する方法を決める。（3）実行チームが評価データを吟味し、BSP を経過観察、修正、中断するかどうかを判断するために、いつチームが再度集まるのか明記しておく。

長期目標と短期目標は、競合行動バイパスモデルの書式によって前もって示されている。長期目標は、（競合行動バイパスモデルにおける）「望ましい行動」を操作的に定義することで決定することができる。同様に短期目標は（競合行動バイパスモデルにおける）「代替行動」から導くことができる。これらの目標を評価プランのページに書き写せばよい。重要なのは、目標達成の基準を具体的にしておくことである。例えば、「**カルロスが課題を達成する割合を増やす**」と記述するよりも「**カルロスがそれぞれの授業の終了までに、その授業の課題の少なくとも 50％ を終わらせる**」というように目標を記載し

| **ステップ8：評価プラン** |

行動目標（具体的・観察可能・測定可能な目標を記述する）

短期の行動目標は何ですか？
観察された時間間隔の95%以上で、クラスメイトと対立したときに「告げ口」をせず、教師に助けを求めることができる。つまり、他の幼児を押したり、その幼児がしたことについて泣いたり、批判したりせずに助けを求めることができる。

目標達成予定日　　2月6日

長期の行動目標は何ですか？
100%の時間間隔で、おもちゃを適切に共有することができ、（告げ口をせずに）クラスメイトと協力して活動ができる。

目標達成予定日　　3月6日

評価手続き

収集されるデータ	データ収集の手続き	担当者	予定日
・課題従事時間（協力して作業した時間も含む） ・告げ口をしていた時間 ・課題従事と告げ口の時間数を級友と比較する	スクール・サイコロジストが、集団活動の時間に毎日簡単な観察を行い、グラフに記録する。グラフはフォローアップ・ミーティングにおいて支援チーム内で共有する。	スクール・サイコロジスト	1月25日〜2月6日

プランの再評価日：　　2月6日

私たちはこのプランの条件に同意します。

_____　　　　　　_____
児童生徒　　　　　（日付）　　　　保護者　　　　　（日付）

_____　　　　　　_____
教師　　　　　　　（日付）　　　　教師　　　　　　（日付）

_____　　　　　　_____
実行チーム・メンバー（日付）　　　実行チーム・メンバー（日付）

図5.5　サラの評価プラン

ステップ8：評価プラン

行動目標（具体的・観察可能・測定可能な目標を記述する）

短期の行動目標は何ですか？

12の授業時間のうち少なくとも10の授業で、かんしゃくを起こすのではなく、教師や（必要な場合）勉強がよくできるクラスメイトに援助や関わりを一時的に求めることができる。

目標達成予定日　11月8日

長期の行動目標は何ですか？

12の授業時間のうち少なくとも10の授業で、逸脱行動をしないで、ひとりで課題をやり終えることができる。

目標達成予定日　12月15日

評価手続き

収集されるデータ	データ収集の手続き	担当者	予定日
それぞれの授業で、行動目標カードに書かれた2つの目標をトムが達成できていたかどうかについての毎日の報告	毎日の行動目標カードを用いる。全ての教職員（担任教師、音楽担当の教師など）がカードの目的を理解して、一貫して使うことができるように確認しておく。教師は毎日カードに記入する責任がある。そのデータはグラフ化して支援チームに報告する。	スクール・サイコロジストが初めに行い、その後もモニターする	すぐに開始（10月21日）し、少なくともデータを見直すまで（11月8日）続ける

プランの再評価日：　11月8日

私たちはこのプランの条件に同意します。

_____　　　_____
児童生徒　　　　　　　　（日付）　　　　保護者　　　　　　　　（日付）

_____　　　_____
教師　　　　　　　　　　（日付）　　　　教師　　　　　　　　　　（日付）

_____　　　_____
実行チーム・メンバー　　（日付）　　　　実行チーム・メンバー　　（日付）

図5.6　トムの評価プラン

ステップ8：評価プラン

行動目標（具体的・観察可能・測定可能な目標を記述する）

短期の行動目標は何ですか？
授業時間の95％以上で、クラスメイトに攻撃的な行動をせず、集団活動中に休憩を求めたり、異なるクラスメイトとの活動するように求めることができる。

目標達成予定日　　2月28日

長期の行動目標は何ですか？
授業時間の少なくとも80％以上で、集団活動で他の生徒と協力して前向きに活動できる。

目標達成予定日　　6月6日

評価手続き

収集されるデータ	データ収集の手続き	担当者	予定日
それぞれの授業で、行動目標カードに書かれているように休憩を求めるような発言ができたかどうかについて毎日の記録	毎日の行動目標カードを用いる。全ての教職員（担任教師、音楽担当の教師など）がカードの目的を理解して、一貫して使うことができるように確認しておく。教師は毎日カードに記入する責任がある。そのデータはグラフ化して支援チームに報告する。	スクール・サイコロジストが初めに行い、その後もモニターする	すぐに開始（2月11日）し、少なくともデータを見直すまで（2月28日）続ける

プランの再評価日：　　2月28日

私たちはこのプランの条件に同意します。

_____　　　_____
児童生徒　　　　　（日付）　　保護者　　　　　（日付）

_____　　　_____
教師　　　　　　　（日付）　　教師　　　　　　（日付）

_____　　　_____
実行チーム・メンバー（日付）　実行チーム・メンバー（日付）

図5.7　ロナルドの評価プラン

ておいたほうがよいだろう。行動の測定は、前節で紹介したどの方法を用いてもよい。短期・長期の行動目標に対する行動的な方略の効果を評価するためのフォローアップ・ミーティングは、2～3週間以内に計画されなければならない。

評価プランのページには、対象児童生徒・保護者・教師・実行チームのメンバーが署名する欄もある。F－BSP実施手順書の最後に署名をすることで、参加者全員が（1）そこで提示されたアセスメントの情報を理解していること、（2）BSPの実施に関する責任を理解・同意していること、（3）評価プランを理解・同意していること、を示している。これらの参加者にF－BSP実施手順書への署名を求めることで、対象児童生徒への行動支援を行う中心人物同士で、コミュニケーションを増やし、協力関係を築くことができる。

3.3 行動支援計画を実施する際の手続きの実行可能性と実行厳密性を評価する

BSPの失敗の原因としてよくあることは、その実行が不十分であったり一貫性がなかったりすることである。評価データは、BSPの失敗がその実行が適切に行われなかったためかどうかを実行チームが判断するのに役立つ。最も簡単な評価のための方略は、チームの各メンバーに、BSPに含まれる自分の役割をきちんと遂行したかどうかをたずねることである。ロナルドのBSPの中には、スクール・サイコロジストがロナルドに休憩を要求することを教えるという方略があった。そのスクール・サイコロジストには、この方略を実行したかどうかをすぐに確認できる。

BSPが確実に実行されたかどうかを素早くチェックするには、チームの各メンバーに、自分の役割を簡潔に説明するよう求めればよい。自分に何が期待されているのかを説明できないメンバーは、明らかにBSPの自分の担当部分を実行できていない。このような事態が生じているということは、チームのメンバー間で、コミュニケーションにより大きな問題が存在していることを示している。この問題は、BSPをいかに協働して行い、いかにそれを文書化して配布するかという点に十分に注意を払えば改善可能である。私

たちが推奨している方法は、BSP の実施直後の数日間に、メンバーが担当部分を実行しているかどうかを確認するために、チーム・リーダーがメンバーに連絡を入れることである。このような計画開始後の簡単なチェックインは、メンバーに対して、BSP の実行の責任をより強く意識させる手っ取り早い方法であり、また計画実施の初期段階で各メンバーが感じる自分に必要なサポートを発見するのにも役立つ。

個別化された行動評定尺度は、介入実行の厳密性を簡単にチェックするのにも使える。もし評定尺度が連続した期間、一貫して記入されていたならば、実行チームは介入が計画通りに実行されたと結論づけることができる。反対に、行動評定尺度に空欄があったり、データが欠けているところがあったり、「記録の遅れを取り戻そう」と一度に書き込んだのが明らかな場合、計画通りに指導が実行されていないとチームは判断することができる。

直接観察は、介入実行の厳密性をモニターするのに有益な方略ではあるが、時間がかかる。BSP は、教師に対して対象児童生徒へのこれまでの典型的な対応を変えるように要求することが多い。教師は、児童生徒の不適切な行動を無視したり、適切な行動に対して強化を与えるよう求められる。教師は、チームのメンバーに対して、自分が BSP を計画通りに実行しているかどうか見極めてもらうために、教室での観察を要請することもできる。この観察者は教師のコンサルタントとして活動することもできるし、指導介入の厳密性を改善するためのサポートやアドバイスをすることもできる。

BSP に含まれる方略の中には、観察するのがとても簡単なものもある。例えば、ロナルドの BSP では、グループ活動のときに、ロナルドをある特定の友人から物理的に離しておくべきであるということになっていた。観察者は、グループ活動が行われるときにロナルドの教室へ行き、このような物理的な配慮が行われているかどうかを単に記録すればよい。

評価を通じて、BSP の重要な手続きが、計画通りに実行されていないことが明らかになるかもしれない。行動支援チームは、文脈適合性の問題が BSP の実行の妨げになっていないかどうかを判断し、もしそうであるならば、存在している全ての問題を解決するために努力しなければならない。

3.4　保護者・教師・児童生徒の満足度の評価

　サービス利用者からのフィードバックは、プログラムの開発・管理を行う上で重要な要素となる。利用者からのフィードバックは、FBA–BSPのプロセスの中で、彼らが不満を感じる要素がどこにあるのかを明らかにしてくれる。この不満に感じる要素は、利用者がBSPに貢献しようとしたり参加しようとしたりする意欲に影響を与える。またサービス利用者からは、行動の機能に基づく支援の中で改善すべき点について、示唆に富んだ提案がなされる。児童生徒・保護者・教師・行動支援チームのメンバーに対しては、FBA–BSPのプロセスに対する満足度の評価やアドバイスを受けるために、定期的に調査を行うこともある。このような調査は、対象児童生徒に対するサービスの改善や、FBA–BSPのプロセス全体を改善する際に用いられる。利用者に対する満足度調査の質問紙の見本は第7章（図7.6、図7.7、図7.8参照）に示してある。

4．データに基づく判断

行動支援チームは、次の4つの問いに関する判断を下すために評価データを用いるべきである。

1．BSPの目標は達成されたか？
2．指導介入は計画通りに実施されたか？
3．追加のアセスメントを行う必要はあるか？
4．どのような方法で指導介入を修正すべきか？

　BSPの実施後の最初のミーティングで、支援チームは目標が達成されたかどうかを評価しなければならない。チーム・メンバーの1人が評価データをグラフにまとめ、コアチーム[2]の各メンバーにそのコピーを配布する。目

訳註[2]　図6.1「チームアプローチの説明図」p.113を参照。

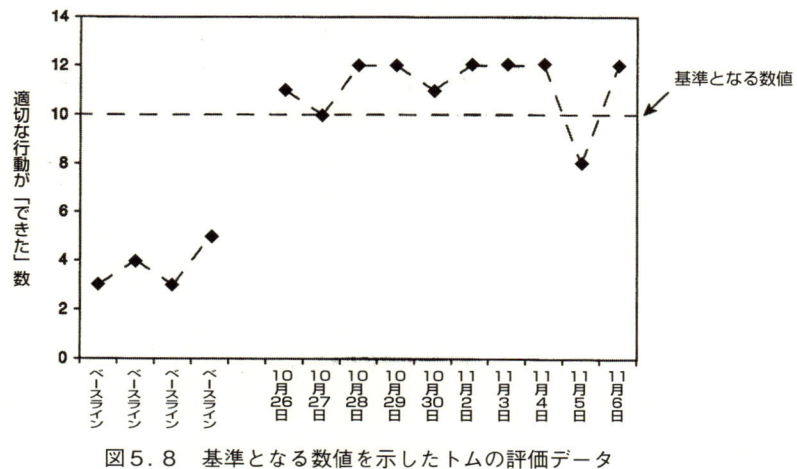

図5.8　基準となる数値を示したトムの評価データ

標が達成されたかどうかの判断基準は、評価プランの「短期目標」と「長期目標」によって定められている。この判断基準の数値は、評価データをまとめたグラフ上に示される（例として図5.8参照）。データが適切に収集され、用いられれば、BSPの目標が達成されたかどうかを判断するのは、苦もなくできるはずである。図5.8と図5.9を例に考えてみよう。BSPの中の方略が、トムの適切な行動を増加するのに効果があったことは明らかである（図5.8）。対照的に、ロナルドについては、最初に導入されたBSPは、明らかにうまくいっていなかった。つまり、彼の行動は基準となる数値よりもはるかに下のレベルのままであった（図5.9）。

　BSPの目標が達成されなかった場合、支援チームは問題がどこにあるのかをアセスメントし、その結果に応じた形で手順を進めるべきである。まず、チームはBSPが計画通り実行されたかどうかをアセスメントする必要がある。この問いに関しては、手続きの実行に関するデータを検討することで答えが得られる。ロナルドの行動評定尺度は、14回の評定機会のうち、8回においてデータが欠損している。明らかにこの方略は、十分な回数、一貫性をもって実行されたとはいえない。この方略が、FBAデータに基づいているので、ロナルドの問題行動への効果的な対応であると支援チームが確信を

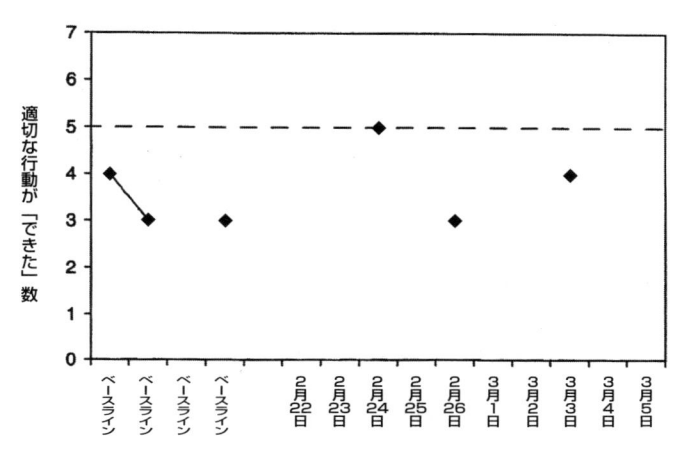

図5.9　ロナルドの評価データ（行動評価尺度）をまとめたグラフ

もてるのであれば、その後の2週間でこの方略を実施し続けるべきである。しかし、方略を継続する前に、支援チームは文脈適合性の問題が、この方略の完全実施を妨げていないかどうかを検討し、文脈適合性という観点からのニーズに合うように計画を修正することも必要である。

　支援チームは観察データに基づいて、手続き実施の厳密性を評価することもできる。図5.10は、サラのBSPの手続き実施に関する観察データの一部をまとめたものである。観察対象となった方略は、告げ口に対応しないこと、および適切な行動を賞賛することであった。サラの担任教師は、観察時間の中でサラの告げ口行動の90％に対応しなかった。サラが適切に課題を行うこと、そして友人とおもちゃを共有することに関して、観察時間の中で、担任教師は100％賞賛していた。このデータから、サラの担任教師は計画通りにBSPを実行したことがわかる。

　BSPが厳密に実施されたにもかかわらず、サラの告げ口行動は減少しなかった（図5.4参照）。この時点で、支援チームはさらなるアセスメントが必要かどうかを判断しなければならない。BSPが間違った仮説に基づいて作成されていたのかもしれない。例えば、サラがクラスメートの告げ口をするのは、担任教師から注目を得るためであるとチームは結論付けていた。そ

教師の行動	生起した時間間隔の割合（％）	子どもの行動	生起した時間間隔の割合（％）
告げ口に対応しない	90	告げ口（ベースライン）	12
おもちゃを適切に共有できたことを褒める	100	告げ口（指導介入6日目）	15

図5.10　指導手続きの実行に関する観察記録のまとめ

のため BSP では、サラが友人と適切に遊ぶことを通じて、教師からの注目が得られるように計画されていた。しかし、もしサラがクラスメートから逃避する目的で告げ口をしているのであれば、BSP で用いられた指導介入は、サラが必要としている強化を与えることなく、彼女の不安や不快感を単に増加させるだけのものであったかもしれない。このような場合、支援チームはサラの告げ口行動の機能を検討し直し（追加のアセスメントを行う必要があるかもしれない）、問題行動の本当の機能に合うように BSP を再度計画し直す必要がある。

　支援チームは、アセスメントを追加する必要があるかどうかをどうやって判断すればよいのか。BSP が一貫して丁寧に実施されていたにもかかわらず、目標に向かって進歩している様子が見られなかったならば、アセスメントを追加することを検討すべきである。簡易版 FBA（すなわち、教師へのインタビューのみ実施）に基づいて立てられた目標に関して進歩が見られないならば、アセスメントを追加することは絶対に必要である。アセスメントを追加する際には次の点を重視すべきである。（1）対象児童生徒にとって意味のある弱化子や強化子を特定するために、児童生徒本人にインタビューをすること、（2）チームがサマリー仮説に対する確信が大きくなるようなアセスメントをすること、である。

5．維持プラン

　対象児童生徒が行動目標を達成した後、行動支援チームは、継続的な支援

が確実に実行されるような、児童生徒や担任教師の成功に結びつく維持プランを計画すべきである。児童生徒が次の学年に進級するとき、獲得された行動が持続されなくなりやすい。新しい担任教師が支援を継続しなければ、児童生徒はよりなじみのある、問題行動のベースラインの水準まで急速に戻ってしまう可能性がある。維持プランを作成するために、支援チームはBSPをより効率の良いものへと計画し直す必要がある。BSPの不必要な部分を取り除いたり修正したり、また必要なものは継続させ、あるいは最新のものを取り入れたりする。維持プランの最も一義的な目標は、教職員に求められる時間やリソースの量を減らした状態でも、子どもがうまく行動し続けることができるようにすることである。維持プランは、文書化してチームのメンバー全員に配布しておく必要がある。

第3部

機能的行動アセスメントの学校内での活用
～よくある質問と配慮事項～

第6章

誰が行動支援チームのメンバーになるのか？
それぞれのメンバーに求められることは何か？

1．はじめに

　個別の行動支援の持続可能なシステムは、チームを基にした土台の上に構築されるべきである（Todd, Horner, Sugai, & Colvin, 1999）。多くの学校は、スクール・サイコロジストのような、行動支援の専門家としての役割を担う一個人に依存してしまっている。専門家は、複数の学校を拠点にしながら、そこを巡回する勤務形態を取っていることが多く、年度が変わると担当する学校が変わる可能性もある。このような勤務形態では、その1人の専門家が教職員や児童生徒との関係を築いたり、校内で日々生じている問題や成果を理解したり、あるいは個別の行動支援の継続性のあるシステムを作り上げることが難しくなってしまう。校内に行動分析学の専門家がいる学校もあるかもしれない。しかし、この1人の専門家が新しい別の仕事についたり、病気になったり、または別の契約を結んでしまったりして、学校からこの専門家がいなくなってしまった場合、個別の行動支援の学校全体のシステムも消失してしまう可能性がある。

　行動支援をチーム体制で行う方法を確立すべきで、そうすればメンバーの入れ替わりに耐えられる。多くの学校で人事異動があることを考えれば、各年度で各教職員が担う職責や支援チームの参加者をあらかじめ予測することは難しい。ただ、たとえそうであっても個別の行動支援チームの中核となる教職員は、少なくとも1年から3年間は、チームに関わるべきである。各学校は、行動の機能に基づく支援が実行できる力量を校内で築きあげることに

全力を注ぐべきであり、そうすることでチームメンバーの入れ替えに対して柔軟に対応できるようになる。

　行動支援チーム自体もまた、支援要請に関わる人物が、対象児童生徒に応じて変わるという点で絶えず変化する。例えば、支援要請のあった児童生徒の保護者と担任教師は、アセスメントと指導介入のプロセスに関与すべきであるが、このプロセスに参加する人は支援要請毎に変わる。チームは、参加する保護者や担任教師が替わっても、対応できるよう構成されていなければならない。

　本章では、行動支援チームの体制、メンバー、役割、責任のそれぞれについて概説する。第7章、第8章では、行動の機能に基づく支援を実行する力量を学校内で構築するモデルについて概説する。

2．行動支援チームの構成

　行動支援チームはそれぞれが異なる特徴をもっている。つまり、学校によってチームの大きさやメンバー、構成、情報伝達のスムーズさ、対象となる児童生徒の数、さらにその背景となる理論的な視点が異なっている。このような違いはあるものの、全てのチームが共有しなければならない不可欠な特徴がある。トッドら（Todd et al., 1999）はこの特徴について次のようにまとめている。「問題行動を長期間示してきた児童生徒を支援する場合、チームは（a）メンバーの中に行動分析学の専門的スキルをもつ者を含めること、（b）全てのメンバーからの貢献を認めて、それを励ますこと、（c）作業を進めたり、問題を解決するための、予測可能かつ効率的な手続きをもっていること、そして（d）学校の教職員や家族、地域の機関とコミュニケーションをとって、そこから情報を得る機会を日常的にもつことが必要なこと（p.74)」である。ここで定義した特徴をもつチームは、次のような重要な目的を果たすことができるはずである。「（a）教師からの支援要請にうまく応じることができる、（b）教師や児童生徒がタイミング良く、効果のある方法で支援を受けることを確実にする、（c）全員で意見交換する場を設け、児童生徒の気になる行動に対して可能な解決法を考え出す、（d）担任教師を

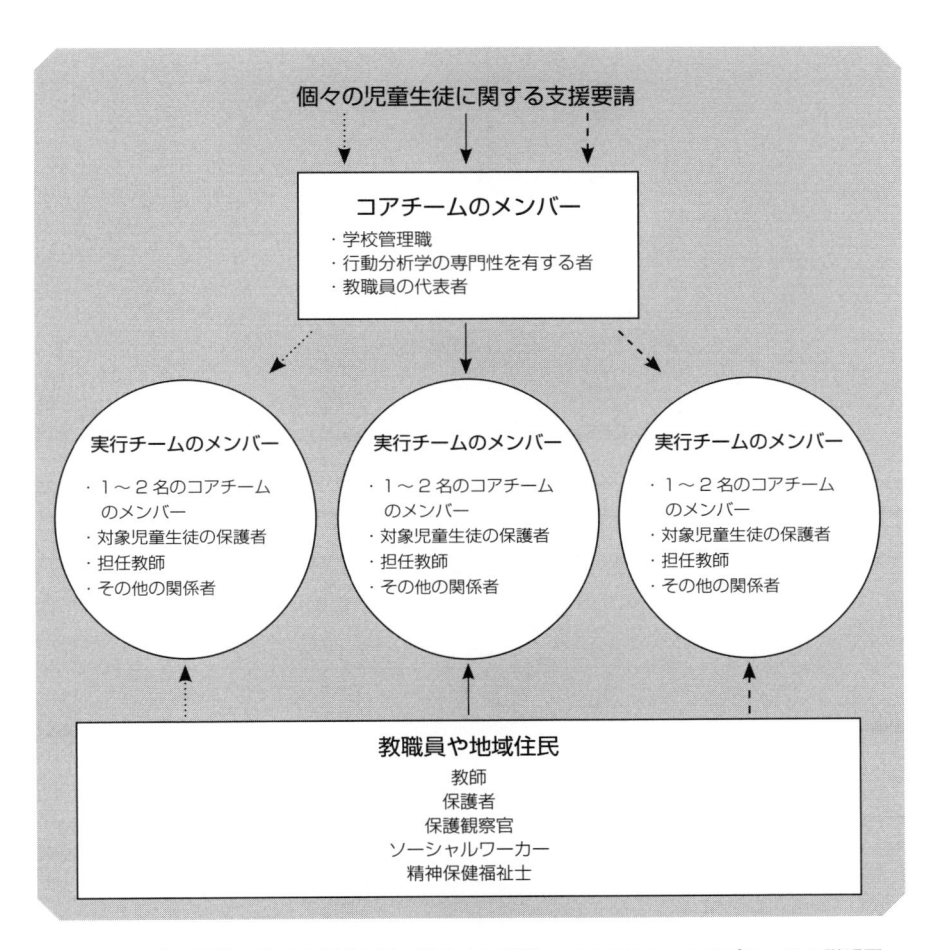

```
              個々の児童生徒に関する支援要請
                    ↓    ↓    ↓
              ┌─────────────────┐
              │  コアチームのメンバー  │
              │ ・学校管理職        │
              │ ・行動分析学の専門性を有する者 │
              │ ・教職員の代表者     │
              └─────────────────┘
               ↓        ↓        ↓
    ╭─────────╮ ╭─────────╮ ╭─────────╮
    │実行チームのメンバー│ │実行チームのメンバー│ │実行チームのメンバー│
    │・1～2名のコアチーム│ │・1～2名のコアチーム│ │・1～2名のコアチーム│
    │ のメンバー     │ │ のメンバー     │ │ のメンバー     │
    │・対象児童生徒の保護者│ │・対象児童生徒の保護者│ │・対象児童生徒の保護者│
    │・担任教師     │ │・担任教師     │ │・担任教師     │
    │・その他の関係者  │ │・その他の関係者  │ │・その他の関係者  │
    ╰─────────╯ ╰─────────╯ ╰─────────╯
         ↑          ↑          ↑
    ┌─────────────────────────────┐
    │      教職員や地域住民          │
    │         教師               │
    │         保護者              │
    │        保護観察官            │
    │       ソーシャルワーカー         │
    │       精神保健福祉士           │
    └─────────────────────────────┘
```

図6.1 行動の機能に基づく個別支援に対する2段階レベルでのチームアプローチの説明図

支援できるように協力的な体制を作ることができる」（トッドら 1999, p.74）。

　ここでは、行動支援チームについて2段階レベルのモデルを推奨している。第1レベルのチームは、コアチームのメンバーで構成されている。第2レベルのチームは、支援要請を受けた児童生徒のそれぞれに対応する実行チームによって構成されている。2つのレベルのチームにおけるメンバーの構成を図6.1に示す。

　コアチームは、学校管理職や行動分析学の専門家、教職員の代表者で構

成される。実行チームは、コアチームから1～2名のメンバー、対象となる児童生徒の保護者、担任教師または最初に支援要請をした教職員、そして児童生徒の生活に深く関与しており、チームへの参加を希望する者（例えば、カウンセラー、ソーシャルワーカー、保護監察官）で構成される（簡易版FBAだけで十分な支援要請の場合、実行チームのメンバーは、支援要請した教師と行動分析学の専門家のみに限定されることが多い）。実行チームのメンバーのうち少なくとも1名は、機能的行動アセスメント（FBA）と個別の行動支援に関する専門性をもつ人であるべきである。機能的行動アセスメントと行動支援計画（FBA－BSP）を学校内に導入する初期段階では、行動分析学の専門性をもつ人物が校内に1人しかいない場合もある。学校内でさらなる専門性が構築されるまでは、この人物は全ての実行チームに参加する必要がある。

コアチームと個々の実行チームは、それぞれの支援要請に対応するために協働することになる。図6.2はこの協働プロセスを示している。コアチームの責任範囲は、支援要請を受けてそれを整理し、実行チームを立ち上げてそのチームを支援し、さらに（必要に応じて）BSPの作成・評価・修正に関与することである。実行チームはコアチームの下位グループとしての役割を果たす。実行チームはFBAに必要なデータを収集し、BSPの作成と実施で主導的役割を果たす。さらに、BSPの導入前と実施中に対象となる児童生徒と教師を支援するとともに、BSPが児童生徒の行動に与えた効果について評価するためのデータを収集する。さらにその評価に基づいて、BSPの実施に影響している場面文脈上の制約に対してフィードバックをする。

コアチームのメンバーは少なくとも1年間、多くの場合は2年間以上変更しない。もしコアチームのメンバーが2年間以上チームに積極的に参加し続けることができれば、個別の行動支援システムはより安定したものになるはずである。なぜなら、行動の機能に基づく支援を実行できる校内支援体制を構築するために、チームがより多くの時間を共有するとともにさまざまな変化に対応する柔軟性をもつようになるからである。

実行チームのメンバーは、BSPの目標達成に満足するまで変更しない。実行チームのメンバーには、個別のBSPの立案・実行・評価にどのくらい

```
初回ミーティング(15分)
・支援要請を受けて、その内容を検討する
・実行チームを立ち上げる
・必要に応じて、実行チームをサポートする

アセスメント
・簡易版機能的行動アセスメントの実施(30分)
・必要な場合は完全版機能的行動アセスメントの実施(90分)
・アセスメント結果に関する報告書を準備する

第2回ミーティング(60〜90分)
・アセスメント結果について議論する
・行動支援計画を立案する
・行動支援計画を実行する

第3回ミーティング(30〜60分)
・行動支援計画の効果を評価する
・必要に応じて行動支援計画を修正する

支援とフォローアップ
・対象児童生徒の行動変化を追跡する
・必要に応じてサポートする
```

コアチーム → 実行チーム → 実行チーム → 実行チーム → コアチーム

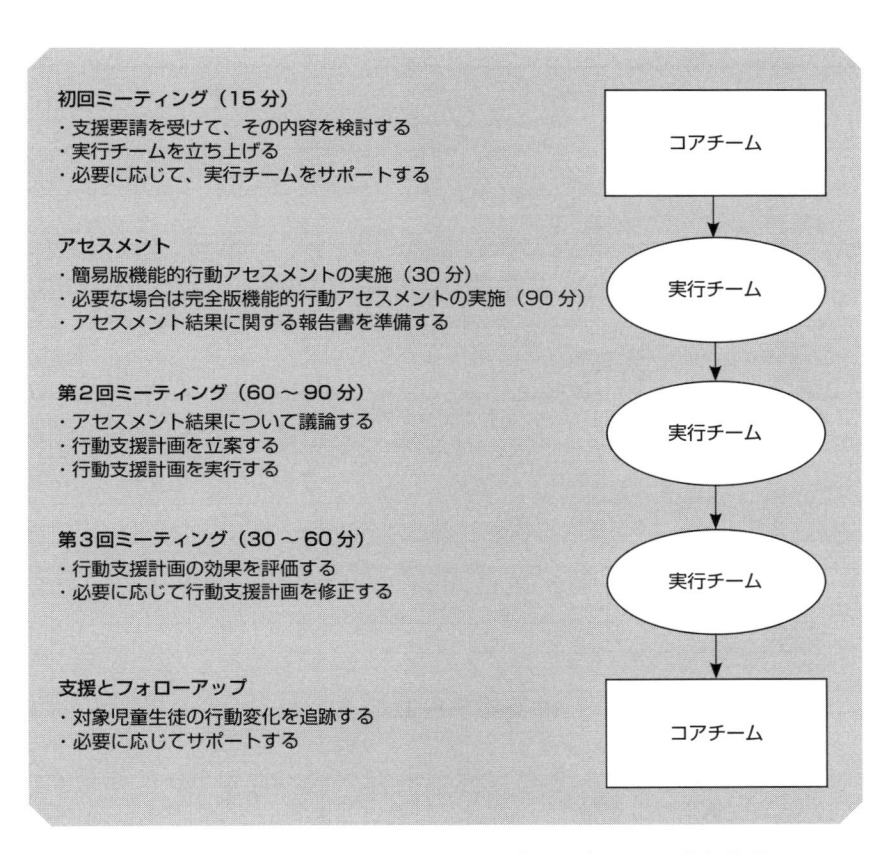

図6.2 コアチームと実行チームの担当するプロセスと責任範囲

の時間がかかるかを、あらかじめ通知しておかなければならない。対象となる児童生徒のニーズに応じてメンバーが関与する時間は異なるが、実行チームは概ね次のような時間を予定しておいた方がよい。(1)支援要請の内容を検討し、アセスメントの計画を立てること(15分間のミーティング)、(2)アセスメント・データを収集する(簡易版FBAで約30分間、完全版FBAで90〜120分間)、(3)機能に基づくBSPを立案する(60〜90分間のミーティング)、(4)BSPの効果を評価するためのフォローアップ(30〜60分間のミーティング)、(5)(必要に応じて)継続的なミーティングとサポートの実施。実行チームのメンバーは、予定外の遅れや時間延長に柔軟に対

応する余裕をもった上で、上述した時間に責任をもって関与することに同意しなければならない。

児童生徒に関して支援要請をした教師（または他の職員）は、自分がその児童生徒を対象とした実行チームの一員になる必要があることを理解しなければならない。その教師からの情報提供と援助がなければ、チームは問題を十分に理解することができず、その問題に対する効果的な解決策を実行することもできないだろう。多くの場合、支援要請をした教師は、チームが立案した指導介入の方略の一部を実行する責任を負うことになるだろう。

初期の段階では、行動の機能に基づく支援についての専門性を高め、そのスキルを熟達するために、コアチームのメンバー全員が、各実行チームに参加することになるかもしれない。つまり最初に、コアチームのメンバーのうち1～2名がアセスメント情報を収集した後、その情報を要約し、BSPを立案・評価するために、コアチーム全員で支援要請した教師や保護者に会うかどうかを決定することになるだろう。

3．行動支援チームのメンバー

行動支援のコアチームには必ず加えておくべきメンバーがいる。この欠くことができないメンバーとは、学校長、行動アセスメントと指導介入の経験・スキルが豊富な人物、そして教職員の代表である。コアチームの実際の人数は学校ごとに異なるが、普通は4～6名である。グループの人数の上限は8名とするのが望ましい。8名以上になると、意思決定と計画立案が非常に進めにくくなるからである。

3.1　学校長

学校長は積極的にコアチームに参加しなければならない。管理職を行動支援チームに加えるのは、いくつかの理由があり、それは次の通りである。

1．役割上の責務

有能な校長は、自校で何を行っているのかについて知る必要がある。児童生徒が起こす深刻な問題行動は、校長が関わらなくてはならない特にデリケートな問題である。

2．役に立つ情報の提供

管理職はFBA－BSPのプロセスに役立つ独自の情報をもっている可能性がある。管理職は他の教職員よりも対象となる児童生徒の家族と多く接触している可能性があるし、問題行動に関与している重大なセッティング事象に気が付いている可能性もある。

3．予算使用の権限

管理職は、学校予算の中で、弾力的に運用可能な資金を使用する権限をもつ。個別の行動支援のための校内支援体制を構築する際に重要なことのひとつは、200人の児童生徒につき約10時間の雇用時間をチーム・コーディネーターに配分することである。管理職が行動支援チームのメンバーに入っている方が、これが賢明な予算配分であるということに、はるかに同意してもらいやすい。

4．管理職の影響力

学校内において、管理職には変化を促す力も、それを妨げる力もある。また教職員の要望を承認したり却下したりする権限ももっている。例えば、支援実行開始時に、ある教師が別の教師を支援するようなBSPをコアチームが立案したとする。校長は、その教師が他の学級の支援のために自分の学級を離れることができるかどうかを判断しなくてはならない。また、校長はその教師の代わりとなる臨時の代替教員を探す責任も負っている。校長の情報提供と承認のもとでBSPを作成する方が、校長に却下された後にその計画を改訂したり修正したりするよりもはるかに効率がよい。

3．2　行動アセスメントと指導介入に関する専門性をもつ教職員

コアチームには支援に関する意思決定やアセスメントおよび指導介入について指導助言できる、応用行動分析学の専門家がいなくてはならない。この

ような専門性をもつ人物には、外部契約の行動コンサルタントやスクール・サイコロジスト、あるいは研修を受け、経験と能力のある学校内部の職員がなり得る。この専門家は、行動理論とその応用について、さらに、FBA や行動的介入法についても十分な知識をもっていなければならない。重要なのは、外部契約の行動コンサルタントの専門性**のみ**を当てにしないことである。学校は当初、外部の専門家に頼らざるを得ないかもしれない。しかし、学校の中で、行動分析学に関する教職員の能力を育成する計画を立てるべきである。第8章では、学校内の教職員が行動分析学の能力を身に付けるためのモデルについて解説する。

3.3　教職員の各組織の代表者の参加

　コアチームには、教職員の代表が参加する必要がある。この代表には、異なる学年の教師や、通常学級の担当教師と特別支援教育担当の教師、そして教師以外の職員（例えば養護教諭や食堂の監視員）も含まれるだろう。中学校や高校では、この代表は複数の教科領域や担当職務にまたがるだろう。補助職員（例えば教育補助員[1]）は、問題行動が頻繁に起こる学校では特に重要な役割を果たしており、コアチームに出席するべきである。例えば、休み時間の監視員や食堂監視員は、それぞれの場面での問題行動の先行事象や後続事象について、貴重な情報を提供することができる。教育補助員もまた、学級担任よりも時間的に融通が利く。この柔軟に使える時間を使って、教育補助員の人たちは FBA－BSP のプロセスに必要な観察を行ったり、他のアセスメント情報を収集することができる。行動支援チームに参加する専門家とは、応用行動分析学に関する専門家のことであるが、他のチームメンバーも、自分たちの学校環境がもつ長所や短所、そして指導を実行する上での文脈上の制約を理解している専門家なのである。

訳註[1]　教師のアシスタントを行う人。

3.4　対象児童生徒の保護者

　行動支援チームが、支援対象となる児童生徒の保護者をコアチームの常任メンバーに選ぶ場合がある。しばしば保護者は、新しく、かつ的を射た観点を提供することができる。保護者をチームに加えることで、チームは問題行動に関して家庭を非難する傾向が減り、学校内で問題となっている環境条件をいかに変化させるかについて集中し続けられるようになる。

4．行動支援チームの役割と責任

　行動支援のコアチームのメンバーは、マネジメントと計画の遂行という両方の役割を果たすことになる。

4.1　マネジメントに関する役割

　行動支援チームには、コーディネーター兼支援要請の連絡窓口係が必要になる。この役割を果たす者は、年度を通してその役割にとどまるべきである。最初に連絡を受ける窓口となる人物が複数いると、教職員が混乱し、個別の行動支援システムが十分に利用されないという結果を生む可能性がある。さらに、最初の支援要請を受け付ける責務を複数の人に分割すれば、組織は混乱し、担当者の説明責任が軽減してしまい、支援要請への対応が効率的にできなくなる可能性がある。**コアチームに対する教師からの信頼と信任の程度によって、この個別の行動支援に関するシステムは持続する、あるいは崩壊してしまう。それゆえ、チーム全体のためのコーディネーター兼支援要請の連絡窓口係として振る舞える、誠実で責任感のあるメンバーを選ぶことは、極めて重要なことである。**

　コーディネーター兼連絡窓口係の役割は、コアチームのどのメンバーでも担うことができるだろう。この人物は計画性や責任感があり、強いリーダーシップとコミュニケーション・スキルを備えた者でなければならない。学校内でチームをマネジメントしたり、リーダーの役割を担った経験があれば、

コーディネーターの役割を果たすのに十分な個人的能力をさらに促進するであろうが、そういう経験が必ず必要というわけではない。コーディネーターの役割は簡単なものではなく、また必ず報われるというものでもない。コーディネーターが元々個別の行動支援に興味をもっており、チームの成功のために献身的に関わったときに成功する確率が高まる。最後に、コーディネーターはチームの他のメンバーからの支えがなければならない。他の多くの教職員と良好な関係を築けていないコーディネーターは、チームを成功に導くよりも、むしろそれを妨げてしまうことになるだろう。

コーディネーター兼連絡窓口係の役割は、FBA-BSPのプロセスを促進することである。この役割に伴う責任は、チームが強くなり、そしてFBA-BSPの遂行に必要なスキルを築きあげていくにつれて、変化していくであろう。個別の行動支援チームを構築する最初の段階では、コアチームの全てのメンバーが、全ての実行チームに参加する場合もある。この場合、コーディネーターは強力なリーダーシップを発揮する必要がある。コーディネーターは各チームが開催するミーティングの議事次第を作成する必要がある。チーム全体のミーティングへの準備が高まるように、コーディネーターは遅くてもミーティングの前日までに議事次第を配布しなければならない。コーディネーターはミーティングをリードし、ミーティングの議論が本来の目的から逸れないように、かつ議論が効率よく進むよう努める必要がある。行動支援チームは、ひとつひとつの支援要請に対して課題リストを作成する（例えば、次のミーティングに保護者も参加してもらう、教師にFBAインタビューを行うなど）。コーディネーターは、それぞれの課題の完了に誰が責任を負うかを確認する。ただし、それぞれの課題をチームメンバーに割り当てることがコーディネーターの役目ではない。むしろ、コーディネーターは協働（コラボレーション）とボランティアの精神をチームのメンバー内に育てていく役割がある。担当者が決まらないまま残されている課題がある場合、コーディネーターはチーム内のメンバーに援助を求めることもある。このときコーディネーターは、残っている課題を全て自分が引き受けてしまおうとする気持ちに耐えるべきである。コーディネーターがそうやって仕事を引き受けてしまうと、課題への関与についてメンバー内に不均衡をもたらすだけ

第6章　誰が行動支援チームのメンバーに？　メンバーに求められることは？

であり、それによりさらにコーディネーターに過度のストレスや負荷がかかることになる。コーディネーターはそれぞれのチームメンバーが担っている責任範囲を一覧表にして配布すべきである。その一覧表にはそれぞれの課題内容、その課題に責任をもつ人の名前、その課題を完了させる予定日を明記しておく。また、支援要請のあった対象児童生徒のためのフォローアップ・ミーティングの次回日程も、その一覧表で目立つようにしておく必要がある。

　また、チーム内には毎回のミーティングで記録を取るメンバーが必要である。この役割はミーティングごとに交代してもよい。記録者は議題にあがった課題やその完了予定日、日程や決定事項を必ず記録しなければならない。記録者はこの情報をコーディネーターに伝え、そしてコーディネーターがそれを整理しメンバーに配布することになる。

　チームメンバーのひとりひとりが、FBAの実施とBSPの作成に慣れてきたと感じたら、コアチームは前述した実行チーム・モデルへと移行してもよい。実行チーム・モデルでは、コアチームのうち1～2人のメンバーが、支援要請のあった対象児童生徒のひとりひとりに関与する。いったん学校が実行チーム・モデルへと移行したら、コアチームのコーディネーターの役割はより縮小されたものになるだろう。なぜなら、それぞれの実行チームの一員として活動しているコアチームのメンバーが、コーディネーターがそれまで担っていたチーム内でリーダーシップの責務を担えるようになるからである。コアチームのコーディネーターは（1）支援要請を受けること、（2）その支援要請を、その児童生徒のための実行チームに入るコアチームのメンバーの1～2名に割り振ること、（3）実行チームの進行状況を継続的に観察すること、（4）実行チームによって作成されたアセスメント・データのコピーと記録を保管すること、を引き続き行うことになる。

4.2　計画遂行上の役割

　計画遂行上の役割は、完了すべき課題として示される。これらの役割は、（1）FBAの作成に必要なインタビューと観察を行うこと、（2）学業成績やその他の活動記録の見直しをすること、（3）大きなグループに対して

FBAのデータを報告すること、（4）検証可能なサマリー仮説を立てること、（5）BSPの立案・実行・評価・修正を行うこと、である。これらの課題を完了したメンバーは別の支援要請を担当することができる。チームのメンバーがFBAと指導介入を実行できるだけのスキルを身につけたら、その人は別の実行チームのリーダーとなることができる。この新しいリーダーは別の支援要請に必要なインタビューと観察を行うことになる。理想的には、コアチームの全てのメンバーがインタビュー、観察、報告、BSPの立案・評価・成果のモニタリングを実施するスキルを身につけるべきである。この目標を達成するには、時間と労力、そして研修が必要である。チームメンバーが十分なスキルを身につけるまでは、行動コンサルタントやスクール・サイコロジストが全てのFBAを担当し、コアチームがBSPの立案と実行を行うことになるかもしれない。学校内にFBA‒BSPのスキルをもったチームをどのように作るのかについては、第7章と第8章を参照してほしい。

第7章

行動支援チームが、チームとして協働して仕事をするためにはどうすればよいか？

1. はじめに

　トッドら（Todd et al., 1999）は、**チームによる**アプローチは、学校内で持続可能でかつ効率の良い個別の行動支援システムを実施していくために不可欠なものであると主張している。つまり、「一個人が引っ張っているシステムとは異なり、チームによるアプローチは、教職員の異動があった場合、難しい決断をしなければならない場合、あるいは多大な労力をプロジェクトの実施に注がなければならない場合でも耐えることができる」(p.73)としている。行動の機能に基づいて個別の行動支援を実行することは、大部分の学校や行動支援チームにとって、行動マネジメントの新しい取り組みとなるであろう。チームとして効果的、効率的になるには時間と努力が必要である。強固な組織的な体制と系統化されたプロセスは、効果的で効率的なチームを形成していく基盤になり、また、チームが発展、成長するに伴って持続していく。強い組織的な体制のある効果的なチームの重要な特徴として、次のようなものがある。（1）効率的に時間を使う、（2）学校内でのチームの立場が明確である、（3）メンバーが一貫して参加する、（4）文書化のための効率的なシステムがある、（5）役割や責任を詳細にするための明確に系統化された手順がある、（6）職務に関する説明責任を果たすためのシステムが存在する、（7）データに基づいて判断を下すために明確に決められたシステムがある。これらの特徴の詳細について本章で説明していく。

2．組織的な体制

　基本となる組織的な体制は、チームが一緒に仕事をする上で非常に重要なことである。組織的な体制には、（1）チームが自分たちの目標から目をそらさないようにすること、（2）チームが現実的な（観察可能で測定可能な）成果に向かって前進し続けるようにすること、（3）活動を開始した時点からどれくらい進歩したのかという記録をチームに提供すること、が求められる。

　有益な情報が全く提供されない、あるいは意思決定が全くなされないような、だらだらと長引いたミーティングに、誰でも一度は参加したことがあるだろう。このようなミーティングを一度や二度経験すると、その後チームのメンバーはミーティングに出席するのを回避したり、その委員会へ関与しなくなったりする。個別の行動支援を実施する際の最も深刻な障害のひとつは、教職員の時間が限られていることである。チームのメンバーは、非効率的で段取りのよくないミーティングに時間を無駄に費やすことはできない。

　どうやって効率的なミーティングを行うか？　まずは会議の協議事項（アジェンダ）[1]の作成から始めよう。議論のポイントが整理されていないと、話し合っているテーマから議論が逸れてしまいがちになる。深刻な問題行動が話題になっている場合は特にそうである。話し合いの流れを元に戻す最もよい方法は、与えられた時間内に決着をつけなければならない協議事項や目的へと、参加者の注意を向けさせることである。協議事項の内容は、支援要請に対して、支援チームがどの段階の対応を行っているのかによって異なる。第6章で示したように、チームは支援要請に対応するために少なくとも3回は集まる。つまり、（1）最初の支援要請があった後、（2）実行チームが機能的アセスメント（FBA）のデータを収集した後、そして（3）行動支援計画（BSP）が少なくても2週間は実施された後、の3回である。表7．1、表7．2、表7．3は、これらのミーティングにおける協議事項の例を示している。多くの場合、行動支援チームは一度に複数の支援要請に応じているし、

訳註[1]　そのままアジェンダとも言う。いわゆる議事次第というよりも、その日に話し合うべき事項がリストアップされたもの。

第7章 行動支援チームがチームとして協働して仕事をするためには？

対象児童生徒ごとに異なる段階の支援を行っている可能性がある。図7.1、図7.2、図7.3で示した協議事項は、時間が許せば、行動支援チームのニーズに合わせて、複数の児童生徒について1回のミーティングでいっぺんに話し合いが済むようにしたものである。

協議事項には、議題ごとに制限時間を記載しておくべきである。議題ごとに制限時間を設けるのは、ミーティングの議題に優先順位をつけて、全ての議題に結論を出すためである。1つのテーマに時間を費やしてしまって、他の議題を終えられなくなってしまうことはよくある。1回のミーティングで議論できなかった議題は、次のミーティングの協議事項に加えなければならない。しかし学校内の支援チームには、さらにもう1～2週間結論を先延ばしにしてから、教師の支援要請に応じるような時間的な余裕はない。深刻な問題行動は、その学校全体の安全や健全性を脅かす可能性がある。支援チームがひとつの議題にこだわってしまい、支援が遅れてしまうような事態は、それを待っている教師にとっては受け入れがたいことである。

チーム・ミーティングの長さは、それがアセスメントを計画するためのものなのか、BSPを立案するためのものなのか、あるいはフォローアップのためなのかによって異なる。またミーティングの長さは、支援チームが行動の機能に基づく支援の実施にどの程度熟練しているかによっても左右される。年間を通じて、支援チームがBSPを実践する機会が多いほど、そのプロセスに精通してゆく。私たちがチーム・コーディネーターに勧めているのは、アセスメントを計画するミーティングには15分、アセスメント結果のまとめとBSPの立案のためのミーティングには少なくとも1時間、そしてフォローアップと評価のためのミーティングには最低30分を割り当てることである。図7.1、図7.2、図7.3には、議題ごとのおおよその制限時間を示してある。

制限時間を守るためにストップウォッチを使うことは、議題を時間通りに終わらせるのに有効な方法である。ミーティングの始めに、メンバーの誰かにタイムキーパーになってもらう。コーディネーターが新しい議題に移ろうとしたとき、タイムキーパーは、「**FBAのデータを報告するための時間は10分です**」と告げる。議題を終了するまでの時間が残り1分になったとき、タ

行動支援チーム・ミーティングの協議事項

日　付：＿＿＿＿＿＿＿＿＿＿＿＿＿＿

対象児童生徒：＿＿＿＿＿＿＿＿＿＿＿＿（イニシャルのみ）

Ⅰ．メンバー紹介（保護者や新しいメンバーに対して各自が自己紹介をして、ミーティングの目的を説明する）― 5分
Ⅱ．支援要請の概要を説明する ― 5分
Ⅲ．機能的アセスメントをどの段階（簡易版または完全版）から始めるのかを決定する ― 2分
Ⅳ．実行チームを編成する ― 1分
Ⅴ．機能的行動アセスメントを完了するまでの各自の責務とその締切を決める ― 2分

図7.1　初回ミーティングの協議事項の例

Building Positive Behavior Support Systems in Schools: Functional Behavioral Assessment by Deanne A. Crone and Robert H. Horner. © 2003 by The Guilford Press. 本ページの複写は、本書の購入者が個人的な目的で使用する場合のみ許可される。

実行チーム・ミーティングの協議事項

日　付：＿＿＿＿＿＿＿＿＿＿＿＿＿＿

対象児童生徒：＿＿＿＿＿＿＿＿＿＿＿＿（イニシャルのみ）

Ⅰ．実行チームが、簡易版FBAや完全版FBAで得られたデータを報告する ― 15分
Ⅱ．検証可能なサマリー仮説を立てる ― 10分
Ⅲ．より詳細なFBAや機能分析を実施するかどうかを決定する ― 2分
Ⅳ．すでにアセスメントが十分な場合、行動支援計画を立案する ― 20分
Ⅴ．行動支援計画を実行するための計画を立てる ― 5〜10分
Ⅵ．行動支援計画の評価に必要なデータ収集の方法を決定する ― 5〜10分
Ⅶ．フォローアップ・ミーティングの日時を決める ― 1分

図7.2　第2回ミーティングの協議事項の例

上記は1時間以内に完了するには作業量が多い。もし、もっと時間を割くことができるのであれば、支援チームはミーティングの時間を90分に延長し、各議題に割く時間を増やすとよい。(*Building Positive Behavior Support Systems in Schools: Functional Behavioral Assessment* by Deanne A. Crone and Robert H. Horner. © 2003 by The Guilford Press. 本ページの複写は、本書の購入者が個人的な目的で使用する場合のみ許可される)

```
┌─────────────────────────────────────────────────────┐
│          行動支援チームのミーティングの協議事項          │
│                                                     │
│   日 付：＿＿＿＿＿＿＿＿＿＿＿                         │
│                                                     │
│   対象児童生徒：＿＿＿＿＿＿＿＿（イニシャルのみ）        │
│                                                     │
│   Ⅰ．実行チームが、行動支援計画の実行とその効果について報告する ― 5～10分 │
│   Ⅱ．行動支援計画の目標を達成したかどうかを判断する ― 2分  │
│   Ⅲ．行動支援計画の修正が必要かどうかを判断する ― 2分    │
│   Ⅳ．必要ならば、行動支援計画と評価プランの修正をする ― 10～15分 │
│   Ⅴ．必要ならば、フォローアップ・プランの予定を立てる ― 1分 │
└─────────────────────────────────────────────────────┘
```

図7.3　第3回ミーティングの議事次第の例

上記は30分以内に完了するには作業量が多い。もし、もっと時間を割くことができるのであれば、支援チームはミーティングの時間を60分に延長し、各議題に割く時間を増やすとよい。(*Building Positive Behavior Support Systems in Schools: Functional Behavioral Assessment* by Deanne A. Crone and Robert H. Horner. © 2003 by The Guilford Press. 本ページの複写は、本書の購入者が個人的な目的で使用する場合のみ許可される)

イムキーパーはメンバーに対して、1つ目の議題に関する議論を終了し、次の議題に移るように告げる。私たちの経験では、学校内の支援チームは、ストップウォッチを使って議事をどんどんと先に進めるやり方にすぐに慣れる。

　チームのメンバー全員がミーティングに出席して話し合いに参加できるように、毎週決まった曜日の決まった時間に定期的にミーティングを開くべきである。ミーティングの頻度は、チームが受ける支援要請の件数によって決まる。支援要請がごく少数の学校ならば、ミーティングは1週間に1回ではなく、2週間に1回で十分であろう。コアチームは、定期的なミーティングのために最も都合の良い時間を決める必要性が出てくるだろう。多くの行動支援チームは始業時間直前か終業時間直後にミーティングを行っているようである。学区によっては、週に1回、子どもたちが1時間遅く登校する日がある。教師たちはこの「登校遅延日」を使って、委員会に参加したり、毎週の授業計画を準備する。この時間はまた、行動支援チームのミーティングを開くのにも好都合である。

　コーディネーターは、毎回のミーティングの協議事項を作成する。事前に

それを配布することで、メンバーそれぞれが自分に割り当てられた課題を思い出し、自分の責任を遂行し、必要な資料を全て準備してミーティングに参加することができる。多くの学校には、校内の電子メールシステムがすでに存在している。電子メールはメンバーひとりひとりへミーティングの協議事項を配信する手段として使いやすく効率的である。協議事項が電子メールによって配信されても、あるいは紙で配布されても、コーディネーターは、児童生徒に関する守秘義務を保持するように注意しなければならない。一番良い方法は、支援要請された児童生徒ごとにID番号を割り当てることである。あるいは児童生徒の実名ではなく、イニシャルを使用する方法もある。

　記録係はミーティングごとに記録をとる必要がある。その記録には、議題ごとのまとめ、すなわちミーティングで決定したあらゆる事項と、メンバーに割り当てられた課題およびその実行期限を記載しておく。記録用紙の見本を図7.4に示した。ミーティングの記録はファイルに保存した上で部外秘の場所に保管しておく。チームのメンバーは、この記録をすぐに見ることができるようにしておく。ミーティングごとの記録は、ミーティング間の論理的な流れをはっきりとさせることができ、冗長な議論や意思決定を減らすことができる。

3．系統化された手順

　基本的な組織化された体制に加えて、支援チームには、系統化された手順 ― それに沿って仕事を進めればよいように整備された手順 ― が必要である。その手順には、支援要請を受けたケースについて、最初から最後までチームがどのように関わればよいかが詳細に示されている必要がある。このプロセスは、問題に対して効率よく迅速に対応可能なものでなければならない。

　FBA－BSPのプロセスは、深刻な問題行動を起こしている児童生徒に対する支援要請が行われたときから開始される。通常は、最初の支援要請は教師によるが、学校の教職員、保護者、あるいは児童生徒本人から要請される可能性もある。支援要請を行った人は支援要請用紙に記入する。この用紙はコアチームのコーディネーターから入手できるようになっている。この記入

| 日時：＿＿＿＿＿＿＿＿＿＿＿＿ 　　　記録者：＿＿＿＿＿＿＿＿＿＿

出席者：（全ての出席者の名前を書く）

対象児童生徒：＿＿＿＿＿＿＿＿＿＿（イニシャルのみ）

議題：＿＿＿＿＿＿＿＿＿＿＿＿＿＿＿＿＿＿＿＿＿＿＿＿＿＿＿＿＿＿＿＿＿
議論の内容

決定事項

議題：＿＿＿＿＿＿＿＿＿＿＿＿＿＿＿＿＿＿＿＿＿＿＿＿＿＿＿＿＿＿＿＿＿
議論の内容

決定事項

議題：＿＿＿＿＿＿＿＿＿＿＿＿＿＿＿＿＿＿＿＿＿＿＿＿＿＿＿＿＿＿＿＿＿
議論の内容

決定事項

図7.4　ミーティングで用いる記録用紙の例

(© 2003 by Deanne A. Crone and Robert H. Horner. *Building Positive Behavior Support Systems in Schools: Functional Behavioral Assessment* by Deanne A. Crone and Robert H. Horner. 本ページの複写は、本書の購入者が個人的な目的で使用する場合のみ許可される)

用紙は簡単に入手でき、また支援要請した人にも簡単に連絡が取れるようになっていなければならない。以上のような理由から、コーディネーターは、保護者のボランティアや週に1～2日しか学校に来ない巡回相談員であってはならない。支援要請用紙には、(1)対象児童生徒に関する情報、(2)問題行動に関する情報、(3)過去にその教師が対象児童生徒にどのように対処してきたかを示す方法の一覧を書き込む。この用紙への記入方法や提出の仕方はわかりやすくなければならない。教師が支援要請用紙に記入するのに使う時間は10分以内とすべきである。未記入の支援要請用紙は、巻末資料Aに掲載してある。

　教師が、行動支援チームによる長期的な支援に加えて、迅速かつ短期的な支援を求める場合もある。これは対象の児童生徒が、自分自身や他の児童生徒を危険な状態にしているような場合、例えば頭部の強打を繰り返したり、凶器で他の子どもを脅かしているような場合である。どの学校も、身体に危険を及ぼすような行動に対しては、危機管理計画を準備しておく必要がある。このような管理計画の典型例には、一時的に対象児童生徒を「安全な場所」へと移動させる方法がある。危機管理計画を作成し実行するための参考資料として、第1章の最後にある「補足資料」を参照してほしい。危機管理計画は、あくまでも子どもの問題行動に対する一時的な解決策にすぎない。この管理計画は「応急措置」であり、支援チームが長期的な解決策、すなわち児童生徒の問題行動の生起パターンを変えるような計画を作成し実行できるまでの「つなぎ」として用いられるものである。

　支援を要請した教職員には、初回のミーティングに参加してもらわなくてはならない。保護者に対しても、アセスメントの計画を立てるために、初回ミーティングに来てもらいたいとコアチームは考えるだろう。場合によっては、1回のミーティングで、複数の児童生徒について話し合うことになるかもしれない。そのような場合、保護者には、自分の子どもに関係する部分だけ参加してもらうようにすべきである。初回のミーティング（アセスメントの計画を立てるミーティング）において、コアチームは支援要請の内容について再検討する。チーム・コーディネーターはコアチームから1～2名のメンバーを選び、その支援要請に対処する実行チームに参加するように依頼も

第7章　行動支援チームがチームとして協働して仕事をするためには？

しくは指名する。誰がどの実行チームのメンバーになるかについては、次のようないくつかの基準に基づいて決定される。

1. 最初のうちは、FBAとBSPに関する専門知識をもったメンバーがコアチームに1人しかいないような場合もある。他のコアチームのメンバーがFBAとBSPについて習熟するまでは、この人物（多くはスクール・サイコロジストや行動支援の専門家）が全ての実行チームのリーダーとなる。
2. コアチームのメンバーは、特定の学年や教科担任からの支援要請について、実行チームのリーダーになりたがるかもしれない。例えば、第1学年の教師は、他の1年生の担任教師たちにFBAインタビューを行いたいと思うかもしれない。なぜなら、その教師は、1年生の担任教師たちや児童らのことを、3、4、5年生の児童のことよりも、よく知っているからである。
3. コアメンバーは、それぞれが参加する実行チームの数が等しくなるように、順番に担当を決めていくこともできる。

　コアチームは、他に誰が実行チームに加わるべきか、誰がその人をチームに加わるよう依頼するのかを決める。支援要請をしてきた教職員が実行チームに加わることは、必要不可欠なことである。保護者も実行チームの一員となるよう招待した方がよい。保護者は、チームに参加することに同意する場合もあれば、同意しない場合も考えられる。場合によっては、児童生徒は言語聴覚士やソーシャルワーカー、その他の専門家から、別の支援を受けているかもしれない。もし可能であれば、これらの専門家にも実行チームに参加してもらえると有益であることが多い。アセスメントを計画するためのミーティングは、次回の実行チームのミーティングの日程（これは、一般的にはアセスメント計画のミーティングから1週間ないし10日以内）を決めて終わる。記録係がミーティングの記録のコピーをチームのファイルに綴じ、ミーティングは閉会する。ミーティングの後、チーム・コーディネーターはコアチームのメンバー全員に役割分担表を配布する。アセスメント計画のためのミーティングは簡潔に、15分以内で終了すべきである。

支援要請を行った教師、コアチームのメンバー、また実行チームの他のメンバーは、お互いにパートナーとして協力し合ってBSPを作成・実施・評価していくことに同意しなければならない。我々からのアドバイスとしては、実行チームのメンバー全員がパートナーシップ同意書に署名することによって、この同意を正式なものとすることである。パートナーシップ同意書の目的は、（1）実行チームのメンバーに各自の役割を通知すること、（2）実行チームのメンバーが自分の役割を説明できるようにすること、（3）実行チームのメンバー間の連携協力を促すこと、（4）BSPの実行と評価が、確実に成功するようにすることである。パートナーシップ同意書の書式例を図7.5に示す。

　次のミーティングまでに、その実行チームに配属されたコアチームのメンバー（たち）は、支援要請をした教職員にFBAインタビューを行う。インタビューは、「支援要用紙」に記された情報に基づいて行われる必要がある。インタビューの目的は、（1）支援要請をしてきた教師と迅速に連絡をとること、（2）問題行動について口頭による報告を得ること、（3）問題行動が生じる典型的な場面に関する、セッティング事象・先行事象・後続事象の情報を入手することである。

　次に、実行チームは簡易版FBA（教師へのインタビュー）で集めたデータが十分なものであるかどうか、完全版FBAを実施する必要があるかどうかを決めなくてはならない。この決定は、支援要請をした教師に対してインタビューを実施したメンバーが行うか、あるいは行動支援チームの他のメンバーとの非公式の協議によって行われる。この判断を下すために公式なミーティングを開く必要はない。

　図2.5において概要が示されているように、簡易版FBAで十分か、完全版FBAを行うべきかという判断は、次の2つの質問に基づいて行われる。

1．対象児童生徒は停学や退学、あるいはオルタナティブ・スクールへと転校措置になる危険性があるか。
2．チームメンバーには（簡易版FBAによって導き出された）検証可能なサマリー仮説が正しいという確信があるか。

行動支援チームは、校内で頻発しているか、あるいは深刻な状態にある問題行動を示す児童生徒の支援要請を受ける。チームは以下に示す点を主要な目標として、その達成を目指す：(1) 支援要請を引き受けること、(2) 教師や児童生徒が、タイミングよく有益な方法で支援を受けられるよう保証すること、(3) 児童生徒ひとりひとりの問題行動について、検討したり、解決策を考えたりするための場を設定する、(4) 教師と児童生徒の支援を協働して行えるよう調整すること。

　これらの目標は「機能的行動アセスメントに基づく行動支援計画（FBA-BSP）」と呼ばれる問題解決型アプローチを通して達成される。行動支援チームはひとりひとりの児童生徒の支援要請のニーズに応じて実行チームを編成する。実行チームは、担任教師や保護者、行動支援チームから選出された1～2名のメンバー、その他ソーシャルワーカーや言語聴覚士などを加えて組織される。

行動支援チームからの支援を受けるために、教師は以下の点に同意しなければならない。
1. 対象の児童生徒に関する短時間のインタビューに応じる
2. 実行チームから要請を受けた場合に、追加の情報を提供する（例：ワークサンプル）（訳註：児童生徒の実態把握・アセスメントの方法・指導計画・児童生徒の成績等を含んだ指導記録）
3. 実行チームのメンバーによって行われる、対象児童生徒の行動観察を許可する
4. 対象児童生徒のための実行チームのミーティングに参加する
5. 行動支援計画の立案と実施に関与する
6. 行動支援計画の実施後、児童生徒の変化の様子を実証するために評価データを収集する
7. 対象児童生徒に関する守秘義務を守る

行動支援チームは以下の点に同意する。
1. インタビューと行動観察は、タイミングを見計らった上で専門的な方法を用いて行う
2. 教師や児童生徒に関して、アセスメント・指導介入・支援を個別化できるよう実行チームを編成する
3. 研究で効果が実証された方法に基づく、より効率性の高い指導介入を計画する
4. 評価に必要なデータを収集する、効率のよい方法を計画する
5. 児童生徒本人や教師、保護者に対して、児童生徒の変化の様子をデータで報告する
6. アセスメント、指導介入、評価のプロセスで必要な情報を、教師・児童生徒・保護者から引き出す
7. 必要に応じて行動支援計画を修正する

実行チームメンバー	児童生徒との関係	日付
実行チームメンバー	児童生徒との関係	日付
実行チームメンバー	児童生徒との関係	日付
実行チームメンバー	児童生徒との関係	日付

図7.5　パートナーシップ同意書の例

(*Building Positive Behavior Support Systems in Schools: Functional Behavioral Assessment* by Deanne A. Crone and Robert H. Horner. © 2003 by The Guilford Press. 本ページの複写は、本書の購入者が個人的な目的で使用する場合のみ許可される)

もし最初の質問に対する答えが「いいえ」で、2つ目の質問に対する答えが「はい」であれば、おそらく簡易版FBAだけで十分であろう。この時点で、実行チームは児童生徒の問題行動に対するBSPを作成するために、ミーティングを開催すべきである。実行チームはまた、作成した計画をどのように実行し、その効果をどのようにモニターするのかについても決めておく必要がある。仮に簡易版FBAでは十分でない場合には、完全版FBAが実施されなければならない。

　完全版FBAを実施する必要がある場合の次のステップは、追加のアセスメント・データを収集するための日程調整をすることである。決定した日程は記録用紙に記載される。完全版FBAが完了したら、アセスメントを実施した人は、アセスメントの結果を実行チームの残りのメンバーに報告する準備をする。

　実行チームは2回目のミーティング（コアチームからメンバーを追加することも可能だが、必須というわけではない）を開催する。そこでアセスメントの実施者は完全版FBAで収集されたデータについて報告する。実行チームは、問題行動が生起する理由と、それがどのような環境下で生じるのかを説明するサマリー仮説をチームとして立案する。そして再度、実行チームは次のことを問う。

1．サマリー仮説が正しいと確信が持てるか。
2．もしサマリー仮説が間違っている場合、深刻な結果をもたらすか。

　上記を判断するのに追加の情報が必要であれば、実行チームは機能分析を行うためのリソースと専門知識を自分たちがもっているかどうかを自問しなくてはならない。もしそれが可能ならば、実行チームのメンバーあるいは外部の行動コンサルタントに、行動の機能分析の実施を依頼する。もし学校に機能分析を行うためのリソースが存在してないのであれば、その代わりに、チームはサマリー仮説を確固たるものにするために観察データやインタビュー・データをさらに集めることになるだろう。もし追加の情報が必要ないのであれば、実行チームは完全版FBAの情報を基にBSPを作成する。

第7章 行動支援チームがチームとして協働して仕事をするためには？

　BSPには、各メンバーが遂行すべき課題・スケジュール・締切日が明記されていなければならない。多くの場合、教師がBSPを実行するためには、初期の段階では、集中的なサポートを必要とする。このようなサポートは、スクール・サイコロジストや行動支援の専門家、もしくはコアチームのメンバーによって行われる。実行チームはまた、BSPの効果を評価するためのデータ収集の方法を決める。2回目のミーティングが終わる前に、フォローアップのためのミーティングの日程が組まれる。このミーティングの後、実行チームのリーダーは、ミーティングの記録のコピーとBSPを実行チームのメンバー全員に配布する。コピーは、コアチームのファイルにも綴じられる。

　BSPの作成ミーティングからフォローアップ・ミーティングまでの間に、BSPが実施され、評価のためのデータも収集される。3回目のミーティング（フォローアップ・ミーティング）を召集する前に、実行チームのリーダーは新しい協議事項を配布する。3回目のミーティングでは、実行チームのメンバーはBSPが実行された状況とその評価についての報告を行う。実行チームが判断する内容は以下の通りである。

1．BSPの目標は達成されたか。
2．BSPを修正する必要があるか。

　必要に応じて、実行チームはBSPを修正する。再び、ミーティングの記録（ならびに修正されたBSP）を完成させ、配布する。BSPが修正された場合は、その修正された計画の効果を評価するためにフォローアップ・ミーティングの予定を決める。もし実行チームが修正の必要はないと判断するのであれば、フォローアップ・ミーティングは設定されない。しかし、実行チームのリーダーは、行動面での改善が維持しているかどうか、教師にさらなるサポートが必要かどうかをモニターするために、時々教師に連絡をして確認すべきである。

　行動の機能に基づいた支援のプロセスの最後に、児童生徒・教師・保護者は、自分たちが受けた支援に対する満足度の評価のために、調査を受けることがある。「保護者・児童生徒・教師のそれぞれに対する満足度調査」の例は、

フォローアップ調査：保護者用

1．行動支援計画で立てられた目標は、子どもの行動面について私が心配していることを取り扱ってくれた。

　とてもそう思う　　　　　　　　　　　　　　　　　　　　　　全くそう思わない
　　　1　　　　　　2　　　　　　3　　　　　　4　　　　　　5

2．行動支援計画で立てられた目標は、子どもの学業面について私が心配していることを取り扱ってくれた。

　とてもそう思う　　　　　　　　　　　　　　　　　　　　　　全くそう思わない
　　　1　　　　　　2　　　　　　3　　　　　　4　　　　　　5

3．支援チームのアドバイスは、役に立つものであった。

　とてもそう思う　　　　　　　　　　　　　　　　　　　　　　全くそう思わない
　　　1　　　　　　2　　　　　　3　　　　　　4　　　　　　5

4．支援チームの提案は、家庭で実行できるものであった。

　とてもそう思う　　　　　　　　　　　　　　　　　　　　　　全くそう思わない
　　　1　　　　　　2　　　　　　3　　　　　　4　　　　　　5

5．支援チームの提案を、私は一貫して継続的に実施した。

　とてもそう思う　　　　　　　　　　　　　　　　　　　　　　全くそう思わない
　　　1　　　　　　2　　　　　　3　　　　　　4　　　　　　5

6．行動支援計画が実施されてから、子どもの行動に改善がみられた。

　非常に改善した　　　　　　　　　　　　　　　　　　　　　　全く改善しなかった
　　　1　　　　　　2　　　　　　3　　　　　　4　　　　　　5

7．行動支援計画が実施されてから、子どもの学業面の進歩に改善がみられた。

　非常に改善した　　　　　　　　　　　　　　　　　　　　　　全く改善しなかった
　　　1　　　　　　2　　　　　　3　　　　　　4　　　　　　5

8．自分の意見や提供した情報は尊重され、支援チームにとって有用なものであったと感じている。

　とてもそう思う　　　　　　　　　　　　　　　　　　　　　　全くそう思わない
　　　1　　　　　　2　　　　　　3　　　　　　4　　　　　　5

9．他にコメントや感想、質問があったらご記入ください。

図7.6　保護者に対する満足度調査

（*Building Positive Behavior Support Systems in Schools: Functional Behavioral Assessment* by Deanne A. Crone and Robert H. Horner. © 2003 by The Guilford Press. 本ページの複写は、本書の購入者が個人的な目的で使用する場合のみ許可される）

フォローアップ調査：児童生徒用

1. 行動支援計画の目標と手続きについて十分な説明を受けた。

とてもそう思う				全くそう思わない
1	2	3	4	5

2. 行動支援計画の目標は重要であると思った。

とてもそう思う				全くそう思わない
1	2	3	4	5

3. 行動支援計画を立案する手続きは同意できるものであった。

とてもそう思う				全くそう思わない
1	2	3	4	5

4. 自分の意見や情報が求められ、尊重された。

とてもそう思う				全くそう思わない
1	2	3	4	5

5. 支援チームの提案は、学校で一貫して実施されていた。

とてもそう思う				全くそう思わない
1	2	3	4	5

6. 支援チームの提案は、家庭で一貫して実施されていた。

とてもそう思う				全くそう思わない
1	2	3	4	5

7. 行動支援計画を始めてから、自分の行動がよくなったと思う。

とてもよくなった				全くよくなっていない
1	2	3	4	5

8. 行動支援計画を始めてから、自分の学校の成績がよくなったと思う。

とてもよくなった				全くよくなっていない
1	2	3	4	5

9. 先生や両親、支援チームと一緒の活動を続けたいと思う。

とてもそう思う				全くそう思わない
1	2	3	4	5

10. 他にコメントや感想、質問があったら記入してください。

図7.7　児童生徒に対する満足度調査

（*Building Positive Behavior Support Systems in Schools: Functional Behavioral Assessment* by Deanne A. Crone and Robert H. Horner. © 2003 by The Guilford Press. 本ページの複写は、本書の購入者が個人的な目的で使用する場合のみ許可される）

フォローアップ調査：教師用

1. 行動支援計画で立てられた目標は、＿＿＿＿さんの行動面について私が心配していることを取り扱ってくれていた。

   とてもそう思う　　　　　　　　　　　　　　　　　　　　　全くそう思わない
   　　　1　　　　　　2　　　　　　3　　　　　　4　　　　　　5

2. 行動支援計画で立てられた目標は、＿＿＿＿さんの学業面について私が心配していることを取り扱ってくれていた。

   とてもそう思う　　　　　　　　　　　　　　　　　　　　　全くそう思わない
   　　　1　　　　　　2　　　　　　3　　　　　　4　　　　　　5

3. 支援チームの提案は役に立つものであった。

   とてもそう思う　　　　　　　　　　　　　　　　　　　　　全くそう思わない
   　　　1　　　　　　2　　　　　　3　　　　　　4　　　　　　5

4. 支援チームの提案は、学級（クラス）で実行できるものであった。

   とてもそう思う　　　　　　　　　　　　　　　　　　　　　全くそう思わない
   　　　1　　　　　　2　　　　　　3　　　　　　4　　　　　　5

5. 支援チームの提案を、一貫して継続的に実施した。

   とてもそう思う　　　　　　　　　　　　　　　　　　　　　全くそう思わない
   　　　1　　　　　　2　　　　　　3　　　　　　4　　　　　　5

6. 行動支援計画が実施されてから、＿＿＿＿さんの行動に改善がみられた。

   とてもそう思う　　　　　　　　　　　　　　　　　　　　　全くそう思わない
   　　　1　　　　　　2　　　　　　3　　　　　　4　　　　　　5

7. 行動支援計画が実施されてから、＿＿＿＿さんの学業成績に進歩がみられた。

   とてもそう思う　　　　　　　　　　　　　　　　　　　　　全くそう思わない
   　　　1　　　　　　2　　　　　　3　　　　　　4　　　　　　5

8. 今以上に、チームからの援助が必要ですか？

9. 他にコメントや感想、質問があったら記入してください。

図7．8　教師に対する満足度調査

（*Building Positive Behavior Support Systems in Schools: Functional Behavioral Assessment* by Deanne A. Crone and Robert H. Horner. © 2003 by The Guilford Press. 本ページの複写は、本書の購入者が個人的な目的で使用する場合のみ許可される）

図7．6、図7．7、図7．8に示してある。これらの調査から得られるフィードバック情報は、今後の支援要請に対するチームの対応を改善するために利用されるであろう。

第8章

行動支援チームが機能的行動アセスメントを実施する力量を校内でいかに高めていくか？

1．はじめに

　個別障害者教育法（IDEA）（1997）の法的要求事項を満たそうと努力している学校は、次のような目標を達成するために学校全体の計画を作成しているはずである。その目標とは、（1）深刻な問題行動の機能および、それに対するアセスメント方法や指導介入について情報を教職員に提供すること、（2）機能的行動アセスメント（FBA）の実施に必要な方略を、教職員に提供すること、（3）効果的な行動支援計画（BSP）を立案・実施・評価・修正するための方略を、教職員に提供すること、（4）行動アセスメントや指導介入を実行するのに必要なスキルを身につける研修を、校内の教職員に対して十分に行うこと、（5）効率的、効果的でかつ妥当な行動支援を、既存の学校組織にうまく組み込むことができる標準的なモデルを実践すること、である。

　いずれの目標も、行動アセスメントや指導介入を校内で実行する力を築き上げる必要性を重要視している。本章では、どうすればそのような学校内の力量を高めていけるのか、そのための方略について解説する。力量が徐々に高まっていくのに伴って、学校は行動支援チームをまとめるいくつかの異なるリーダーシップの在り方（モデル）の中から、1つを採用するであろう。この章の最後では、チーム・リーダーシップに関する3つのモデルについて解説する。

1.1　直面している課題

　1997年のIDEAの修正条項は、学校は行動マネジメントや懲戒処分の実施に必要となるFBAを使用する能力を持つべきであることを、明確に推奨している。残念なことに、多くの学校関係者は、この技術(テクノロジー)の存在を知らない、あるいは実施に必要なスキルやリソースを持ちあわせていない。IDEA（1997）の法的要求事項に応じなければならないというプレッシャーから、次のような2つの深刻な問題が生じる可能性がある。それは、（1）場当たり的で効果のないFBAとBSPが実施されてしまうこと、（2）行動コンサルタントと交わされるサービス契約に対して過度な出費がなされてしまうこと、である。現在すぐに取り組まなければならない課題は、FBAをごく普通の学校において適用できる利用しやすい技術(テクノロジー)にすることによって、行動アセスメントや指導介入に必要なスキルやリソースの現在の不足状態を変えることである。気がかりなのは、FBAを実施する職務を持つであろう教職員のための包括的な研修が準備されていなかったり、あるいは実践的な力量の身につくものではなかったりすることが多いことである。

1.2　目　標

　学校での問題行動に対応するために、単純に「技術(テクノロジー)」（つまり、FBAとBSP）を提供すれば十分なわけではない。FBA－BSPの実施が成功するには、十分なリソースを提供することも必要である。問題行動に対応するための学校のリソースは、問題行動に対して意味のあるアセスメントを実施し、効果的、効率的そして妥当なBSPをアセスメントに基づいて立案できる資質を持った教職員の配属を増やすことで解消できるにちがいない。

2．法的要求事項とそれに伴う実行責任

　FBAとBSPの実施前に、学校は以下の4つの基準を満たすよう全力を尽くさなければならない。

1．行動支援システムの改善は、学校内の優先事項の上位3位のうちの1つに掲げるべきであり、学校管理職のサポートによる後押しがなければならない。
2．深刻な問題行動を示す児童生徒のアセスメントと指導介入を担当する支援チームを立ち上げる必要がある。
3．行動支援チームが研修を受けたり、個別の行動支援を計画・実行するための十分な時間やリソースを、学校は与えなければならない。
4．学校は、少なくとも3年間は、校内の個別の行動支援システムを改善し続けることに全力を尽くさなければならない。

以上の取り組みが行われなければ、行動アセスメントや指導介入を教職員に身につけさせようとする努力は、成功しないだろう。

2.1 優先順位をつける

公立学校の役割は、かつてはもっとシンプルであった。学校は、子どもに教育を提供するために存在していた。この30年間で、学校の「仕事内容」の範囲は急速に広がった。今や学校は、道徳教育・子どもの保護・成人教育・問題行動への対応、さらには健康管理にさえも責任を負っているのである。学校のリソースと財源には限りがある。不可能ではないにしても、1つの学校システムでこれらの役割全てを効果的に果たすことは困難である。1つか2つの領域できちんと役割を果たすために、学校管理職は自分たちの学校の目標に優先順位をつけなければならない。

ほとんどの学校でも、効果的で効率の良い行動支援システムを成し遂げる可能性を秘めているが、それは少なくとも3年間は、行動支援が学校の最優先事項の1つとされたならばである。行動支援の実施を中途半端に行えば、イライラが募るばかりで時間の無駄に終わってしまう。個別の行動支援の実現に真剣に取り組まないのであれば、学校のリソースやその労力を他の何かに注いだ方がよい。優先順位をつけて全力で取り組めば、大きなプラスの変化が生じるはずである。

個別の行動支援への取り組みは、さまざまな活動を通じて実現し促進させていくことができる。最初に学校は、年間の学校改善計画に個別の行動支援への取り組みを最優先事項として盛り込むことで、書面の形で公約をすることができる。管理職は、教職員の参加を励まし促すことで、個別の行動支援の実現を後押しできる。学校予算の範囲内で融通が利く資金を、個別の行動支援チームの育成と活動維持のために割り当てることもできる。教職員は、自ら進んで支援チームの一員として関与することができるし、支援要請をすることで支援チームを活用することもできる。教職員は、アセスメントのプロセスに協力したり、指導介入のプロセスの助けとなったりすることもできる。また支援チームのメンバーや他の教職員は、このシステムをどのように改善するかについて、繰り返し話し合いをもつことができる。支援チームが進化し、学習し、そして改善していく限り、教職員は柔軟に対応したり、協力的であり続ける。

2.2　リソース

　時間とお金を適切に配分することは、個別の行動支援チームが成功するための鍵となる。時間とお金は、多くの学校で典型的に不足するリソースである。リソースは賢く使わなければならない。

2.2.1　時　間

　自分の学校で FBA と BSP の実行を妨げる最大の障害は、「時間がないことである」と多くのスクール・サイコロジストと学校管理職は言う。時間の制約への最良の対処法は、個別の行動支援チームとそれを支えるシステムの**効率性を高めること**だと私たちは確信している。教職員の限られた時間を最大限活用するためのいくつかの方略を、この本全般を通して紹介してきた。これらの方略は表8.1にまとめてある。この中で詳しい解説が必要なのは、「既存の校内チームを最大限活用すること」であろう。

　場合によっては、既存の校内チームを拡張したり変更したりすることができれば、新しい支援チームを作る必要はないかもしれない。生徒指導・教育

表 8.1　時間を効率よく使うための方略

- スクールワイドな行動支援システムを実行する。それは個別の支援要請に対する事前スクリーニングとしての役割を果たす。
- 個別の行動支援チームに対する支援要請のひとつひとつが、妥当なものであるかどうか判断する。
- 必要な機能的行動アセスメント、すなわち簡易版 FBA、完全版 FBA、機能分析のどれを用いるかを決定する。
- 各ミーティングの協議事項を作成する。
- 各ミーティングの前にあらかじめ協議事項を配布し、チームメンバーに自分の遂行すべき課題を思い出させ、必要な資料を用意してからミーティングに参加するように促す。
- 協議事項のそれぞれに制限時間を設ける。
- 制限時間を守るためにストップウォッチを使用する。
- 各ミーティングの記録をとる。
- 全ての協議事項、ミーティング記録、その他の関連する資料はファイルに綴じて機密性の保てる場所で集中管理する。
- ミーティングは同じ曜日、同じ時間に行う。
- 教職員の中から支援要請の連絡窓口係の役を割り当てる。
- 壁面用のカレンダーを活用して、チームメンバーが課題の締切やフォローアップミーティングの時期などを忘れないようにする。
- 校内の既存の支援チームを最大限活用する。

相談チームやそれに相当するチーム（例えば、教師支援チーム、通常学級支援チーム）は、校内の基本的な組織としてよくみられるものである[1]。生徒指導・教育相談チームは、本書で紹介してきた個別の行動支援チームと似た機能を果たし、また、このチームは似たような校内の部門横断的な教職員で構成されている。すなわち、各学年等の代表者として参加している、通常学級や特別支援教育の教師、スクール・サイコロジスト、カウンセラー、場合によっては学校長である。生徒指導・教育相談チームに対応が依頼された児童生徒は、学業面や行動面で困難を抱えている可能性が高い。その児童生徒のニーズを検証した後、生徒指導・教育相談チームは指導介入の計画を立案し、実行および成果のモニターを行う。残念なことに、生徒指導・教育相談チームのメンバー多くは、FBA や BSP の立案に関する訓練を受けていない。もしこのメンバーが、行動の機能に基づく支援のコアチームになるのであれ

訳註[1]　米国の場合。日本の場合は、特別支援教育体制における校内委員会などがあげられよう。

ば、研修が必要である。

　既存のチームの実態をアセスメントし、その活用を図ることが推奨される理由には、少なくとも以下の2点がある。第1に、時間が効率的に使えることは、学校職員にとって優先順位の高いことである。多くの教師、補助教員、そして校長は、自分たちがすでに過剰労働の状態にあると感じている。既存のチームと似た機能をもつ新しいチームを作ることは、教職員の時間やリソースの無駄遣いだと捉えられる（その考えは適切である）。第2に、2つのチームが類似した目的をもっているにもかかわらず、互いにコミュニケーションをとらないでいると、チーム間で異なった介入計画を立ててしまいやすくなる。そうすると、この2つのチームは、互いに交錯した目的に対して活動することになるかもしれない。支援を求める教師は2つのチームの間で板ばさみになり、サポートされていると感じられないだろう。その結果としてこの教師がどちらのチームにも支援を求めなくなるのは、自然な反応である。

　以上の点を踏まえて、私たちは、学校が問題行動をマネジメントするために必要なリソースを増やすために、以下の3つの方略を用いることを提案する。

1．すでに校内に生徒指導・教育相談チームがあるならば、個別の行動支援システムを位置づける際にそのチームを活用すること。新しいチームを作ってはいけない。
2．その生徒指導・教育相談チームのメンバーに対して、行動の機能に基づく支援に関する研修を実施し、校内における行動分析学の専門性を高める。
3．支援チーム内の要となるスタッフとして、教育支援員を加える。FBA－BSPのプロセスで、複数の教育支援員を活用し、教師・児童生徒・保護者に対するインタビューや学級での観察を行うことに利用できる「人手」を大幅に確保する。また教育支援員の活用により、BSPの実施状況やその成果をモニターする力量を校内で高めることもできる。

2.2.2　予　算
　個別の行動支援に関する力量を校内で構築することを本当に効果的にす

るためには、その学校や学区や地方自治体の教育委員会が、この目標達成のための予算を割り当てる必要がある。必要な予算額は学校によって異なるし、いろいろな要因によっても左右される。例えばそのような要因には、（１）児童生徒の数、（２）教職員の人数、（３）過去にその学校が経験した問題行動の深刻さの度合い、（４）行動分析学の専門性を有する教職員が現状何人いるか、そして（５）実施されている行動分析学に関する研修モデル、がある。個別の行動支援向けの予算に組み込まれるべきものとして、少なくとも以下の４つがある。（１）個別の行動支援チームのリーダーとなって活動をコーディネートする人材の雇用資金、（２）教職員がFBAとBSPに関する研修に参加したり、その研修を校内で実施するための資金、（３）FBA‒BSPの研修を実施するスタッフへの報酬、（４）個別の行動支援システムに必要な資料や教材（例えば、記録用紙、強化子、カリキュラム等）を用意するための資金、である。

2.3　行動支援システムの連続性

　個別の行動支援体制が校内で最もうまく働くのは、行動支援システムに連続性が確立されたときである。第２章で述べたように、１つの学校内には、少なくとも４つの主要な行動支援システムがあることを思い出してほしい。それは（１）スクールワイド（学校全体の規模）、（２）クラスワイド（学級規模）、（３）学級以外の場面、そして（４）個人である。また児童生徒は、問題行動の程度によって次の４つのカテゴリーに分類できる。それは、（１）問題行動を示していないか、あるいはその程度は軽度である児童生徒、（２）問題行動を起こすリスクの高い児童生徒、（３）慢性的な問題行動のパターンを示している児童生徒、（４）すでに危険な問題行動を起こしている児童生徒、である。校内の行動支援体制が４つのカテゴリーに含まれる全ての児童生徒への支援を、４つの行動支援システムにまたがって組み込んでいれば、貴重な時間とリソースを節約することができる。スクールワイドな行動支援 ― 例えば、「効果的な行動支援モデル」― を実行することは、この意欲的な目標を達成するのに有効なやり方である。「効果的な行動支援モデル」に

関してさらに情報が必要であれば、本書の著者のいずれかに連絡を取ることで情報を得ることができる。「効果的行動支援モデル」の基本的な考え方を以下に簡潔に述べる。

大部分の児童生徒（全体の80〜85％）は、個別の行動支援を必要としていないが、基本的な、全児童生徒を対象とした、ユニバーサルな指導介入 ― 例えば、適切な行動を5つの基本ルールとして定義し、指導・賞賛することなど ― にはよく反応するだろう。大部分の児童生徒に効果のあるスクールワイド（学校規模）な指導システムと、問題を起こすリスクのある児童生徒に対象を絞ったグループ指導を実施するシステムが校内にあれば、個別の行動支援を本当に必要としている児童生徒だけが、行動支援チームへの支援要請の対象となる。スクールワイドな指導とグループ指導の実施システムが、個別の行動支援チームにとっては、スクリーニングの役割を果たしている。ひとつひとつの支援要請の妥当性を高め、受け入れる支援要請の総数を減らすことで、チームはさらに効果的・効率的に活動できる。また、個別の行動支援チームは、校内で起きるありとあらゆる問題行動に対応できるわけではないし、特に危険性の高い行動を示す児童生徒による場合には対応できない可能性がある。このような児童生徒に対しては、学校は地域のサービス機関 ― カウンセリングやその他の関連サービス機関など ― へさらに連絡を取る必要があるだろう。

多くの学校では、行動支援がすでに効果的な連続性のある形で整備されてはいないだろう。この実現のためには、根気強い取り組みと、しっかりとした制度設計、そしてリソースの適正配分が不可欠である（スクールワイドな行動支援システムに関する参考文献については、この章の補足資料の項を参照すること）。行動支援チームが校内の児童生徒ひとりひとりの問題行動全てに対応しようとすれば、すぐに対応しきれなくなって、四苦八苦した上で失敗するだろう。したがって、スクールワイドな行動支援システムが確立していない学校では、どの支援要請が妥当であるのかをチームが判断する際にはことさら慎重である必要があり、個別支援を必要としている児童生徒の一群には対応する必要がある。完全版FBAとBSPを個別に実施するのは、全校児童生徒数の1〜5％を超えない範囲にとどめておいた方がよいだろう。

3．学校内の力量を高めていくためのモデル

3．1　研修で期待される成果

　行動支援チームの中で、最初は行動コンサルタントだけがFBAとBSPに関する専門性があるメンバーかもしれない。行動支援チームが長く活動を継続するためには、専門的知識をもたない他のメンバーが、（1）FBAの実施、（2）BSPの立案、（3）行動の機能に基づく支援を今の学校組織に根付かせることの3点について、有益な情報と実践経験を提供してくれる研修を受ける必要があるだろう。研修に参加した後、チームメンバーはいろいろな領域で能力を発揮するはずである。ここでの**能力**とは、あるスキルについての知識があり、その熟達したスキルを巧みに実行できることをいう。研修を受けたチームメンバーが実行できなければならないのは、次のような能力である。

・チームメンバーの役割と責任を明確に定義する。
・観察・測定可能な用語で問題行動を定義する。
・行動のセッティング事象・先行事象・後続事象を理解している。
・行動の機能について理解している。
・児童生徒の日課表を作成する
・問題行動について児童生徒・教師・保護者にインタビューする。
・教室やそれ以外の場面で問題行動を観察する。
・アセスメント・データをチームに報告する。
・アセスメント・データから検証可能なサマリー仮説を立てる。
・競合行動バイパスモデルに基づき、指導介入の方略をブレインストーミングする。
・BSPを立案する。
・BSPを実行・モニタリング・評価・修正する。

3.2 研修モデル

　十分な研修やスーパーバイズを受け、しっかりとした支援が受けられれば、行動支援チームのメンバーの個別の児童生徒に対する指導力は向上し、メンバーの学校における人的資源としての価値は高まるだろう。効果的な研修に取り入れられるべき活動として、レイトンら（Leighton et al., 1997, pp.v-vi）は、次の３つを推奨している。１）各自に任された仕事の基礎作りとなる正式なオリエンテーションの実施、２）不足している知識とスキルを補い、今ある知識やスキルをさらに高めるための研修セッション、そして３）学級や他の学校場面での系統性のある現場での実地コーチング、である。

　各々の学校は、支援チームに対して、研修するため、およびFBAとBSPを計画・立案し、実行するのに必要な適切な時間とリソースを学校は与えるようにしなければならない。例えば学校管理職は、チームメンバーの日常業務を軽減して、研修に参加できるようにしなければならない。

　学校や学区は、研修を実施してもらえる人材を確保するためのやりくりをする必要があるだろう。学校がすでに契約している行動コンサルタントがいる場合、この人物が最も理にかなった身近な選択肢となる。オレゴン大学の「機能的アセスメント・ワーキング・グループ」は、行動の機能に基づく支援チームとチームリーダーを対象とした研修教材を開発した。このワーキング・グループのメンバーが、学区の依頼で研修を担当することもできるが、人員には限りがある。メンバーの連絡先については、この章の補足資料にある。その他に、研修を担当できるのは、特別支援教育の教師や認定されたスクール・サイコロジスト、行動分析学の研修を受講済みの有資格の臨床心理士、学区（あるいはそれに相当する組織）が雇用した行動分析学の専門家、あるいはその地域の大学の研究チームなどである。

　しかしこれらの人たち全員が、行動の機能に基づく支援に関する研修を実施した経験があり、研修教材を持っているというわけではない。学校や学区は、その人物が研修を実施できるのかを慎重に判断するべきである。個別の行動支援チームのメンバーに対するFBAとBSPの研修担当者を雇用する際には、学校は次の条件を求めることを推奨する。

・FBA を実施した経験がある。
・BSP を立案し、その成果を評価した経験がある。
・FBA－BSP の実施のための研修を、支援チームに対して行った経験がある。
・通常の教育場面での支援経験がある。
・最低2年間は、定期的に、研修、コンサルテーション、その他のサポートが可能である。
・データに基づいた意思決定ができる。
・FBA－BSP を学校で実施する際に、現場の事情を考慮することができる。

　以下で説明するのは、ひとつの研修モデルの簡単な要約である。研修を担当する講師は、研修についてそれぞれ独自のアプローチや教材をもっている。しかし研修の基本要素の多くは、研修実施者間で類似しているであろう。研修は、ひとつの学校の支援チームメンバーを対象に実施することもできるし、同一学区内にある複数の学校の支援チームに対して同時に実施することもできる。もちろん1回に複数のチームを対象に研修を行うことができれば、学区にとって費用対効果はより良いものになる。本章で示す研修モデルは、学区レベルでの実施を想定したものである。

　この研修モデルの考え方の基本的枠組みは、「学習・実行・研修実施・リーダー」モデル（Schmidt & Finnegan（1993）に基づく）として示すことができる。このモデルの「学習」に該当する部分では、チームメンバーは、FBA－BSP のプロセスのいろいろな側面について学ぶために、包括的な現場でのワークショップ[2]形式の一連の研修に参加する。研修形態は、担当する講師や実施する学区によって異なっている。例えばある研修形態では、月1回、半日の現場でのワークショップ研修が実施される。この半日の研修会では、毎回、FBA－BSP のプロセスの中のさまざまな要素を1つ取り上げる。別の研修形態では、年度が始まる前の2～3日間を現場でのワークショップ研修のために充てる。この形態では、2～3日という集中した日程の中で、FBA－BSP のプロセス全体についての研修を受ける。

訳註[2]　元々の意味は作業場、工房。転じて、一方的に教師が伝達する形の学習形態ではなく、演習などを通して参加者の相互作用、積極的な参加から学ぶスタイルを指す。

研修モデルの「実行」の部分では、チームメンバーがそのワークショップ研修で学んだスキルを実行する。また研修モデルの「研修実施・リーダー」の部分では、それぞれのチームから、その学校のFBA−BSPチームの研修実施者、かつリーダーとなるメンバーを選出する。選ばれたメンバーは、研修実施者になるために必要なスキルを学習するワークショップ研修に参加する。これが先の研修モデルの「研修実施」に当たる部分である。そしてこのチームリーダーは、学んだスキルを自分の学校で実践する。これがモデルの「リーダー」の部分である。

　「学習」と「実行」に関する研修は次のように進められる。参加するチームメンバーは各学校が決定する。各学校の支援チームは第6章で示したように、その学校の教職員の代表者で構成される。ある学区から研修に参加する、全ての学校のチームメンバーは、一連の現場ワークショップ研修の受講のために地区中央部に集まる（これは、1年間を通して毎月1回開催する場合も、年度始めの2〜3日間に開催する場合のどちらもある）。この中央部とは、その学区の役所の建物であることが多い（チームメンバーが日々の職務から離れてこのワークショップ研修に参加できるように、職務を代替するスタッフを確保するための資金を予算案に計上しておくべきである）。年度始めに、全日研修を2〜3日間実施する形式の場合には、（年間に数回にわたって半日間行う研修の形態と比較して）主に2つの利点がある。

1．チームメンバーは、新しい年度が始まる前に、FBA−BSPの具体的内容とそのプロセスの大部分について、研修で体験することになる。そのためメンバーは、4月当初から1、2名の児童生徒を対象に支援を開始することができる。その点で、1年間を通してスキルをバラバラに学習していくよりも、FBA−BSPのプロセス全てをやり通す経験を早く積むことができる。
2．チームのメンバーは、年度途中で担任している学級を抜け出したり、担当している職務を離れたりすることなく、年度始めの職員研修日に研修を受けることができる。

　研修の各セッションで、研修実施者は、前述した研修を受けたメンバー

が発揮すべき能力に関連する内容を網羅した教材を準備し、講義を行い、参加者の議論をリードする。この能力は、研修に参加している各学校のニーズに合うように十分細部までカバーされている。またこの能力とは、ひとつのスキルが別のスキルの上に築かれるように順番になっている。各チームには、この研修セッションが行われている期間に新しく学んだ内容を、自分の学校でどのように活用するかを話し合い、計画を立案する時間が必要である。毎回の研修セッションで、チームは翌月までの行動計画を立てることになる。セッションとセッションの間に、研修講師は各学校を訪問し、チームのメンバーが新しい能力を実行しているのを観察し、フィードバックを与える。そしてメンバーが直面している問題があれば、それに対してコンサルテーションを行う。年度末までに、チームメンバーのひとりひとりが、先の能力のそれぞれに熟達したことを示さなければならない。一連の研修の後半部分は、「研修実施者」「リーダー」を養成するためのものである。この部分の研修の主な目的は、外部機関の援助なしで、学校が個別の行動支援を効果的に実施できることを確実にすることである。各チームから1名のメンバーが、その学校におけるFBA－BSPチームリーダーになるために選ばれる。この選出は、以下の3点に基づいて行われる。（1）必要な能力全てに熟達していること、（2）研修実施者になることに関心があること、そして（3）学校長から管理運営上のサポートが得られること、である。この校内研修を実施するメンバーは、研修実施者に必要な以下の能力を身につけるために、現職ワークショップ研修に参加し、自分の職場においてコーチングを受ける。

・支援要請と指導介入のプロセスを学校内で体系づけること。
・効率的で、生産的なミーティングを行うこと。
・各メンバーの役割と責任を明確にすること。
・観察者とインタビュー実施者に対してファシリテートしたり、コンサルテーションを行うこと。
・FBAが実施できるよう、教職員に研修を行うこと。
・BSPを立案・実行・修正ができるよう、教職員への研修を行うこと。
・FBA－BSPのプロセスを評価すること。

FBA-BSPのコンサルタントは、各学校をまわって、校内の研修の実施者に選出されたメンバーを観察し、フィードバックを与え、さらに学校で生じているいかなる困難も問題解決できるよう、ファシリテートする必要がある。この「学習」「実行」「研修実施」「リーダー」モデルを図8.1に示した。

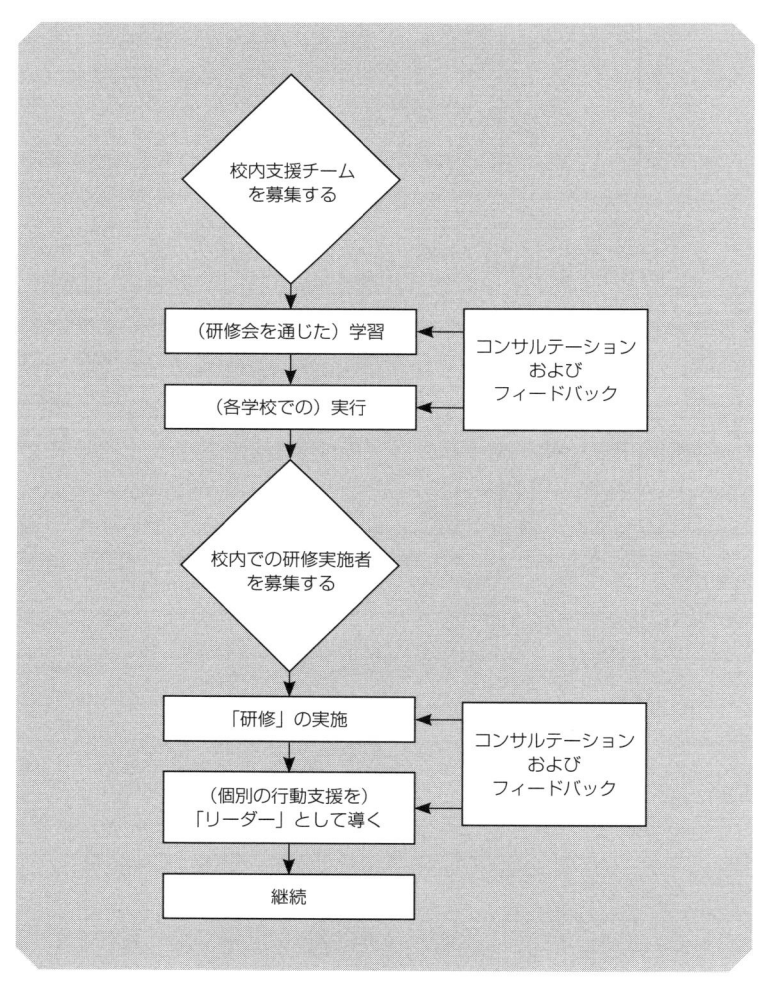

```
        ◇ 校内支援チーム
          を募集する ◇
                │
                ▼
       ┌──────────────┐         ┌──────────────┐
       │（研修会を通じた）学習 │ ◀── │ コンサルテーション │
       └──────────────┘         │     および      │
                │               │  フィードバック   │
                ▼               └──────────────┘
       ┌──────────────┐              ▲
       │（各学校での）実行   │ ──────────┘
       └──────────────┘
                │
                ▼
        ◇ 校内での研修実施者
          を募集する ◇
                │
                ▼
       ┌──────────────┐         ┌──────────────┐
       │「研修」の実施      │ ◀── │ コンサルテーション │
       └──────────────┘         │     および      │
                │               │  フィードバック   │
                ▼               └──────────────┘
       ┌──────────────┐              ▲
       │（個別の行動支援を）│ ──────────┘
       │「リーダー」として導く│
       └──────────────┘
                │
                ▼
           ┌────────┐
           │  継続   │
           └────────┘
```

図8.1　研修トレーニングのモデル

4．リーダーシップ・モデル

　第6章で、個別の行動支援チームに含まれているべき役割 — コーディネーター・支援要請の連絡窓口係・行動分析学の専門家 — について概説した。各チームがこれらの役割を果たすために、異なるリーダーシップ・モデルを採用できる。各チームがどのモデルを選択するかは、学校のリソース・個々の好み・学校内のスキルのレベルに応じて決まる。チーム内のリーダーシップは、多くの場合、進化するプロセスである。チーム内のひとりひとりのメンバーが、FBA-BSPに関するスキルを身につけていけばいくほど、リーダーシップは、個人に依存したものからチームに基づくものへと変化していきやすい。次の節では、考えられ得る3つのリーダーシップ・モデルを示し、それぞれの長所と短所について考える。

4.1　モデル1（コンサルタント依存型）

　第1のモデルは、全ての役割、すなわちコーディネーター・支援要請の連絡窓口係・行動分析学の専門家の役割を1人の人物が全て兼務するというものである。このモデルは、行動支援に関する能力をもつ人物が校内にほとんど、あるいは全く存在しないような学校によく見られるものである。このような状況にある学校は、外部の行動分析学の専門家とサービス契約を結んでいることが多い。この専門家は、問題行動のある個別の子どもに関して連絡を受け、FBAを実施し、BSPを立案する。チームメンバーがそのプロセスに関与する場合もあるが、彼らの参加はたいてい重要なものではなく、アセスメントと指導介入の段階での貢献は最小限なものに限られている。この状態は、学校にとって個別の行動支援システムを発展させていく最初の段階であり、出発点としては大変良い状態であろう。

　このモデルの主な強みは、1人の人物がFBA-BSPに関連する全ての活動の責任を負っている点にある。1人の人に課せられる責任が増えれば、FBA-BSPに関連する職務が時間通りに完了する可能性が高くなるだろう。さらに、そのシステムはより体系づけられたものになる。責任を分担しなけ

れば、チームメンバー間でコミュニケーションの行き違いが生じる機会そのものが存在しなくなる。

一方、このモデルには、いくつかの制限事項もある。

1. 児童生徒数が中〜大規模の学校では、専門家1人では、学校で生じる個別の行動支援のニーズに十分応えることができない。専門家は自分の時間を、多くの児童生徒に少しずつ分散して配分しなければならず、児童生徒ひとりひとりに対して十分な仕事を実施できなくなるだろう。
2. 1人の人物に問題行動のマネジメントを任せきってしまうと、他の人たちが問題行動に対して責任を負わなくていいと思いがちになる。つまり、問題行動が「他の誰かの問題」になってしまう。
3. 校内の個別の行動支援システムが持続できるかどうかが、1人の人物を継続して雇用できるかどうかに依存することになる。学校が行動コンサルタントをごく限られた期間しか利用できないのには、多くの理由がある。例えば、そのコンサルタントが他の仕事を選んでしまうかもしれないし、病気になるかもしれない、あるいはその人物を雇用するための財政的な支援がなくなってしまうかもしれない。個別の行動支援は、雇用が安定していない人物に依存するには、学校がうまくいくためにはあまりに重要である。
4. 外部コンサルタントは、校内で日々どのような変化が起こっているかの情報に疎い。また外部コンサルタントは、支援を実行する上で学校にどのような制約があるのかの知識がない。また、BSPの実行を成功させるのに必要な、教師との仕事面での協力関係を築く機会が少ない。
5. 外部コンサルタントを雇用するには、大きな費用がかかる可能性がある。
6. 外部コンサルタントは、連絡が取りにくい場合がある。あるいは教職員が頻繁に利用できない可能性がある。

4.2 モデル2（移行型）

第2のモデルでは、2名の人物が仕事の大部分を分け合う。コーディネー

ターと支援要請の連絡窓口係の役割は、そのうちの1人によって行われ、行動分析学の専門性のあるもう1人の人物がFBAを行い、BSPを立案する。個別の行動支援が導入されて間もない頃には、行動分析学の専門性のある人物は、外部の行動コンサルタントである可能性が高い。しかし、学校の教職員がFBA-BSPの研修を受け、それを実施するための校内の力量が高まってくると、行動コンサルタントは学校の教職員から選べるだろう。

　仕事を2人で分担しているために、このモデルは第1のモデルより安定したものになるだろう。また第2のモデルの方が、より多くの支援要請に対応するための仕組みが整備されているともいえる。教職員にとっては、コーディネーターと支援要請の連絡窓口係をもっと活用しやすいだろう。その結果、行動支援を担当する専門家は、教師からの支援要請にさらに多く応えることができるだろう。外部の行動コンサルタントを雇用する利点と課題については、第1のモデルと同様である。

4.3　モデル3（理想的な責任分散型）

　第3のモデルは、個別のBSPに対する真のチーム・アプローチの姿を示している。このモデルでは、行動支援チーム内にFBA-BSPを実行する能力をもつ人物が複数存在している。このメンバーは、複数の支援要請を受けたときに、それぞれが支援要請に応じた実行チームを担当する形で仕事を分担している。コーディネーター役や支援要請の連絡窓口係は、教職員が担う。このモデルでは外部コンサルタントは不要である。このモデルは、FBA-BSPに関する校内の力量を高めることに時間とリソースを費やした結果、初めて実現できるものである。

　このモデルの主な欠点は、責任が複数の人物で共有されるために、組織としてうまく動けなかったり、コミュニケーションがうまくいかない可能性が高まることである。このモデルでは、コーディネーターは非常に有能で、かつ計画性がなければならない。

　このようなチームによるアプローチには、たくさんの利点がある。仕事が複数のメンバーで共有されるために、チームはより多くの支援要請に応える

ことができる。また、仕事の量を分担することで、誰か1人に負担がかかりすぎることはないはずである。チームによるアプローチを行うことでその学校は、問題行動を他の誰かの問題として考えるのではなく、問題行動のマネジメントに責任をもつように感じられるようになる。またこのモデルは、教職員の異動へも柔軟に対応できるため、個別の行動支援システムが持続しやすいはずである。

補足資料

オレゴン大学の機能的アセスメント・ワーク・グループに関する連絡先

Deanne Crone, PhD
5208 University of Oregon
Eugene, OR 97403
dcrone@oregon.uoregon.edu

Rob Horner, PhD
1761 Alder Street
University of Oregon
Eugene, OR 97403
robh@oregon.uoregon.edu

スクールワイドな規律と行動支援の文献
（ジョージ・スガイ博士によってまとめられたもの）

Battistich, V., Watson, M., Solomon, D., Schaps, E., & Solomon, J. (1991). The Child Development Project: A comprehensive program for the development of prosocial character. In W. M. Kurtines & J. L. Gewirtz (Eds.), *Handbook of moral behavior and development, Vol. 3: Application* (pp. 1-34). Hillsdale, NJ: Erlbaum.

Bear, G. G. (1990). Best practices in school discipline. In A. Thomas & J. Grimes (Eds.), *Best practices in schoolpsychology* (Vol. 2, pp. 649-663). Washington, DC: National Association of School Psychologists.

Colvin, G., Kameenui, E. J., & Sugai, G. (1993). School-wide and classroom management: Reconceptualizing the integration and management of students with behavior problems in general education. *Education and Treatment of Children, 16,* 361-381.

Colvin, G., Sugai, G., Good, R. H., III, & Lee, Y. (1997). Using active supervision and precorrection to improve transition behaviors in an elementary school. *School Psychology Quarterly, 12,* 344-363.

Colvin, G., Sugai, G., & Kameenui, E. (1994). *Curriculum for establishing a proactive schoolwide discipline plan*. Eugene: Project Prepare. Behavioral Research and Teaching, College of Education, University of Oregon.

Gottfredson, D. C. (1987). An evaluation of an organization development approach to reducing school disorder. *Evaluation Review, 11*, 739-763.

Gottfredson, D. C., Gottfredson, G. D., & Hybl, L. G. (1993). Managing adolescent behavior: A multiyear, multischool study. *American Educational Research Journal, 30*, 179-215.

Gottfredson, D. C., Gottfredson, G. D., & Skroban, S. (1996). A multimodel school based prevention demonstration. *Journal of Adolescent Research, 11*, 97-115.

Gottfredson, D. C., Karweit, N. L., & Gottfredson, G. D. (1989). *Reducing disorderly behavior in middle schools* (Report No. 47). Baltimore: Center of Research on Elementary and Middle Schools, Johns Hopkins University.

Gresham, F. M., Sugai, G., Horner, R. H., Quinn, M. M., & McInerney, M. (1998). *Classroom and school-wide practices that support children's social competence: A synthesis of research*. Washington, DC: American Institutes of Research and Office of Special Education Programs.

Hyman, I., Flanagan, D., & Smith, K. (1982). Discipline in the schools. In C. R. Reynolds & T. B. Gutkin (Eds.), *The handbook of school psychology* (pp. 454-480). New York: Wiley.

Kazdin, A. E. (1982). Applying behavioral principles in the schools. In C. R. Reynolds & T. B. Gutkin (Eds.), *The handbook of school psychology* (pp. 501-529). New York: Wiley.

Knoff, H. M. (1985). Best practices in dealing with discipline referrals. In A. Thomas & J. Grimes (Eds.), *Best practices in school psychology* (pp. 251-262). Washington, DC: National Association of School Psychologists.

Lewis, T. J., & Sugai, G. (1999). Effective Behavior Support: A systems approach to proactive school-wide management. *Focus on Exceptional Children, 31*(6), 1-24.

Lewis-Palmer, T., Sugai, G., & Larson, S. (1999). Using data to guide decisions about program implementation and effectiveness. *Effective School Practices, 17*(4), 47-53.

Martens, B. K., Peterson, R. L., Witt, J. C., & Cirone, S. (1986). Teacher perceptions of school-based interventions. *Exceptional Children, 53*, 213-223.

Mayer, G. R. (1999). Constructive discipline for school personnel. *Education and Treatment of Children, 22*, 36-54.

Mayer, G. R., & Butterworth, T. (1979). A preventive approach to school violence and vandalism: An experimental study. *Personnel and Guidance Journal, 57*, 436-441.

Mayer, G. R., Butterworth, T., Komoto, T., & Benoit, R. (1983). The influence of the school principal on the consultant's effectiveness. *Elementary School Guidance and Counseling, 17*, 274-279.

Mayer, G. R., Butterworth, T., Nafpaktitis, M., & Suzer-Azaroff, B. (1983). Preventing school vandalism and improving discipline: A three year study. *Journal of Applied Behavior Analysis, 16*, 355-369.

Short, P. M., & Short, R. J. (1987). Beyond technique: Personal and organizational influences on school discipline. *High School Journal, 71*(1), 31-36.

Strein, W. (1988). Classroom-based elementary school affective education programs: A critical review. *Psychology in the Schools, 25*, 288-296.

Sugai, G., & Horner, R. H. (1999). Discipline and behavioral support: Preferred processes and practices. *Effective School Practices, 17*(4), 10-22.

Sugai, G., & Pruitt, R. (1993). *Phases, steps, and guidelines for building schoolwide behavior management programs: A practitioner's handbook* (Behavior Disorders Handbook No. 1). Eugene: Behavior Disorders Program, University of Oregon.

Sulzer-Azaroff, B., & Mayer, G. R. (1986). *Achieving educational excellence: Using behavioral strategies*. New York: Holt, Rinehart & Winston.

Sulzer-Azaroff, B., & Mayer, G. R. (1994). *Achieving educational excellence: Behavior analysis for achieving classroom and schoolwide behavior change*. San Marcos, CA: Western Image.

Taylor-Greene, S., Brown, D., Nelson, L., Longton, J., Gassman, T., Cohen, J., Swartz, J., Horner, R. H., Sugai, G., & Hall, S. (1997). School-wide behavioral support: Starting the year off right. *Journal of Behavioral Education, 7*, 99-112.

Todd, A. W., Horner, R. H., Sugai, G., & Colvin, G. (1999). Individualizing schoolwide discipline for students with chronic problem behaviors: A team approach. *Effective School Practices, 17*(4), 72-82.

Todd, A. W., Horner, R. H., Sugai, G., & Sprague, J. R. (1999). Effective behavior support: Strengthening schoolwide systems through a team-based approach. *Effective School Practices, 17*(4), 23-27.

Weissberg, R. P., Caplan, M. Z., & Sivo, P. J. (1989). A new conceptual framework for establishing school-based social competence promotion programs. In L. A. Bond & B. E. Compas (Eds.), *Primary prevention and promotion in the schools* (pp. 255-296). Newbury Park, CA: Sage.

付　録

※この付録の複写は、本書の購入者が個人的な目的で使用する場合のみ許可されます。

巻末資料A（1／2）

支援要請用紙

記入日＿＿＿＿＿＿＿　　　教師名／チーム名＿＿＿＿＿＿＿＿＿
　　　　　　　　　　　　　IEP:　有　・　無　（○をつける）
児童生徒氏名＿＿＿＿＿＿　　学年＿＿＿＿＿＿＿＿＿

状　況	問題行動	最もよくみられる結果
これまでに試してきたことは何か？　それは有効だったか？		

対象児童生徒の行動上の目標／期待は何か？＿＿＿＿＿＿＿＿＿＿＿＿

これまでに問題行動が生じている状況を変えるためにしてきたことは何か？（チェックする）

＿ 課題を対象児のスキルに合わせる	＿ 座席を替える	＿ 活動のスケジュールを変える	その他
＿ 対象児童生徒の学業スキルを改善するためチューター（訳註：クラス内で勉強の手助けをする友だち）を手配	＿ カリキュラムを変える	＿ 援助をする	

その場で期待されている行動を教えるために、これまでしてきたことは何か？（チェックする）

＿ 問題行動が起きそうになったら望ましい行動のリマインダー（訳註：思い出すきっかけとなる刺激）を出す	＿ クラス全体に対して期待されている行動とルールを明確にする	＿ クラスで期待されている行動の練習をする	その他
＿ 期待されている行動に対して、ごほうびをあげるプログラム	＿ ことばでの約束	＿ セルフマネジメント・プログラム	
＿ 行動に関する系統的なフィードバック	＿ 対象児童生徒との個別の契約書	＿ 対象児童生徒／保護者との約束	

問題行動に対してこれまで試みてきた結果の提示にはどのようなものがあったか？（チェックする）

＿ 何かの特権を失う	＿ 保護者に連絡ノートか電話で知らせる	＿ オフィス・リファラル	その他
＿ タイムアウト	＿ 居残り	＿ 叱責	
＿ スクールカウンセラーに紹介	＿ 保護者と話し合い	＿ 対象児童生徒との個別面接	

記録用紙自体は Todd, Horner, Sugai, and Colvin（1999）から許可を得て転載
© 1999 by Lawrence Erlbaum Associates.

前述の問題行動について、以下の問いに答えてください。

1. 問題行動が最も起きやすい、あるいは最も起きにくいときはいつですか？
   - ある決まった曜日（例えば、月曜日）、もしくはある決まった時間（例えば、休み時間の直後）ですか？
   - ある決まった人物とやり取りする必要があるとき（例えば、少人数でのグループ学習の間）、もしくはやり取りの後ですか？
   - ある決まったタイプの活動や課題の間（例えば、明らかに難しい、もしくは退屈な課題の間）ですか？
   - 物理的な環境の特徴（例えば、騒音、人で混雑しているとき）と関連がありますか？
   - 1日のスケジュールの特徴はどうですか？（例えば、予想しない変化があったとき、好きな活動が中止になったとき）
   - 医学的な要因、身体的な要因はどうですか？（例えば、明らかな空腹や睡眠不足）
   - その他に影響することがありますか？

2. 問題行動を行うことで、対象の児童生徒は何を獲得していると考えられますか？
   - 注目を得ていますか？　どんな種類の注目ですか？　誰から注目を得ていますか？
   - 明らかに難しかったり、退屈している活動から逃避しているのでしょうか？
   - 教師とのやり取りを回避しているのでしょうか？
   - その場の状況をコントロールすることができているのでしょうか？
   - 友人の前で恥をかくのを回避しているのでしょうか？

行動のまとめ

セッティング事象と先行事象	問題となっている行動	行動を維持している後続事象

3. 適切な行動のうち、対象の児童生徒が実行可能なもので、それにより問題行動を行う必要がなくなるものはありますか？

4. 教師の支援チームの決定事項
   □これから試みる指導介入についてアイデアを出す。
   □アセスメント（言語聴覚・学力）：＿＿＿＿＿＿＿＿＿＿を、別のチームに依頼する。
   □機能的アセスメントを実施し、支援計画を作成するために実行チームを結成する。

5. フォローアップの予定日＿＿＿＿＿＿＿＿＿＿＿＿＿＿

機能的行動アセスメントと行動支援計画の実施手順（F-BSP 実施手順）

《機能的行動アセスメント・インタビュー（教師・学校職員・保護者用）》

児童生徒氏名：＿＿＿＿＿＿＿　年齢：＿＿＿　学年：＿＿＿＿＿　日付：＿＿＿＿＿
インタビューを受けた人：＿＿＿＿＿＿＿＿＿＿＿＿＿＿＿＿＿＿＿＿＿＿＿＿＿
インタビュー実施者：＿＿＿＿＿＿＿＿＿＿＿＿＿＿＿＿＿＿＿＿＿＿＿＿＿＿

児童生徒のプロフィール：
児童生徒が得意にしていることや学校生活の中で発揮されている長所は何ですか？
＿＿＿＿＿＿＿＿＿＿＿＿＿＿＿＿＿＿＿＿＿＿＿＿＿＿＿＿＿＿＿＿＿＿＿＿＿＿＿
＿＿＿＿＿＿＿＿＿＿＿＿＿＿＿＿＿＿＿＿＿＿＿＿＿＿＿＿＿＿＿＿＿＿＿＿＿＿＿

ステップ１Ａ：教師／学校職員／保護者に対するインタビュー
問題行動に関して

> 問題行動は、どのようなものですか？
>
> 問題行動は、どの程度の頻度で起こりますか？
>
> 問題行動が生じると、どれくらいの時間、持続しますか？
>
> 問題行動はどの程度、日常生活に支障をもたらしますか、またはどの程度危険ですか？

先行事象に関して
日課の特定：いつ、どこで、誰と一緒にいるときに問題行動が最も生じやすいですか？

時間割 （時間）	活動内容	具体的な問題行動	問題行動の 起こりやすさ	誰といると問題 行動が生じるか
			少　　　　　多 1 2 3 4 5 6	
			1 2 3 4 5 6	
			1 2 3 4 5 6	
			1 2 3 4 5 6	
			1 2 3 4 5 6	
			1 2 3 4 5 6	
			1 2 3 4 5 6	
			1 2 3 4 5 6	

記録用紙自体は March et al.（2000）から許可を得て転載

先行事象（およびセッティング事象）のまとめ

> どのような状況が問題行動を引き起こしていると思いますか？
> （難しい課題、移動時間、やることが決まっている活動（設定保育や授業など）、小集団場面、教師からの指示、特定の人物（友だちや教師）の存在など）
>
>
> 問題行動が最も起きやすいのは、いつですか？（時間や曜日）
>
>
> 問題行動が最も起きにくいのは、いつですか？（時間や曜日）
>
>
> セッティング事象：問題行動を悪化させる具体的な状況、出来事や活動はありますか？
> （薬の飲み忘れ、勉強についていけていない、家庭でのトラブル、食事をしていない、寝不足、友だちと問題を起こしていたなど）

後続事象に関して

> 問題行動の後にいつも何が生じていますか？
> （教師はどんな対応をするか、他の児童生徒はどのような反応をみせるか、本人は校長室（園長室）に連れて行かれるか、本人は課題をまぬがれるか、本人は主導権を得ているかなど）

··インタビューはここで終了··

ステップ2A：検証可能なサマリー仮説を考える（ABC分析）

セッティング事象	先行事象	行動	後続事象
		1.	
		2.	

問題行動の機能

上の表に書いたABC分析それぞれについて、なぜその問題行動が生じると考えられますか？
（教師の注目を得るため、友だちの注目を得るため、欲しいものを獲得するため、やりたい活動をするため、嫌いな活動から逃れるため、指示から逃れるため、特定の人物から逃れるため、など）

1. ＿＿＿

2. ＿＿＿

上記の仮説にどれくらいの確信があるか？

とても確信がある		まあまあ		全く確信がない	
6	5	4	3	2	1

《機能的行動アセスメント・インタビュー（児童生徒用）》

児童生徒氏名：＿＿＿＿＿＿＿　年齢：＿＿＿＿　学年：＿＿＿＿＿＿　日付：＿＿＿＿＿＿
インタビュー実施者：＿＿＿＿＿＿＿＿＿＿＿＿＿＿＿＿＿＿＿＿＿＿＿＿＿＿＿＿＿

児童生徒のプロフィール：
学校にいる間、何をするのが好きですか？　得意なことは何ですか？（活動、授業、他の子を助けるなど）
＿＿＿
＿＿＿

ステップ１B：児童生徒へのインタビュー
問題行動に関して

自分がしていることで何かトラブルや問題になってしまうことはありますか？（おしゃべりしてしまう、課題が終わらない、けんかなど） ＿＿＿＿＿＿＿をどのくらいしていますか？（＿＿＿には児童生徒があげた行動を書き込む） ＿＿＿＿＿＿＿は毎回どれくらいの時間やっていますか？ ＿＿＿＿＿＿＿についてどれくらい困っていますか？（あなたや他の子がけがをして終わることがありますか？　他の子は困っていますか？）

先行事象に関して
日課の特定：いつ、どこで、誰と一緒にいるときに問題行動が最も生じやすいですか？

時間割 （時間）	活動内容	具体的な問題行動	問題行動の 起こりやすさ	誰といると問題 行動が生じるか
			少　　　　　多 1 2 3 4 5 6	
			1 2 3 4 5 6	
			1 2 3 4 5 6	
			1 2 3 4 5 6	
			1 2 3 4 5 6	
			1 2 3 4 5 6	
			1 2 3 4 5 6	
			1 2 3 4 5 6	
			1 2 3 4 5 6	

記録用紙自体は March et al. (2000) から許可を得て転載

先行事象（およびセッティング事象）のまとめ

> 上記の問題行動を一番起きやすくしているのは何ですか？（難しい課題、移動時間、やることが決められている活動、小集団場面、教師の指示、特定の人物の存在など）
>
>
> いつ、どこで一番問題行動が起きやすいですか？（曜日、特定の授業、廊下、トイレ）
>
>
> 問題行動が最も起きにくいのはいつですか？（曜日、特定の授業、廊下、トイレ）
>
>
> セッティング事象：登校前や放課後、授業の合間に、問題行動が起きやすくなるようなことが何かありますか？（薬の飲み忘れ、勉強についていけていない、家庭でのトラブル、食事をしていない、寝不足、友だちと問題を起こしていたなど）

後続事象に関して

> 問題行動の後にいつも何が生じていますか？
> （教師はどんな対応をするか、他の児童生徒はどのような反応をみせるか、本人は校長室（園長室）に連れて行かれるか、本人は課題をまぬがれるか、本人は主導権を得ているかなど）

···インタビューはここで終了···

ステップ2B：検証可能なサマリー仮説を考える（ABC分析）

セッティング事象	先行事象	行動	後続事象
		1.	
		2.	

問題行動の機能

上の表に書いたABC分析それぞれについて、なぜその問題行動が生じると考えられますか？
（教師の注目を得るため、友だちの注目を得るため、欲しいものを獲得するため、やりたい活動をするため、嫌いな活動から逃れるため、指示から逃れるため、特定の人物から逃れるため、など）

1. _____
2. _____
3. _____

ステップ3：上記のサマリー仮説に対する確信の評定

2つのインタビュー（教師・学校職員・保護者用と児童生徒用）で、以下の項目は一致していたか？（○か×）
(a) セッティング事象 ＿＿＿＿＿ (b) 先行事象 ＿＿＿＿＿ (c) 問題行動 ＿＿＿＿＿
(d) 後続事象 ＿＿＿＿＿ (e) 問題行動の機能 ＿＿＿＿＿

上記のサマリー仮説にどれくらいの確信があるか？
とても確信がある　　　　　　　まあまあ　　　　　　　全く確信がない
　　6　　　　5　　　　4　　　　3　　　　2　　　　1

ステップ4：観察の実施（必要があれば）

● 対象児童生徒に明らかな障害がある場合や、停学や退学もしくは転校措置となる可能性がある場合、対象児童生徒の行動観察を実施しなければならない。
● 対象児童生徒に上記の可能性がなくても、サマリー仮説に対する確信の評定が、1、2、3、4の場合、問題行動がいつ、どこで、なぜ起きているのかをさらに理解するために観察は実施される。
● 対象児童生徒に上記の可能性がなく、サマリー仮説に対する評定が5や6の場合は、直接次のステップ6に進んでよい。

観察データのまとめ

セッティング事象	先行事象	行動	後続事象
		1.	
		2.	
		3.	

問題行動の機能
上の表に書いたABC分析それぞれについて、なぜその問題行動が生じていると考えられますか？
（教師の注目を得るため、友だちの注目を得るため、欲しいものを獲得するため、やりたい活動をするため、嫌いな活動から逃れるため、指示から逃れるため、特定の人物から逃れるため、など）

1. ＿＿＿＿＿＿＿＿＿＿＿＿＿＿＿＿＿＿＿＿＿＿＿＿＿＿＿＿＿＿＿＿＿＿＿＿＿＿
2. ＿＿＿＿＿＿＿＿＿＿＿＿＿＿＿＿＿＿＿＿＿＿＿＿＿＿＿＿＿＿＿＿＿＿＿＿＿＿
3. ＿＿＿＿＿＿＿＿＿＿＿＿＿＿＿＿＿＿＿＿＿＿＿＿＿＿＿＿＿＿＿＿＿＿＿＿＿＿

ステップ5：検証可能なサマリー仮設を確認・修正する

教師へのインタビューと観察の結果は、一致していたか？（○か×）
(a) セッティング事象 ＿＿＿＿＿ (b) 先行事象 ＿＿＿＿＿ (c) 問題行動 ＿＿＿＿＿
(d) 後続事象 ＿＿＿＿＿ (e) 問題行動の機能 ＿＿＿＿＿

児童生徒へのインタビューと観察の結果は、一致していたか？（○か×）
(a) セッティング事象 ＿＿＿＿＿ (b) 先行事象 ＿＿＿＿＿ (c) 問題行動 ＿＿＿＿＿
(d) 後続事象 ＿＿＿＿＿ (e) 問題行動の機能 ＿＿＿＿＿

インタビューと観察に基づき、問題行動が起きている理由に関する検証可能なサマリー仮説は何か？
＿＿
＿＿

ステップ6：競合行動バイパスモデルの作成

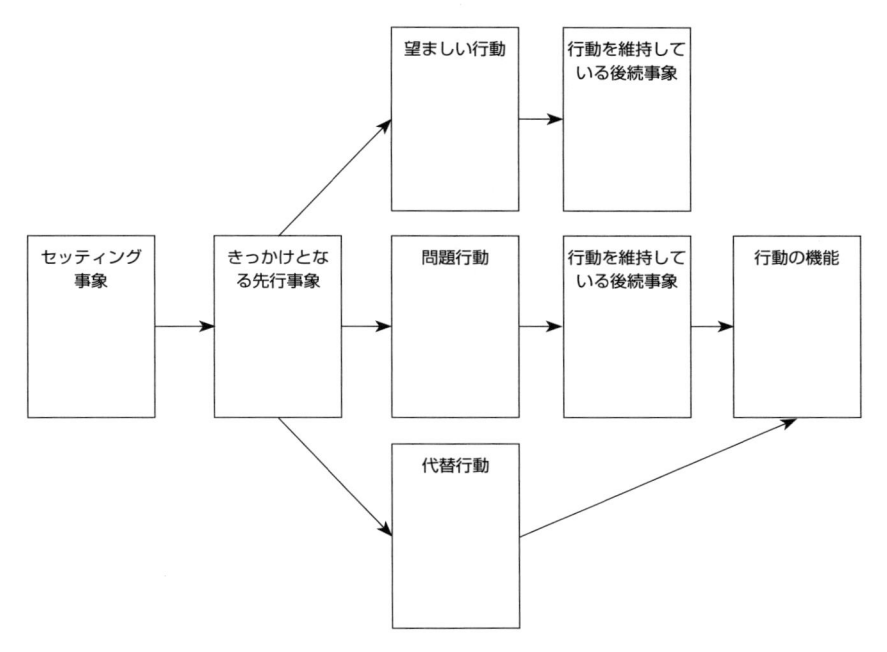

```
                            ┌──────────┐     ┌──────────┐
                            │ 望ましい │────▶│行動を維持して│
                            │   行動   │     │いる後続事象│
                            └──────────┘     └──────────┘
                               ▲
                               │
┌────────┐   ┌────────┐   ┌──────────┐     ┌──────────┐     ┌──────────┐
│セッティング│──▶│きっかけとな│──▶│  問題行動 │────▶│行動を維持して│────▶│ 行動の機能│
│   事象   │   │る先行事象│   │          │     │いる後続事象│     │          │
└────────┘   └────────┘   └──────────┘     └──────────┘     └──────────┘
                  │                                                ▲
                  ▼                                                │
                            ┌──────────┐                           │
                            │  代替行動 │───────────────────────────┘
                            └──────────┘
```

セッティング事象 に対する方略	先行事象 に対する方略	行動の指導 に対する方略	後続事象 に対する方略

記録用紙自体は O' Neill et al., *Functional Assessment for Problem Behavior: A Practical Handbook* (2nd ed.)の許可を得て転載。© 1997. Wadsworth, an imprint of the Wadsworth Group, a division of Thomson Learning の許可を得て転載。Fax 800-730-2215.

ステップ7：指導介入の方略を選択する

作業課題	担当者	いつまでに	再評価日	評価の結果 ・経過観察 ・修正 ・中止

※緊急事態に対する行動マネジメントが必要になった場合は、危機管理プランを作成し添付する。

ステップ8：評価プラン

行動目標（具体的・観察可能・測定可能な目標を記述する）

短期の行動目標は何ですか？
目標達成予定日 _____
長期の行動目標は何ですか？
目標達成予定日 _____

評価手続き

収集されるデータ	データ収集の手続き	担当者	予定日

プランの再評価日：_____

私たちはこのプランの条件に同意します。

_____　　　　　　_____
児童生徒　　　　　　　（日付）　　　　保護者　　　　　　　（日付）

_____　　　　　　_____
教師　　　　　　　　　（日付）　　　　教師　　　　　　　　　（日付）

_____　　　　　　_____
実行チーム・メンバー　（日付）　　　　実行チーム・メンバー　（日付）

機能的行動アセスメントと行動支援計画の実施手順（F－BSP実施手順）記入のための説明書

　F－BSP実施手順は、FBAを実行し、BSPをアセスメントと関連づけて立案するまで手順を説明するツールとして作成されている。F－BSP実施手順は、以下の8つのステップに分かれている。（1）教師・学校職員・保護者・児童生徒に対するインタビュー、（2）検証可能なサマリー仮説の立案、（3）サマリー仮説に対する確信の程度の評定、（4）行動観察の実施、（5）サマリー仮説についての確認および修正、（6）競合行動バイパスモデルの作成、（7）指導介入の方略の選択、そして（8）評価プランの8つである。

　F－BSP実施手順は、簡易版FBAと完全版FBAのどちらを実行するのにも使用できる。簡易版FBAではステップ4と5を省く。また簡易版FBAでは、ステップ1の児童生徒に対するインタビューも省略する。

基本的な個人情報

　インタビュー前に、回答者にインタビューの目的を説明することが重要である。手短に、インタビューを行う理由を説明し、インタビュー終了までにおおよそ20～30分かかることを告げる。そして、FBAが全て完成したら、回答者に連絡を入れることを知らせる。

　1ページ目の冒頭にある基本的な個人情報を記入するのに数分かかる。守秘義務のために、児童生徒名はイニシャルのみを用いるか、あるいは出席番号で対象児童生徒を特定するかのどちらかにする。

　「インタビューを受けた人」の隣にある空欄は、回答者と対象児童生徒の関係を記入する（例えば、数学の教師、食堂の監視員、保護者など）。インタビュー実施者の隣の空欄には、行動支援におけるインタビュー実施者の役割（実行チームメンバー、チームのリーダー、スクール・サイコロジストなど）を記入する。

　「児童生徒のプロフィール」の横の空欄には回答者に以下のことを尋ね、リストアップする。児童生徒の長所、スキル、才能など、また、対象児童生徒が楽しんで取り組める、あるいは実力が発揮できる活動もリストアップする。この情報によって、BSPを対象児童生徒の長所に沿って立案することができる。また支援計画の中に対象児童生徒への強化子として機能する後続事象を含めることができる。

ステップ1A：教師・学校職員・保護者に対するインタビュー

　ステップ1の目的は、気になっている問題行動を明確に理解すること、問題行動に先行したり、その生起を支えている日課を明らかにすることである。これは、問題行動を明確に定義し、問題行動のセッティング事象、先行事象、後続事象を特定することによって達成される。

　最初のインタビューは、最初に支援要請をしてきた人物に対して行われるべきである。この人物は、対象児童生徒の担任教師か、あるいは児童生徒と密接な関わりをもつ人の可能性が高い（例えば、食堂の監視員、スクール・カウンセラー、数学の専科教師など）。簡易版FBAでは、1人の教師にのみインタビューを実施するのが一般的である。完全版FBAの場合は、それに加えて、対象児童生徒と関係のある大人、例えば他の教師や保護者などを対象にしたインタビューを実施することになる。教師・

学校職員・保護者を対象にしたインタビューのための記録用紙は、そのインタビュー毎に作成する。

問題行動の記述

インタビュー実施者は、問題行動について以下の4つの質問を回答者に尋ねる。

1. 問題行動は、どのようなものですか？
2. 問題行動は、どの程度の頻度で生じますか？
3. 問題行動が生じると、どれくらいの時間、持続しますか？
4. 問題行動は、どの程度、日常生活に支障をもたらしますか、あるいはどの程度危険ですか？

それぞれの質問への回答は、各設問の下にある空欄に書き込む。回答は、可能な限り具体的になるように回答者を促す。もし、質問に対する答えが具体的でなかったり、測定することや観察することができない内容であれば、より明確な回答をするよう回答者を促す。例えば、質問1に対する回答として、回答者が「マリサは授業中に、ボーッとしていたり注意散漫であったりします」と答えたとしよう。この問題行動の定義は不明確である。つまり、「ボーッとしていたり注意散漫であったりする」の意味するものが、回答者とインタビュー実施者では異なっている可能性がある。インタビュー実施者は回答者に「どうして、マリサがボーッとしていたり、注意散漫であると思いましたか？　それは具体的にはどのような感じですか？」と尋ねる。問題行動の定義が、異なる2人が別々に観察したときに、同じ行動と認識できるくらい十分明確になるまで回答者に答えてもらうよう促し続ける。もし、回答者が質問1に対して複数の問題行動を挙げて回答したならば、各々の問題行動に関して、質問2、3、4への回答もしっかりと聴取する。そして、その回答もインタビュー用紙に明記しておく。

先行事象の記述

先行事象とは、行動が生起する前に生じる出来事や状況のことである。これは、問題行動を予見するものとして捉えることができる。問題行動の引き金となるような先行事象の例には、対象児童生徒にとって労力のかかる課題や長い課題をやるように求められること、嫌いな子どもの隣に座らされること、やることがはっきりしない時間なのに課題を終わらせるよう求めるなどがある。同じ先行事象であっても、児童生徒によっては問題行動を引き起こすきっかけになる場合もあれば、うまく行動するのを助けるような場合もある。何が問題行動の先行事象になるかは、児童生徒によって非常に異なる。よって支援対象の児童生徒に関係する先行事象が何であるかを理解することが非常に大切なのである。まずは、対象児童生徒の日課を検討することを通じて、問題行動の先行事象を明らかにすることから始められる。

巻末資料Bの1ページ目の下の段にある表（p.164の「先行事象に関して」の表）を完成させるところから始める。左側の縦の2列に、対象児童生徒の日課を書き込む。一番左側の列には活動の時間帯を、次の列には活動の内容を簡単に記入する。例えば、中学生であれば1時間目の時間帯を書き、この時間に対象生徒が受けている授業名を書く。同じようにして1日の最後の授業時間まで記入する。小学生の場合には、

日課は担任教師から入手できる。通常、小学校の日課は、教科や活動ごとに短い時間に分けられている（例えば、算数、理科、朝の会など）。インタビューを実施する前に、子どもの日課を確認してこの欄に記入しておけば、インタビューはよりスピーディーに進めることができる。保護者にインタビューする場合は、この表の左側の2列は、教師の場合と少し違う書き方をする。保護者に1日のうちで、学校生活に関係するような時間帯を思い出してもらう。例えば、朝学校に行く準備をする、登校時、下校時、宿題をするなどがあげられる。これら学校に関係すること全てを「活動」の列に記入する。保護者にこれらの活動は何時頃行っているのか、大体の時間帯を尋ねる。

リストアップした時間帯について、表の残りの部分を記入する。最初の時間帯から見てみよう。対象児童生徒がその時間帯に問題行動を起こしているかどうかを回答者に尋ねる。問題行動が起きている場合は、どのような種類の問題行動が生起しているのかを質問し、「具体的な問題行動」と書かれた列に記入する。ここに記入する問題行動は、インタビューの最初の質問で取り上げられたものを反映させる必要がある。問題行動については、すでに詳しく記述しているはずなので、この列には簡潔に記述すればよい（例えば、「かんしゃく」、「けんか」、「注意散漫」と書けばよい。これらの行動はインタビューの最初の質問で具体的に記述されているため）。

問題行動の種類を時間帯ごとに記入した後、その問題行動がその時間帯に生じる可能性がどれ程度あるかを質問し、1点から6点までのスケールで評定してもらう。1点はほとんど生起しないという意味であり、6点は日常的に生起しているという意味である。「活動」の隣の列に書いてある数字に丸をつける。

最後に、問題行動が誰と一緒にいるときに最も生じやすいかを尋ねる。「対象児童生徒は他の子どもとトラブルになっているか？」「ある教師に対して反抗的か？」あるいは「問題行動は対象児童生徒以外の人には影響がない」などである。この列は、友だち、教師、自分自身、保護者、その他の接点のある人と一緒のときに問題が生じている場合に記入する。回答者が特定の友だちの名前をあげて、一緒のときに問題が生じていることを指摘しても、その友だちについてはイニシャルのみで記入すること。リストアップされている時間帯ごとに、以上の列を完成させる。

先行事象（およびセッティング事象）のまとめ

インタビューの次の部分は、対象児童生徒の日課を記入することでわかった情報をまとめたり、具体化したりするのに用いる。この部分では、インタビューを受ける回答者は次の4つの質問に答える。

1．問題行動の引き金になっている状況は、何か？
2．問題行動が最も生起しやすいのは、いつか？
3．問題行動が最も生起しにくいのは、いつか？
4．問題行動を悪化させる具体的な状況、出来事、活動はあるか？

第1の質問に答えてもらうために、先に記入した表を回答者と一緒に見てみよう。最初に、対象児童生徒が最も問題行動を起こしている時間帯、つまり問題行動の起こりやすさの評定が4、5、6の時間帯に注目する。この時間帯に何か共通点はないか？例えば、やることが明確になっていない時間帯ではないのか？　もしくはひとりで難

しい課題に取り組むことが要求されている時間帯ではないのか？　もしかすると、対象児童生徒の兄弟が同じ教室内にいる時間帯かもしれない。問題行動を引き起こしやすい活動の共通点が何かを見つけ出そう。回答者が答えに窮していたら、「仮にこの時間帯で、対象児童生徒に問題行動を無理矢理引き起こさせようと思ったら、どんなことをしますか？」と聞いてみて、答えを促そう。

　回答者に、問題行動が最も生じやすいのは、1日のなかでどの時間帯か、あるいは1週間のうちの何曜日かを質問する。その答えがあなたの予想（日課表の情報に基づく予想）と違っていたら、その答えの理由がはっきりするよう質問をする。

　問題行動が最も生起しにくい時間帯も尋ねる。問題行動が生じない時間帯を知ることで、対象児童生徒がうまく振る舞える状況が見つけやすくなる。つまり、対象児童生徒が問題を起こさずに済む日課が存在するということである。対象児童生徒が成功するのに役立つ日課が何かがわかれば、問題を起こす日課をどのように変えたらよいかをさらにうまく決めることができる。

　「セッティング事象」は問題行動が生じる可能性を高めるような、あるいは問題行動をより激しくしてしまうような状況や環境のことである。例えば、対象児童生徒が登校直前に親とけんかしたり、十分に睡眠をとらなかったり、ご飯を食べ損なったり、薬を飲み忘れたりした場合などがあげられる。回答者に、対象児童生徒の問題行動が悪化しやすくなるような、あるいはより生起しやすくなるような状況について質問をする。

後続事象の記述

　この部分では、問題行動が生じた後に何が起きているかを見つけ出そう。問題行動の生じた後に、対象児童生徒に対して誰も対応しなかったのか？　それとも周りの友人がみんな笑ったのか？　対象児童生徒は校長室に移動させられたのか？　タイムアウトの対応が行われたのか？　問題行動が生じた後にどのようなことが起きることが多いのか、それらの出来事が後続事象として問題行動にどのように影響しているかを質問しよう。言葉を換えれば、その後続事象によって問題行動の生起が止まるのか、改善するのか、あるいは悪化するのだろうか？

インタビューの終了

　ここで、面接形式でのインタビューは完了する。次に、インタビューでわかったことをまとめて、問題行動が生じている理由について「検証可能なサマリー仮説」としてまとめることになる。

　他の教師や大人（保護者を含む）に対してインタビューを実施する必要がある場合は、F-BSP実施手順の最初の2ページをコピーする。インタビュー実施を計画するときは、その都度、書式をコピーして使用する。

ステップ2A：検証可能なサマリー仮説を提案する
ABC分析

　検証可能なサマリー仮説は、F-BSPのプロセスの中でも最も重要な部分のひとつである。この仮説は、問題行動に関して明らかとなった事柄の全てを要約したものであり、効果的で適切なBSPの立案に結びつけられる。

サマリー仮説を考える際には、まず問題行動を列挙することから始める。対象児童生徒は複数の問題行動を示している可能性がある。例えば、同じ児童生徒が、他の児童生徒とのけんかと、教師の指示に従わないという2つの問題を示していたとしよう。「行動」と書かれた欄には、問題行動の種類ごとに書き出す（子どもが示す問題行動のひとつひとつを列挙しないこと。例えば、「けんかをする」という行動が、押す、叩く、他の児童生徒に怒鳴るという3つの行動で成り立っているとしたら、全ての行動を「けんか」という1種類の行動にまとめる）。

次に、列挙した行動の種類のそれぞれについて、その行動を引き起こす、あるいはその行動を予測できる先行事象を考えて、「先行事象」と書かれた欄に書き出す。先行事象を特定するために、インタビューで得た情報を読み返してみる。

リストアップした行動の種類のそれぞれに関して、その行動を維持している後続事象を「後続事象」の欄に書き込む。回答者は後続事象となる可能性の高い事象をたくさん答えているだろう。その中で問題行動を維持したり悪化させたりしていると想定される後続事象を書き出す。例えば、授業中に場にそぐわない冗談を言うような問題に対しては、2つの後続事象が起こり得るだろう。ひとつは、他の児童生徒がそれを無視する場合である。この場合、その児童生徒が再び冗談を言う可能性は低くなる。もうひとつは、場にそぐわない冗談を言うことで、大勢の友人から注目や笑いを得るような場合である。この場合、別の冗談を言ったり、他の授業で同じ冗談を繰り返したりする可能性が高くなるだろう。この例では、冗談が無視されるという後続事象は、その行動を維持しないが、注目や笑いという後続事象は問題行動を維持していた。問題行動が生じている理由に関するサマリー仮説を立案するためには、問題行動を維持している後続事象を書き出す必要がある。先の例では、「後続事象」と書かれた欄に「友人からの注目と笑い」と書くことになるだろう。

最後に、問題行動を悪化させたり、起こりやすくしているセッティング事象があれば、「セッティング事象」と書いてある欄に書き出す。

列挙した全ての行動の**種類**について、セッティング事象、先行事象、後続事象を書き込む。これが行動の **ABC 分析** と呼ばれるものである。

行動の機能

ABC分析に基づいて、問題行動が生じている理由を判断することになる。この時点で、問題行動の記述を終え、行動のきっかけとなる状況は何か、行動を維持したり悪化させている後続事象は何かが明らかになっている。しかし、その問題行動が生じている理由は何であろうか？　対象児童生徒にとって、その行動がどのような機能を果たしているのだろうか？　行動の機能として一般的なものには、友人の注目を得る、大人の注目を得る、難しい課題から逃れる、嫌いな児童生徒から離れる、などがある。ABC分析の対象とされた問題行動のそれぞれについて、その行動を動機づけていると想定されるものを判断し、空白部分に書き込む。

F-BSPの手順に慣れてきたら、ステップ2を完成させるのはそれほど大変ではないだろう。慣れてきたら、インタビューを行いながら、回答者と一緒にステップ2を書き込み、それをインタビューのまとめとして同意してもらえるかどうかを、その場で確認してもらうとよいだろう。

ステップ１Ｂ：児童生徒へのインタビュー

　対象児童生徒へのインタビューは、教師、学校職員、保護者へのインタビューと同じ書式を用いて行う。質問の中には、児童生徒を対象とするのにより適した言いまわしに変更されているものもあるが、結局は同じ種類の情報を得るためものである。

　対象児童生徒に対するインタビューは、小学３年生以上を対象に実施した場合により有益であることが明らかになっている。それよりも年齢の低い児童生徒は、一般に、インタビューの質問に対して有益な答えをするのに必要な、自分自身の行動に対する認識をもっていない。しかし、年齢の低い児童生徒であっても、プロフィールの中にある「学校にいる間、何をするのが好きですか？　得意なことは何ですか？」の質問には、答えることができる。重要なのは、この質問については、全ての児童生徒に実施することである。この質問に対する回答から、対象児童生徒にとって大切な物や活動に関する情報が得られる。例えば、ある児童生徒は、体育の授業に出るよりもコンピューターを使うことを好んでいるかもしれない。その児童生徒にとって何が重要であるかがわかれば、その情報をBSPに組み込むことができる。例えば、その児童生徒が行動目標を達成できたら、コンピューターの使用が許可される時間を延長することができる。

　インタビューを行う際に重要なのは、対象の児童生徒が心地よく感じられるようにすることである。それには、児童生徒がインタビューする人のことを元々よく知っているとよい。またインタビューは、児童生徒にとって居心地のよい場所で行われるべきである。例えば、年齢の小さい子どもの場合、大人用の椅子と机に座らされるのは、子ども用のものを使う場合と比べて居心地が悪い。さらに、規律の問題を起こしてたびたび校長室に呼び出されている児童生徒にとって、校長室でインタビューされるのは居心地が悪いだろう。当たり障りのない場所、例えば、空き教室、カウンセラーの部屋、ファミリー・リソースルームなどを選んだ方がよい。児童生徒の守秘義務を守るために、インタビューはいずれも（教師や保護者に対するインタビューも含めて）個別に実施するべきである。

　児童生徒に対して、インタビューの目的をはっきりと説明するよう配慮する。また、インタビューの質問に答えることで、現在から将来にわたって本人の不利益にならないことを児童生徒が理解しているかどうか確認する。児童生徒には、インタビューを受けることを保護者が許可していることも伝えた方がよい。

　以下の文章は、児童生徒にインタビューの目的を知らせる際に利用できる。

　こんにちは、＿＿＿＿＿さん。私は＿＿＿＿＿と言います。私はこの学校の（先生、スクール・カウンセラーなど）です。

　私の仕事のひとつは、学校で大変な思いをしている子どもたちを助けることです。私は、そういった子どもたちが学校でもっとうまく生活するにはどうしたらよいのかを見つけ出そうと思っています。そうすれば、子どもたちはもっと学校が好きになれるのです。そのために一番良い方法は、子どもたちと話をして、学校の何が好きで、学校で何に困っているのかを見つけることだと思っています。

　というわけで、あなたにいくつか質問をしたいと思います。あなたが学校の何が好きで、何に困っているかを見つけたいのです。この点についてはいいですか？

　わからない質問は「わからない」と言ってくれれば、もう一度説明します。それで

いいですか？
　もうひとつ伝えたいことがあります。あなたが学校でうまく活動するのにどのような支援ができるかを見つけたいので、あなたが言ったことを忘れないようにしたいと思います。メモを取っておけば忘れずに済むので、私がこの紙にあなたの答えを書いていきます。
　いいですか？　では、始めましょう。

ステップ２Ｂ：検証可能なサマリー仮説を提案する
　これは、教師、学校職員、保護者へのインタビューが完了した後と同じ手続きである。詳細はステップ２Ａを参照のこと。

ステップ３：検証可能なサマリー仮説に対する自分自身の確信の程度を評定する
　Ｆ－ＢＳＰプロセスをさらに先へと進む前に、問題行動やなぜ問題行動が生じているかについて、自分の理解にどの程度確信があるかを評定する。評定をするのに最も良い方法は、ここまでに収集してきた複数の情報源のそれぞれを比較検討することである。
　この時点で、複数のインタビューの情報が集められている。ステップ３の囲み欄には、複数のインタビュー結果を比較するための項目がある。それぞれのインタビューを終えた後に考えた、複数のサマリー仮説を見てみよう。全体を見たときに、異なるインタビューから同じ情報が得られているだろうか？　各インタビューから整理された、セッティング事象・先行事象・行動・後続事象・行動の機能は一致しているだろうか？　項目の後に「〇」か「×」と書こう。「〇」はインタビュー間で一致が見られた場合、「×」は一致が見られない場合という意味である。
　次に、支援チームでサマリー仮説に対する確信の度合を評定する。１から６のいずれかに丸をつけよう（１：全く確信がない、６：とても確信がある）。これは、問題行動が生じている理由やそれがどのような状況下で生じているかに関する自分たちの理解に関して、チームがどの程度確信をもっているのかを示すものである。評定の１、２、３、４は、その問題行動についての理解にあまり確信がもてないということなので、ＢＳＰを立案する前に情報収集を追加する必要がある（学級で観察を実施するのが一般的である）。

ステップ４　観察の実施
　ＦＢＡを実施している間に、観察を実施する必要性がある状況、あるいはそれが推奨される状況があった場合、それをＦ－ＢＳＰの手順に直接、書き入れる。
　観察が許可されてそれを実施したならば、ステップ４の欄に観察データをまとめる。これまでと同様、その目的は、問題行動・セッティング事象・先行事象・後続事象・行動の機能を書き出し、検証可能なサマリー仮説を立案することである。ステップ１の教師・学校職員・保護者に対するインタビューと同じ書式に従って行う。

ステップ５　検証可能なサマリー仮設の確認と修正
　自然な場面（教室、校庭など）での対象児童生徒に対する観察は、本人、教師、保護者がインタビューで述べた行動の実態を明らかにする。インタビューの情報を直接

観察で補うことで、最初に考えたサマリー仮説を確認したり、修正したりすることが可能となり、実際に使える有効なサマリー仮説を作り出すことができる。このサマリー仮説に基づいてBSPを立案する。

　最初に、教師へのインタビュー情報と観察結果を比較してみよう。2つの情報源から得られた、セッティング事象・先行事象・行動・後続事象・行動の機能は一致しているだろうか？　それぞれの項目の後に「○」か「×」を書き込む。同じ方法で、保護者や児童生徒へのインタビューと観察の結果も比較しよう。

　以上の情報を全て収集した上で、問題行動に関する最終的なサマリー仮説はどのようなものだろうか？　ステップ5の最後の質問のところに、そのサマリー仮説を書き込もう。

ステップ6　競合行動バイパスモデルの作成

　問題行動のいくつかの異なる**種類**が明らかになった場合、それぞれの問題行動に対して別々のサマリー仮説が存在するはずである。つまり、問題行動ごとに別々の競合行動バイパスモデルを作成する必要がある。必要に応じてF－BSP実施手順の競合行動バイパスのページをコピーしよう。

　まずは、最終的なサマリー仮説を書き込む。問題行動と書かれた欄に、児童生徒が示している問題行動の種類を書き込む。さらに、問題行動の「セッティング事象」、「先行事象」、「後続事象」の欄に記入する。最後に、「後続事象」と書かれた欄の右側に、その問題行動の機能を書く。

　次に、望ましい行動と許容範囲にある代替行動を決定しなければならない。望ましい行動とは長期的な目標と考えることができる。長期的に見て、この問題行動がどのように変化してほしいのか？　例えば、課題が難しいと思ったときに泣いたりノートを破いたりするという問題行動があった場合、望ましい行動は静かに課題に取り組み、ひとりで自習をするという行動になるであろう。一方で許容範囲にある代替行動とは、短期的な目標と考えることができる。それは、教室内でより許容可能であるという点で問題行動からの改善の第一歩となる。しかし、代替行動はあくまでも短期目標だと考えられる。なぜなら、この行動は長期間にわたって維持するのが困難だからである。例えば、先ほどの児童生徒の例では、許容範囲にある代替行動は、わからない問題があったら手を挙げて教師の援助を受けることとなったとしよう。重要なことは、この児童生徒にとって、代替行動が問題行動と同じ機能をもっているという点である。これによって、この児童生徒は自分の行動を変えてみようという気持ちになる。先ほどの例では、もしこの児童生徒が教師の注目を得るために泣いたり、ノートを破ったりしているのならば、「わからない問題があったら手を挙げる」という代替行動の例は、児童生徒の行動を効果的に変化させる可能性が高い。なぜならば、その代替行動は、児童生徒が注目を得る手段としては、周りからも受け入れられるものでもあるし、より効率的な方法でもあるからである。しかし、もしその児童生徒が課題から逃れるために泣いたり、ノートを引きちぎったりしているのであれば、先ほどの代替行動は、彼の問題行動を**さらに悪化させてしまう**可能性が高い。それは上述の代替行動が、課題から逃れることよりも課題を完成させる方をより重視しているからである。効果的な代替行動を決めるのは、難しいことが多い。代替行動の考え方を習得するには、ある程度の時間がかかる。

次のステップは、児童生徒の問題行動を変容させる方略をブレインストーミングするところから始める。競合行動バイパスモデルは、その話し合いの指標として役立つ。覚えておいてほしいのは、競合行動バイパスモデルを見れば、何が問題行動であるのか、その行動がどうなってほしいのかがすぐにわかるということである。また競合行動バイパスモデルを見れば、いつ問題行動が起こり、どのようなタイプの後続事象が、問題行動を減らさずに悪化させてしまうのかを予測できる。バイパスモデルの構成要素を見れば、何が作用し、何が変化するものかがすぐにわかる。このABC分析を変えることで、行動の変化をもたらすはずである。このブレインストーミングには、児童生徒の担任教師、保護者、その他児童生徒と関係のある人を含めるべきである。この人たちは、児童生徒のことをよく知っており、行動を変化させるための独創的で、その子どもに合ったアイデアを提案してくれるだろう。

競合行動バイパスモデルの下にある表には、セッティング事象に対する方略、先行事象に対する方略、行動に対する方略、後続事象に対する方略のそれぞれを列挙する。各項目表示のすぐ下に、問題行動のABC分析の流れを、部分的に変えたり改善したりするためのアイデアを書き出す。

最初に、問題行動・望ましい行動・代替行動の欄を見てみよう。問題行動を望ましい行動や代替行動に変えるためには、児童生徒にそのような行動をどのようにして行えばよいのかを教える必要がある。まずは、児童生徒が望ましい行動を遂行するのに必要なスキルを決める。そして、そのスキルを児童生徒に教えることを、方略のひとつとして列挙しなければならない。

行動を変化させるのに効力の高い方法は、行動目標を**はっきりと定義**し、その行動を**教え**、そして、その行動ができたら児童生徒に**報酬を与える**ことである。行動目標を定義することは先行事象に対する方略であり、その行動を教えることは行動の指導に対する方略で、その行動に対して報酬を与えることは後続事象に対する方略である。児童生徒への報酬は、本人が学校で楽しんでいるものを聞き出して、それに基づいて行えばよい。例えば、もしその児童生徒が、美術は大好きだがコンピューターの使用を好んでいないとしたならば、適切な行動に対してコンピューターの使用時間を数分追加するよりも美術の時間を数分追加することを報酬とすべきであろう。

それぞれの項目に該当する方略をブレインストーミングしながら、可能な限りその方略を対象の児童生徒に合うよう個別化してみる。例えば、ある児童生徒の問題行動のセッティング事象がよく朝食を抜かしてくることであったならば、考えられるひとつのアイデアは、学校でその児童生徒に朝食を食べさせることだろう。もしある決まったクラスメイトが隣の席に座ることが、問題行動の先行事象であるならば、その2人の児童生徒の席を離すことが先行事象に対する方略になる。ここで示したように、これらの方略は簡単なもので、多くの場合たいへん単純なものである。

できる限り多くの方略をブレインストーミングした方がよい。その全てを用いるわけではないが、多くの選択肢を持っていた方が役に立つ。また、もしその中の方略をいくつか実施し、最初の計画が効果的でなかったならば、バイパスモデルのページに戻って、アイデアの「貯蔵庫」からスタートすればよい。一からやり直す必要はない。

ステップ7：指導介入の方略を選択する

次のステップは、最初に取り組む方略を選択することである。この時点では数多く

の選択肢があり、その中から最初の方略として最適なものを絞り込む必要がある。大事なことは、対象児童生徒の担任教師と保護者（あるいは、方略の実行可能性が高そうな大人）に話し合いの場に入ってもらっておくことである。どの方略を選べばよいかは、実際に指導を実施する人の価値観ややる気、方略の実施能力がわからないままでは、選びようがない。

指導介入の方略は、手頃な実施数から始めた方がよい。この方略の数は取り組むべき問題行動や利用可能なリソースに応じて変化する。しかし、指導介入を実施する人たちが、自分たちが対処可能なことは何か、何が負担になるのかを支援チームに伝えられるようにしておくべきである。覚えておかなければならないことは、支援チームは最も効率的な労力で最大の効果を得ようとしていることである。

指導が実施される文脈に合った方略を選ぶべきである。また行動変容に対する教師や保護者の価値観や態度によく適合した方略を選ばなければならない。

実施する方略を選んだら、それらを「作業課題」の欄の下に全て列挙する。場合によっては、ある作業課題を達成するために、それをいくつかの下位課題に分けなければならないかもしれない。例えば、対象児童生徒が、行動目標カードを使用して、自分の行動をモニタリングし、自分自身に対して報酬を与えることが作業課題であったすれば、この課題は以下のようないくつかの下位課題に分ける必要があるだろう。（1）行動目標を決定する、（2）行動目標カードを作る、（3）対象児童生徒に行動目標カードの使い方を教える、（4）行動目標カードのシステムを対象児童生徒の担任教師と保護者に説明する、（5）どのような方法を用いて、対象児童生徒の適切な行動に報酬を与えるかを決定する、（6）誰がその生徒に報酬を与える責任をもつかを決定する。これらのひとつひとつの下位課題は、元々の作業課題を達成するためには欠くことができないものである。

それぞれの作業課題とそれに対応する下位課題を列挙した後、ひとつひとつの作業課題について、それを完成させる責任者を決める必要がある。学校内で担っている役割を考慮して作業課題を割り当てる。例えば、作業課題が対象児童生徒に対して怒りの感情をマネジメントするスキルを教えることであり、スクール・カウンセラーが怒りの感情マネジメントに関するグループ指導を実践しているのであれば、スクール・カウンセラーにその作業課題を割り当てるべきである。もし作業課題が対象児童生徒の学習内容を修正することであれば、教師にそれが割り当てられるべきである。ひとつひとつの作業課題の責任者を決めるとともに、その課題を実行する締め切りも決めておくべきである。つまり、支援チームはいつそれぞれの作業課題を始めなければならないか決めなければならない。また、その指導方略に効果があったかどうかを見直す日程も明示する。新しい指導介入を計画した場合は、実施後2週間以内に見直しをした方がよい。

ステップ7の書式は、対象児童生徒のBSPの実施記録として保存される。支援チームが次にミーティングを行ったときに、このページをもう一度読み直す必要がある。まずはその方略が計画通りに実施されたかどうか、そしてその方略がどの程度効果をあげているかを判断する必要がある。この判断は、評価データと教師・保護者・児童生徒からのフィードバックに基づいて行われる。それぞれの指導方略の効果を再検討した後、その方略を経過観察し続けるか、修正するか、あるいは中止すべきかどうかを決定する。それぞれの方略の隣の欄に、「経過観察」「修正」または「中止」と書き

入れる。指導方略の修正、または新しい方略が追加された場合は、「作業課題」という項目名の枠に書き加えられる。そして、再度、その指導方略の実施責任者、締め切り日、再検討の実施日を決める。

ステップ8：評価プラン
　F－BSP 実施手順の最終ステップは、BSP が対象児童生徒の行動に影響したかどうかを評価する計画を立てることである。まずは短期目標と長期目標を決めるところから始める。競合行動バイパスモデルで望ましい行動と許容範囲にある代替行動を決めたときに、短期目標と長期目標を明確にしたことを思い出してみよう。評価プランには、この短期目標と長期目標を書き込む。これらの目標は、できる限り具体的にする。そうすることで、目標が達成されたかどうかが判断しやすくなる。例えば、宿題の提出率を上げることが目標のひとつであれば、短期目標あるいは長期目標として、対象児童生徒にどのくらいの頻度で宿題の提出を求めるかを具体的にする。仮に現在の宿題の提出率が０％であれば、短期目標は30％程度、長期目標は80％程度の提出率ということになるだろう。目標を具体的に書けば書くほど、児童生徒が目標を達成したかどうかを客観的に判断することが容易になる。短期目標と長期目標が決まったら、いつまでにその目標達成が求められるのか、その日付を決める。この日付は、担任教師や保護者と一緒に決める。

　目標が達成されているかどうかを判断するために、対象児童生徒の実行の様子がわかるデータを収集する必要がある。収集されるデータは、行動支援の方略や目標によって異なるだろう。例えば、ある児童生徒に対する支援として行動目標カードが実施されていて、その目標が１日毎に80％のポイントを得ることだったとしよう。この例では、収集データは行動目標カード上のポイント数で、データを収集する手段は行動目標カードそのものである。もうひとつの例として、ある児童生徒の目標が、クラスでけんかをする回数を減らすことならば、教師は観察されたけんかの回数の頻度を記録し続けることになるだろう。この例では、収集データはけんかの回数であり、データ収集の手続きは教師が頻度を数え続けることである。目標のそれぞれに対して、収集データの種類とその収集手続きを決める必要がある。また重要なのは、データ収集の担当者を決めて、データ収集の開始とデータの見直しの日程を示すことである。

主要な関係者の全てに同意を得る
　最後に、このF－BSP プロセスに関係する人全員に、最後のページに署名してもらわなければならない。この署名によって、関係者が、アセスメント情報・行動支援計画・評価プランを理解したことになる。また、自分が担当する仕事の実行に、責任をもつことに同意したことにもなる。署名は、対象児童生徒・保護者・関係する教師と実行チームのメンバーからもらう必要がある。

巻末資料C（1／5）

教職員用の機能的アセスメント・チェックリスト（FACTS-PartA）

児童生徒名／学年：＿＿＿＿＿＿＿＿＿＿＿＿＿＿＿　　記入日：＿＿＿＿＿＿＿＿＿＿＿＿＿＿

インタビュー実施者：＿＿＿＿＿＿＿＿＿＿＿＿＿＿　　回答者：＿＿＿＿＿＿＿＿＿＿＿＿＿＿

児童生徒のプロフィール：
児童生徒が得意にしていることや学校生活の中で発揮されている長所は何か？

＿＿

＿＿

問題行動：問題行動の特定（※当てはまるものをチェック）

＿＿ 動作緩慢	＿＿ 不適切な言葉	＿＿ 逸脱	＿＿ 盗み
＿＿ 反応が遅い	＿＿ けんか／身体的攻撃	＿＿ 反抗	＿＿ 公共物破損
＿＿ 内向的	＿＿ 言葉による嫌がらせ	＿＿ 作業に取り組まない	
＿＿ その他　＿＿＿＿＿＿＿＿＿＿＿＿＿＿＿＿＿＿			

問題行動について書いてください：＿＿＿＿＿＿＿＿＿＿＿＿＿＿＿＿＿＿＿＿＿＿＿＿＿＿＿＿

日課の特定：いつ、どこで、誰と一緒にいるときに問題行動が最も生じやすいですか？

時間割 （時間）	活動内容	誰と一緒にいるときに 問題行動が生じるか？	問題行動の 起こりやすさ	具体的な 問題行動
			少　　　　　　多 1 2 3 4 5 6	
			1 2 3 4 5 6	
			1 2 3 4 5 6	
			1 2 3 4 5 6	
			1 2 3 4 5 6	
			1 2 3 4 5 6	
			1 2 3 4 5 6	
			1 2 3 4 5 6	
			1 2 3 4 5 6	

追加のアセスメントが必要な日課を1～3の範囲で選ぶ。日課を選ぶ基準は、
（1）問題行動の起こりやすさのレベルが4、5、6である日課の中で、共通性がみられる活動（条件）
（2）問題行動が類似している活動
である。ここで選んだ活動のひとつひとつに関して、次ページのパートBを完成させる。

機能的アセスメント・チェックリスト：パートB（FACTS-PartB）

児童生徒名／学年：＿＿＿＿＿＿＿＿＿＿＿＿＿　　記入日：＿＿＿＿＿＿＿＿＿＿＿

インタビュー実施者：＿＿＿＿＿＿＿＿＿＿＿　　回答者：＿＿＿＿＿＿＿＿＿＿＿

日課／活動／文脈：FACTS-PartA のどの日課（1つだけ選ぶ）が評価対象か？

日課／活動／文脈	問題行動

問題行動についてさらにその詳細を記述してください。

問題行動は、どのようなものですか？

問題行動は、どの程度の頻度で起こりますか？

問題行動が生じると、どれくらいの時間、持続しますか？

問題行動の危険性の強度／レベルはどれくらいですか？

その問題行動がいつ生起するかを予測できる出来事は何か？（※当てはまるものをチェック）

関連している問題（セッティング事象）	環境的な特徴
__病気　　　　　　　　その他：＿＿＿ __薬物服用　　　　　　　＿＿＿＿＿＿＿ __他者とのマイナスな関わり　＿＿＿＿＿＿＿ __家族との衝突　　　　　＿＿＿＿＿＿＿ __勉強での失敗　　　　　＿＿＿＿＿＿＿	__叱責／懲戒　　__やることが明確な活動 __身体的な要求　__やることが不明確な時間 __社会的孤立　　__退屈すぎる課題 __友だちと一緒　__長すぎる活動 __その他　　　　__難しすぎる課題

その問題行動を最も維持していると思われる後続事象は何か？（※当てはまるものをチェック）

獲　得	回避または逃避
__大人の注目　　その他：＿＿＿＿＿＿ __友だちの注目　　　　　＿＿＿＿＿＿ __好みの活動　　　　　　＿＿＿＿＿＿ __お金／もの　　　　　　＿＿＿＿＿＿	__難しい課題　　その他：＿＿＿＿＿＿ __叱責　　　　　　　　　＿＿＿＿＿＿ __友だちからの 　　マイナスの反応　　　＿＿＿＿＿＿ __身体的な努力　　　　　＿＿＿＿＿＿

問題行動のまとめ

行動支援計画を立案するのに用いられるサマリー仮説を記述してください。

セッティング事象および先行事象	問題行動	維持している後続事象

上記の仮説がどれくらい正確であると確信していますか？

全く確信がない					とても確信がある
1	2	3	4	5	6

問題行動に対処するために現在までどんな努力をしてきましたか？

問題行動を予防するための方略	問題行動に対する後続事象
__日課の変更　　　その他：_____ __座席の変更　　　_____ __カリキュラムの変更　_____	__叱責　　　　　　その他：_____ __オフィス・ 　リフェラル　　　_____ __放課後の居残り　_____

Building Positive Behavior Support Systems in schools: Functional Behavioral Assessment
by Deanne A. Crone and Robert H. Horner. © 2003 by The Guilford Pres.
March et al., (2000) から許可を得て掲載

FACTS (PartA および PartB) 手順

　教職員向けの機能的アセスメント・チェックリスト（FACTS）は、2部構成のインタビューの書式で、これはBSPを立案する教職員が用いるものである。FACTSは、FBAの最初の取り掛かりが効率よく実施できるよう意図して作られたものである。FACTSは児童生徒を最もよく知っている人（先生、家族、臨床家）によって記入され、BSPを立案するため、もしくはより完成度の高い機能的アセスメントを行うために用いられる。FACTSは、短時間（5～15分）で記入できる。練習すれば、手際よく有効な記入ができるようになる。

FACTS-PartA の記入方法

ステップ1：基本的な個人情報を記入する

　対象の児童生徒の名前と学年、アセスメントのデータが収集された日付、用紙に記入する人（インタビュー実施者）の名前、情報を提供する人（回答者）の名前を記入する。

ステップ2：児童生徒のプロフィールを記入する

　アセスメントは、学校内でプラス面に発揮されている児童生徒の特徴を検討するこ

とから始める。児童生徒の長所や発揮されている特徴を少なくとも3つあげる。

ステップ3：問題行動を特定する
　教育活動の有効性を損なわせている、他の子どもたちへの教育の成立を妨害している、社会性の発達を阻害している、学校の安全性を損なう、といった影響をもつ、その児童生徒の具体的な問題行動を明らかにする。その児童生徒がそのような問題行動をどのように行っているかを正確にかつ端的に記述する。また、この児童生徒の行動の起こし方は、どのような点でどの子に独特なものであるのかを記述する。最も問題のある行動だけでなく、定期的に生じている問題行動の全てを明らかにする。

ステップ4：いつ、どこで、だれと一緒にいるときに問題行動が最も起きやすいのかを特定する
A：児童生徒の日課の時間枠を書き出す。授業の合間の時間、昼食、始業時間前などが含まれる。必要があれば、複合的な日課（例、奇数日と偶数日）に合わせてその時間枠を修正する。
B：Aで列挙した時間枠内で実施する、活動の典型例を記入する（例：小集団指導、算数、ひとりで行う図工、移動）。
C：該当する場合は、それぞれの活動中に、児童生徒がやり取りしている人たち（大人や友だち）を書き出す。特に対象児童生徒が問題行動を起こしている時間にやりとりをしている人を列挙する。
D：（日常の状況で）どの時間や活動が最も問題行動と関連しているか、あるいは最も関連していないかを示すために1から6までの評価尺度を使う。「1」は問題行動の起こる可能性が低いことを示し、「6」はその可能性が高いことを示す。
E：4、5、6の評価を受けた時間や活動の中で、問題行動が**最も生起する可能性が高い**ものを示す。

ステップ5：追加のアセスメントが必要な日課を選択する
　ステップ4の表で4、5、6に評価された時間や活動について検討する。その中に共通性のある活動（例えば、やることが決まっていない活動、難しい教科内容が求められる活動、教師に叱責されてしまう活動、友だちからなじられる活動など）、あるいは類似した問題行動があれば、それらをまとめて「さらに分析が必要な日課」として扱う。
　追加の分析の対象として、1～3の日課を選択する。その日課の名前と最も共通にみられる問題行動の名前を書く。それぞれの日課の中で最も起こる可能性が高いもの、あるいは最も問題視されている行動を明確にする。
　このステップ5で選択された日課に関して、FACTS-PartBを完成させる。

FACTS-PartB の記入方法
ステップ1：基本的な個人情報を記入する
　対象の児童生徒の名前と学年、FACTS-PartBが完了した日付、用紙に記入する人（インタビュー実施者）の名前、情報を提供する人（回答者）の名前を記入する。

ステップ2：標的となる日課の特定

　FACTS-PartA の最後の部分から、ターゲットとなる日課と問題行動を列挙する。1枚の FACTS-PartB は、ひとつの日課の情報のみを示す。問題となる日課が複数特定されている場合は、PartB 用紙も複数用いる。

ステップ3：問題行動を具体化する

　問題行動の特徴についてさらに詳細に記述する。特にその行動特有の特徴、およびその行動が逸脱的で危険性が高い様子に焦点を当てて記述する。

ステップ4：問題行動の生起を予測する出来事を特定する

　それぞれの日課において、いつ問題行動が起こるかを予測するような（a）セッティング事象、および（b）直前の先行事象は何か。仮に、この日課の中で、その問題行動を意図的に起こすとすれば、何をするかを考えてみる。

ステップ5：問題行動を維持していると思われる後続事象を特定する

　問題行動を強化していると考えられる後続事象は何か。児童生徒が手に入れたいと思っているものを獲得しているのか、あるいは面白くないと感じていることから逃避・回避しているのか、について考えてみる。

　最も強力に問題行動を維持している後続事象に対して「1」と記入する。その他に考えられる後続事象に「2」「3」と書く。3箇所以上にチェックしないこと。ここで注目するのは、最も大きな影響力をもっている後続事象である。

　問題行動のうち、今はまだ小さいが、将来難しい問題へとエスカレートする可能性がある場合、エスカレートした後の問題行動の後続事象と、現在の小さな問題行動を維持させている後続事象とを区別すること。

ステップ6：問題行動を予防したり制御したりするためにこれまで行ってきたことを特定する

　多くの場合、学校関係者は問題行動に対してすでにいくつかの方略を試しているだろう。これまでに試されてきたことを書き出し、次の2つに整理する。（a）その問題行動の生起を予防するために行われてきたこと、（b）その問題行動を制御する、あるいは弱化する（または、代替行動に報酬を与える）ために、後続事象として提示してきたこと。

ステップ7：サマリー仮説を作成する

　サマリー仮説によって、セッティング事象・先行事象・問題行動・後続事象を示す。このサマリー仮説は、効果的な BSP を立案する根拠となる。FACTS-A と FACTS-B（特に、FACTS-B のステップ3、4、5）の情報からサマリー仮説を立てる。サマリー仮説が支援計画を立案するのに十分正確であるという確信があれば、計画立案へと進む。あなたが十分な確信がもてなければ、直接観察を行い機能的アセスメントを継続する。

巻末資料D（1／2）

児童生徒を対象とした機能的アセスメントインタビュー（小学生版）

児童生徒名 ＿＿＿＿＿＿＿＿＿＿＿　　学年 ＿＿＿＿＿＿　　性別：男・女　　IEP：有・無

担任名 ＿＿＿＿＿＿＿＿＿＿＿＿＿＿　学校名 ＿＿＿＿＿＿＿＿＿＿＿＿＿＿＿＿

インタビュー実施者 ＿＿＿＿＿＿＿＿＿＿＿＿＿　　日　付 ＿＿＿＿＿＿＿＿＿＿＿

インタビューの開始時のインストラクション

「今日は、あなたがもっと学校を好きになるように、どうやって学校を変えられるか見つけたいと思います。このインタビューは30分くらいかかります。あなたが正直に答えてくれれば、私は全力であなたを助けることができます。今後、あなたがトラブルに巻きこまれるようなことは、一切たずねません」

児童が得意なこと、できること

1．学校で、好きなことやうまくできることは何ですか？（例えば、好きな活動、他の友人を助けること）

2．得意な授業や楽しめる話題は何ですか？

問題となる行動を定義する

　児童生徒が答えるのを支援しながら、学校や学級で問題となっている具体的な行動を明らかにする。いくつかアドバイスを出したり、言い換えをしたりすれば、対象の児童生徒が自分の考えを明らかにしやすい。

あなたがどんなことをするとトラブルになったり、問題になりますか？
プロンプト：授業に遅れたとき？　授業中におしゃべりをしたとき？　課題が終わらないとき？けんかしたとき？

	行動	コメント
1．		
2．		
3．		
4．		
5．		
6．		
7．		

巻末資料D（2／2）

これらの行動のうち、一緒に起こることが多いのはどれとどれですか？　それはほぼ同時に起きますか？　それとも、ひとつの行動が別の行動の前に起こるような、連続する出来事として「繋がった形」で起こりますか？　同じ状況に対する別々の反応として起こりますか？

a．

b．

c．

これらの行動のうち、最も問題となっているのはどれですか？
インタビューの残りの時間はその最も問題となっている行動に焦点を当てます。

a．

児童生徒のスケジュールと日課表

児童生徒が答えるのを支援しながら、スケジュールと日課表を完成させて、子どもが話した行動上の困難がどの日課や活動で生じているのかを示す。まず、児童生徒にスケジュール欄に記入させる（もしくは、インタビューの前にこの欄に記入させておく）。在籍学級に特有の日課も付け足して書く。

人によって、ある時間帯や活動が難しく感じられたり簡単に感じられたりすることは当たり前のことです。あなたにとって1日のうち、どの時間帯が簡単でどの時間帯が難しいと感じるか教えてもらえますか？　"6"は問題がよくあるという意味で、"1"は全く、もしくはほとんど問題ないという意味です（これを日課ごとに繰り返す）。

児童生徒のスケジュールと日課表

典型的なスケジュール	評価
	6 5 4 3 2 1
	6 5 4 3 2 1
	6 5 4 3 2 1
	6 5 4 3 2 1
	6 5 4 3 2 1
	6 5 4 3 2 1
	6 5 4 3 2 1
	6 5 4 3 2 1
	6 5 4 3 2 1

日　課（活動の流れ）	評価
助けを求める	6 5 4 3 2 1
物品・飲み物を要求する 鉛筆を削る	6 5 4 3 2 1
グループで課題に取り組む	6 5 4 3 2 1
1人で課題に取り組む	6 5 4 3 2 1
許可を得て、トイレに行く	6 5 4 3 2 1
移動（活動間の移動、場所の移動）	6 5 4 3 2 1
補助の教員やボランティアと一緒に活動に取り組む	6 5 4 3 2 1
	6 5 4 3 2 1
	6 5 4 3 2 1

Reed, Thomas, Sprague, and Horner（1997）
© 1997 by Kluwer Academic/Plenum Publishing. 許可を得て転載

巻末資料E

日課表アセスメント用紙

児童生徒名 _____

記入日 _____

時間	日課／活動	問題行動の起こりやすさ	最も起こりやすい問題行動のタイプ
		低い　　　高い 1 2 3 4 5 6	
		1 2 3 4 5 6	
		1 2 3 4 5 6	
		1 2 3 4 5 6	
		1 2 3 4 5 6	
		1 2 3 4 5 6	
		1 2 3 4 5 6	
		1 2 3 4 5 6	
		1 2 3 4 5 6	
		1 2 3 4 5 6	
		1 2 3 4 5 6	
		1 2 3 4 5 6	
		1 2 3 4 5 6	
		1 2 3 4 5 6	
		1 2 3 4 5 6	
		1 2 3 4 5 6	
		1 2 3 4 5 6	
		1 2 3 4 5 6	
		1 2 3 4 5 6	

© 2003 by Deanne A. Crone and Robert H. Horner. *Building Behavior Support Systems in Schools: Functional behavioral Assessment* by Deanne A. Crone and Robert H. Horner. 本ページの複写は、本書の購入者が個人的な目的で使用する場合のみ許可される。

巻末資料 F

【簡易版】機能的アセスメントインタビュー用紙

児童生徒名 _____　日付 _____

問題となっている行動：

先行事象：

問題行動を維持している機能：

行動を悪化させているもの（セッティング事象）：

サマリー仮説（活動ごとに明記）

セッティング事象 →	先行事象 →	問題行動 →	問題行動を維持している機能

© 2003 by Deanne A. Crone and Robert H. Horner. *Building Behavior Support Systems in Schools: Functional behavioral Assessment* by Deanne A. Crone and Robert H. Horner. 本ページの複写は、本書の購入者が個人的な目的で使用する場合のみ許可される。

巻末資料G

機能的行動アセスメント観察用紙

日付 ___/___/___　　　時間 ___:___

観察者 _____

児童生徒名 _____

在籍学級／学校 _____

状況の記述：

ターゲット行動の記述：

時間	先行事象	行動	後続事象

Sugai and Colvin, *Effective School Consultation: An Interactive Approach* (1st ed.).
© 1993. Brooks/Cole, an imprint of the Wadsworth Group, a division of Thomson Learning の許可を得て転載。Fax 800-730-2215.

巻末資料H

機能的アセスメント観察用紙

児童生徒名：_____

観察開始日：_____ 観察終了日：_____

時間	行動				きっかけ					考えられる機能					実際の結果			
		要求や指示	難しい課題	移動	中断	1人（注目なし）				注目	欲しい物や活動の獲得	自己刺激	要求や指示からの逃避・回避	活動（　）からの逃避・回避	その他・不明			書イにな行コ くシ行か動メ ョ観っがン ル察たト 者場・ の合問 起題

出来事：1　2　3　4　5　6　7　8　9　10　11　12　13　14　15　16　17　18　19　20　21　22　23　24　25
日　付：

合計

記録用紙自体は O' Neill et al., *Functional Assessment for Problem Behavior: A Practical Handbook* (2nd ed.) の許可を得て転載
© 1997. Wadsworth, an imprint of the Wadsworth Group, a division of Thomson Learning の許可を得て転載。 Fax 800-730-2215.
（日本語訳は，『問題行動解決支援ハンドブック』学苑社，2003）

巻末資料 I

行動支援計画の質を評価するためのチェックリスト
支援計画（あるいは立案の過程）は以下のような特徴を備えていますか？

行動支援計画の立案と実行の際に、以下のそれぞれの項目をどの程度考慮しましたか？
◎＝大変考慮した　○＝考慮した　△＝ほとんど考慮しなかった　N＝当てはまらない

1. ＿＿＿　行動支援を実施するための学習上と生活上の文脈を定義する
2. ＿＿＿　問題行動の操作的な記述
3. ＿＿＿　問題となる**日課**を特定する
4. ＿＿＿　機能的アセスメントの仮説を示す
5. 指導介入／**介入前の確認事項**（多くの日課に影響する問題）
    a) ＿＿＿　現在の健康と生理状態
    b) ＿＿＿　コミュニケーション能力
    c) ＿＿＿　自分で移動可能かどうか
    d) ＿＿＿　日課が予測可能かどうか
    e) ＿＿＿　選択の機会はあるか
    f) ＿＿＿　家族や友人との関係
    g) ＿＿＿　活動パターン
6. 指導介入／**予防**（問題行動を的外れなものにする）
    a) ＿＿＿　スケジュール
    b) ＿＿＿　授業のカリキュラム
    c) ＿＿＿　授業の方法
7. 指導介入／適切行動の指導（問題行動を非効率的にする）
    a) ＿＿＿　代替技能の指導
    b) ＿＿＿　新しい適応技能の指導
8. 指導介入／後続操作
    消去（問題行動を非効果的にする）
        a) ＿＿＿　正の強化を最小限にする
        b) ＿＿＿　負の強化を最小限にする
    強化（適切な行動をより効果的にする）
        a) ＿＿＿　正の強化を最大限にする
    弱化（必要な場合）
        a) ＿＿＿　問題行動に対して弱化子を随伴する
    安全性／危機管理計画
        a) ＿＿＿　問題行動が生じたときにどのように対応するかについて、明確な計画がある
9. 評価とアセスメント
    a) ＿＿＿　収集すべき情報を明らかにする
    b) ＿＿＿　行動を測定する過程を明らかにする
    c) ＿＿＿　意志決定の過程を明らかにする
10. 文脈適合性を保証する
    a) ＿＿＿　価値観
    b) ＿＿＿　技能
    c) ＿＿＿　リソース
    d) ＿＿＿　学校管理システム
    e) ＿＿＿　支援プログラムが児童生徒にとって最も役に立っているという認識

Horner, Sugai, Todd, Lewis-Palmer (1999-2000).
© 1999-2000 by Lawrence Erlbaum Associates. 許可を得て転載

引用文献

Broussard, C. D., & Northrup, J. (1995). An approach to functional assessment and analysis of disruptive behavior in regular education classrooms. *School Psychology Quarterly, 10,* 151-164.

Carr, E. G. (1977). The motivation of self-injurious behavior: A review of some hypotheses. *Psychological Bulletin, 84,* 800-816.

Carr, E. G., Horner, R. H., Turnbull, A., Marquis, J., Magito-McLaughlin, D., McAtee, M., Smith, C. E., Anderson-Ryan, K. A., Ruef, M. B., & Doolabh, A. (1999). *Positive behavior support as an approach for dealing with problem behavior in people with developmental disabilities: A research synthesis.* Washington, DC: American Association on Mental Retardation.

Costenbader, V., & Markson, S. (1998). School suspension: A study with secondary school students. *Journal of School Psychology, 36,* 59-82.

Dunlap, G., White, R., Vera, A., Wilson, D., & Panacek, L. (1996). The effects of multicomponent, assessment-based curricular modifications on the classroom behavior of children with emotional and behavioral disorders. *Journal of Behavioral Education, 6*(4), 481-500.

DuPaul, G. J., & Ervin, R. A. (1996). Functional assessment of behavior related to ADHD: Linking assessment to intervention design. *Behavior Therapy, 27,* 601-622.

Dwyer, W. O., Leeming, F. C., Cobern, M. K., Porter, B. E., & Bryan, E. (1993). Critical review of behavioral interventions to preserve the environment: Research since 1980. *Environment and Behavior, 25,* 275-321.

Eccles, C., & Pitchford, M. (1997). Understanding and helping a boy with problems: A functional approach to behavior problems. *Educational Psychology in Practice, 13*(2), 115-121.

Ervin, R. A., DuPaul, G. J., Kern, L., & Friman, P. C. (1998). Classroom-based functional and adjunctive assessments: Proactive approaches to intervention selection for adolescents with Attention Deficit Hyperactivity Disorder. *Journal of Applied Behavior Analysis, 31,* 65-78.

Gable, R. (1999). Functional assessment in school settings. *Behavioral Disorders, 24*(2) 246-248.

Gresham, F. M., Gansle, K. A., Noell, G. H., Cohen, S., & Rosenblum, S. (1993). Treatment integrity of school-based behavioral intervention studies: 1980-1990. *School Psychology Review, 22,* 254-272.

Gresham, F. M., Quinn, M., & Restori, A. (1999). Methodological issues in functional analysis: Generalizability to other disability groups. *Behavioral Disorders, 24*(2), 180-182.

Gresham, F. M., Sugai, G., Horner, R. H., Quinn, M. M., & McInerney, M. (1998). *Classroom and school-wide practices that support children's social competence:*

A synthesis of research. Washington, DC: American Institutes of Research and Office of Special Education Programs.

Horner, R. H., Sugai, G., & Todd, A. (1996). Comprehensive functional assessment in schools. Grant application submitted to the Office of Special Education, U.S. Department of Education. Eugene, OR: University of Oregon.

Horner, R. H., Sugai, G., Todd, A. W., & Lewis-Palmer, T. (1999-2000). Elements of behavior support plans: A technical brief. *Exceptionality, 8,* 205-216.

Individuals with Disabilities Education Act, Amendments of 1997. (1997). H.R. 5, 105th Congress, 1st Sess.

Iwata, B. A., Dorsey, M. F., Slifer, K J., Bauman, K. E., & Richman, G. S. (1982). Toward a functional analysis of self-injury. *Analysis and Intervention in Developmental Disabilities, 2,* 3-20.

Leighton, M. S., O'Brien, E., Walking Eagle, K., Weiner, L., Wimberly, G., & Youngs, P. (1997). *Roles for education paraprofessionals in effective schools: An idea book.* Washington, DC: U.S. Department of Education.

Lewis, T. J., & Sugai, G. (1996). Functional assessment of problem behavior: A pilot investigation of the comparative and interactive effects of teacher and peer social attention on students in general education settings. *School Psychology Quarterly, 11,* 1-19.

Lewis, T. J., & Sugai, G. (1999). Effective Behavior Support: A Systems Approach to Proactive School-wide Management. *Focus on Exceptional Children, 31*(6), 1-24.

Loeber, R., & Farrington, D. (1998). *Serious and violent juvenile offenders: Risk factors and successful interventions.* London: Sage.

Luiselli, J. K., & Cameron, M. J. (Eds.). (1998). *Antecedent control: innovative approaches to behavioral support.* Baltimore: Brookes.

March, R., Horner, R. H., Lewis-Palmer, L., Brown, D., Crone, D., Todd, A. W., & Carr, E. (2000). *Functional Assessment Checklist for Teachers and Staff (FACTS).* Eugene: Department of Educational and Community Supports, University of Oregon.

Mayer, G. R. (1995). Preventing antisocial behavior in the schools. *Journal of Applied Behavior Analysis, 28,* 467-478.

National Education Goals Report. (1995). http://inet.ed.gov/pubs/goals/.

Nelson, J. R., Roberts, M., Mathur, S., & Rutherford, R. B. (1999). Has public policy exceeded our knowledge base? A review of the functional assessment literature. *Behavioral Disorders, 24,* 169-179.

Nippe, G. E., Lewis-Palmer, T., & Sprague, J. (1998). *The student-directed functional assessment: An analysis of congruence between student self-report and direct observation.* Manuscript submitted for publication. Department of Education and Community Supports, University of Oregon, Eugene.

O'Neill, R. E., Horner, R. H., Albin, R. W., Sprague, J. R., Storey, K., & Newton, J.

S. (1997). *Functional assessment for problem behavior: A practical handbook* (2nd ed.). Pacific Grove, CA: Brooks/Cole.

Reed, H. K., Thomas, E. S., Sprague, J. R., & Horner, R. H. (1997). The student guided functional assessment interview: An analysis of student and teacher agreement. *Journal of Behavioral Education, 7,* 33-49.

Royer, E. (1995). Behaviour disorders, exclusion and social skills: Punishment is not education. *Therapeutic Care and Education, 4,* 32-36.

Schmidt, W., & Finnegan, J. (1993). *The race without a finish line.* San Francisco: JosseyBass.

Sugai, G., Bullis, M., & Cumblad, C. (1997). Skill development and support of educational personnel. *Journal of Emotional and Behavioral Disorders, 5,* 55-64.

Sugai, G., Horner, R. H., Dunlap, G., Hieneman, M., Lewis, T. J., Nelson, C. M., Scott, T., Liaupsin, C., Sailor, W., Turnbull, A. P., Turnbull, H. R., III, Wickam, D., Ruef, M., & Wilcox, B. (2000). Applying positive behavioral support and functional behavioral assessment in schools. *Journal of Positive Behavioral Interventions, 2,* 131-143.

Sugai, G., Sprague, J. R., Horner, R. H., & Walker, H. M. (2000). Preventing school violence. The use of office discipline referrals to assess and monitor school-wide discipline interventions. *Journal of Emotional and Behavioral Disorders, 8*(2), 94-101.

Taylor-Greene, S., Brown, D., Nelson, L., Longton, J., Gassman, T., Cohen, J., Swartz, J., Horner, R. H., Sugai, G., & Hall, S. (1997). School-wide behavioral support: Starting the year off right. *Journal of Behavioral Education, 7*(1), 99-112.

Todd, A. W., Horner, R. H., Sugai, G., & Colvin, G. (1999). Individualizing school-wide discipline for students with chronic problem behaviors: A team approach. *Effective School Practices, 17,* 72-82.

Turnbull, R., Rainbolt, K., & Buchele-Ash, A. (1997). *Individuals with Disabilities Education Act: Digest and significance of 1997 amendments.* Beach Center on Families and Disability, Lawrence, KS: University of Kansas.

Vollmer, T. R., & Northrup, J. (1996). Some implications of functional analysis for school psychology. *School Psychology Quarterly, 11,* 76-92.

Walker, H., Colvin, G., & Ramsey, E. (1995). *Antisocial behavior in public schools: Strategies and best practices.* Pacific Grove, CA: Brooks/Cole.

Walker, H., Horner, R., Sugai, G., Bullis, M., Sprague, J., Bricker, D., & Kaufman, M. (1996). Integrated approaches to preventing antisocial behavior patterns among school-aged youth. *Journal of Emotional and Behavior Disorders, 4*(4), 194-209.

Wilcox, B. L., Turnbull, H. R., & Turnbull, A. P. (1999-2000). Behavioral issues and IDEA: PBS and the FBA in the disciplinary context. *Exceptionalities, 8*(3), 173-187.

索　引

あ

IEP　「個別教育計画チーム」参照
IDEA　「個別障害者教育法」参照
維持プラン Maintenance plans 106
インタビュー Interviews
　　FBAにおける—のためのツール FBA, tools for 10-11
　　簡易版機能的アセスメント—用紙 brief, form for 191
　　教師・学校職員・保護者に対する— with teacher/staff/parents 164
　　教師への— of teachers 46-47, 48f-53f, 54
　　児童生徒に対する— of students 61, 62f-63f, 64, 166-171, 177
　　児童生徒を対象とした—用紙 student-guided, form for 188-189
　　—に関する説明 instructions for 172
　　—の終了 ending 175
　　両親・家族に対する— of parents/families 56-57, 58f-59f, 60
SWIS　「スクールワイド情報システム」参照
FBA　「機能的行動アセスメント」参照
FBAとシステム Systems, FBA and 19-23, 20f
FBAに関する法律 Legislation, on FBA 5-7

か

家族 Families　「両親へのインタビュー」も参照 56-57, 58f-59f, 60
学校 Schools
　　FBAによる支援の力量を校内で高める building FBA support in 4, 141-160
　　—ためのリーダーシップモデル leadership models for 155-158
　　—モデル model for 149-154
　　—における行動システム behavioral systems in 19-23, 20f
　　—の職務内容の変化 changing job description of 142-144
学校長の行動支援チームでの役割 Principal, behavior support team roles of 116-117
観察 Observations
　　行動変化を評価するための— for assessing behavioral change 96-97, 96f
　　—のガイドラインと目的 guidelines and purposes 64-65, 66f, 67, 68f
　　—の実施 conducting 178
　　—のための書式 forms for 192-193
　　—のためのツール tools for 11
危機介入 Crisis intervention
　　—のための行動支援計画 BSP for 86-87, 86t
　　—のプラン plans for 12
議事次第の内容 Agendas, content of 124-125, 126f-127f
機能的行動アセスメント Functional behavioral assessment
　　簡易版— simple 23-26, 24f, 28-30, 28t, 46-56
　　—における教師インタビュー teacher interview in 46-47, 48f,-53f, 54
　　—における検証可能なサマリー仮説 testable hypothesis in 55-56
　　完全版— full 24f, 26, 28t, 30-31, 56-68
　　—におけるインタビュー interview in 56-57, 58f-59f, 60-61, 62f-63f, 64
　　—における観察 observation in 64-65, 66f, 67, 68f
　　個別障害者教育法の法的要求事項と— IDEA requirements and 26-27, 141-142

索　引

—と行動支援の連続性 and continuum of behavior support systems 147-148
—における機能分析 functional analysis in 28t, 31
　—に関する文献 references on 67, 69
—におけるサマリー仮説 hypothesis statement in 29
—における支援要請用紙 requests for assistance forms in 40-42, 43f-45f, 46
—におけるステップ steps in 27-28
—に関する意思決定の基準 decision rules for 26-27, 28f
—に関する事例 case examples 39-40
—に関するテクノロジーの成熟 maturing technology for 8
—に関するフローチャート flow chart of 34f
—に関する法的要求事項とそれに伴う実行責任 requirements and commitments for 142-148
—に関する法律上の規定 legistative demands for 5-7
—に関する保護者・教師・児童生徒の満足度 parent, teacher, student satisfaction with 103
—に関するモデル model for 19-23, 20f
—に関する連邦政府の法的要求事項 federal requirements for 4-5
—の構成要素 components 19-31, 20f
—の最近の動向 current context for 3-12
—の実施 conducting 39-69
—の実施手順 protocol for 164-182
　—の記入のための説明書 instructions for completing 172-182
—の対象者の拡大 changing applications of 8
—のためのリソース resources for 7-12, 144-147
　—財政的リソース financial 146-147
　—時間的リソース time 144-146, 145t
—の手続きの効率性 procedural efficiency of 9-10
—を実施する力量を校内で高める generating within-building support for

「学校」の項目参照
機能的アセスメントインタビュー Functional assessment interviews「インタビュー」参照
機能的アセスメントチェックリスト Functional Assessment Checklist 47
　—の書式 form for 183-187
機能的行動アセスメントと行動支援計画の実施手順 Functional Behavioral Assessment-Behavior Support Plan Protocol 47
機能的な行動アセスメント Behavioral assessment, functional「機能的行動アセスメント」参照
機能分析 Functional analysis 31
　—に関する文献 references on 67-69
強化子 Reinforcers 81
競合行動 Behaviors, competing 71-72, 73f-75f, 76-77
競合行動バイパスモデル Competing Behavior Pathway
　—の作成 building 169, 179-180
　—の書式 form for 97
　—のステップ steps in 71-72, 73f-75f, 76-77
教師 Teachers
　FBA-BSPプロセスに対する児童生徒の反応 reaction of, to FBA-BSP process 103
　—に対するフォローアップ調査 follow-up survey of 138f
　—へのインタビュー interviews of 46-47, 48f-53f, 54, 164
規律 Discipline
　—に関する文献 references on 158-160
　—の欠如 lack of 3
　—のためのオフィス・リファラル student referrals for「リファラル」も参照 19-22, 21t-22t
記録（ミーティングの）Note taking 128
　—のための書式 form for 129f
空腹，問題行動の要因としての Hunger, as factor in problem behavior 17
クリップ方略 Paperclip transfer strategy 92
後続事象 Consequences

199

—に関して（の記述）description of 165, 167, 175
　—の特定 identifying 19
　報酬となる— rewarding 16
検証可能なサマリー仮説 Hypotheses, testable 165, 167-168, 178-179
　—の確認と修正 confirming/modifying 178-179
　—を作成する creating 175
　—を立てる developing 55-56
　—をテストする testing 67
行動 Behavior
　—の機能性 functionality of 13-15, 176
　—の変化を測定する assessing changes in 91-97
　　観察で測定する with observations 96-97, 96f
　　行動評定尺度で測定する with behavior rating scale 93, 94f, 95-96, 95f
　　頻度を数えることで測定する with frequency count 91-92, 92f
　—の問題 problem「問題行動」参照
　—の予測可能性 predictability of 15-16
　適切な— appropriate
　　行動支援計画書の中に—を記述する documenting in BSP 81-82, 83f,-85f, 86-87
　　—を教える teaching 46
　　—を増やす increasing 16
　不適切—の機能 inappropriate, function of 14
行動支援計画 Behavior support plans 5
　—と行動が機能的であるという特徴 and functional nature of behavior 13-15
　—における強化子 reinforcers in 81
　—におけるステップ steps in 32-35, 33t
　—に関するフローチャート flow chart of 34f
　—に関する文献 references on 87
　—に関する保護者・教師・児童生徒の満足度 parent, teacher, student satisfaction with 103
　—の実行と実行可能性と介入厳密性の評価 implementation of, assessing feasiblity/fidelity of 101-102
　—の実施手順 protocol for 164-182
　　—を記入するための説明書 instructions for completing 172-182
　—の質を評価するためのチェックリスト quality of, checklist for assessing 88f
　—のための連絡ノート home-school note for 78
　—の評価と修正 evaluating/modifying 89-107
　　行動変化のための— for changes in behavior 91-93, 94f, 95-96
　　—での実行可能性と介入厳密性の評価 for feasibility/fidelity 101-102
　　—での保護者・教師・児童生徒の満足度の評価 for parent, teacher, student satisfaction 103
　　—における観察 observations in 96-97, 96f
　　—に関する理論的根拠 rationale for 89-91
　　—に基づく維持プラン maintenance plan based on 106-107
　　—のデータにも基づく判断 data-based decision in 103-106
　　—を文書化する documentation of 97, 98f-100f, 101
　—の文書化 documenting 81-82, 83f-85f, 86-87, 86t
　—の立案 designing 56
　—の立案 design of 71-88
　　—における競合行動 competing behaviors in 71-72, 73f-75f, 76-77
　　—における個別化 individualizing 80-81
　　—における文脈適合性 contextual fit of 77-79
　—の立案のためのツール tools for developmenting 11
　—を評価するためのチェックリスト checklist for assessing 88f
行動支援システムの連続性 Behavior support sysytems, continuum of

147-148
行動支援チーム Behavior support team
　—内の連携 collaboration among 123-139
　　—のための体制 structure for 123-125, 126f, 127-128, 127f
　　—のための手続き procedure for 128, 129f, 130-132, 133f, 134-135
　—における実行チーム Action Team of 112-116
　—におけるメンバーの役割と責任 member roles and responsibilities 115f, 119-122
　—に関するフォローアップ調査 follow-up survey for 136f-138f
　—に関する文献 references for 158-160
　—の体制 structure of 112-116, 113f
　—の中のコアチーム core team of 112-122
　—のメンバー membership of 116-119
　—への研修で期待される成果 training outcomes for 149
　—への支援要請 referral to「リフェラル」参照 40-41
行動支援チームに対する研修 Training, for behavior support team 149-154, 154f
行動システム Behavioral systems 20f
行動的な指導介入 Behavioral interventions 32-35
　効果的な— effective 4
　—への支援 support for 42
　—に関する資料 resouces for 11-12
　—を選ぶ selecting 170, 180-182
　—を計画する planning 4
行動評定尺度 Behavior rating scale 93, 94f, 95-96, 95f
行動マネジメントに関する資料 Behavior management, resouces for 11-12
行動問題 Behavior problems「問題行動」参照
個別教育計画チーム Individualized Education Plan team 6
個別障害者教育法 Individuals with Disabilities Education Act

　—と機能的行動アセスメントの全校支援ピラミッド and three-tiered model of FBA 26
　—におけるFBAの規定 FBA provisions of 141-142
　—の修正条項 amendments to 6
　—の法的要求事項を満たすための目標 requirements of. Objectives for meeting 141

さ

支援要請用紙 Request for Assistance, forms for 40-42, 43f-45f, 46, 128, 130, 162-163
実行チーム Action team
　—のためのパートナーシップ同意書 Partnership Agreement for 132, 133f
　—のメンバー membership of 130-132
　—の役割 functions of 112-116, 131-139
　—・ミーティングの議事次第 agend for 126f
指導介入 Interventions「行動的な指導介入」参照
児童生徒 Students
　FBA-BSPプロセスに対する—の反応 reaction of, to FBA-BSP process 103
　—に対するフィードバック feedback for 93, 95-96
　—の行動カテゴリー behavioral categories of 147
　—へのインタビュー interviewing 61, 62f-63f, 64,164, 166-171, 177-178
　—へのフォローアップ調査 follow-up survey of 137f
児童生徒へのフィードバック Feedback, for student 93, 95-96
弱化に対する懲罰（弱化）の非効果性 Punishment, ineffectiveness of 4, 40-42
障害 Disabilities「個別障害者教育法」も参照

201

―のある児童の問題行動に対処するためのIEPへの示唆 behavior problems of children with, IEP suggestions for 6
スクールワイド情報システム School-Wide Information System 20

行動支援チームにおける― on behavior support team 119
―に対するフォローアップ調査 follow-up survey of 136f
―へのインタビュー interviews of 56-57, 58f-59f, 60, 164

た

タイムキーパーの役割 Timekeeper, role of 125, 127
チェックイン／チェックアウトシステム Check-in/Check-out system 25

な

日課表アセスメント用紙 Activity routines, form for assessing 190
人間の行動 Human behavior「行動」参照

は

パートナーシップの同意 Partnership Agreement 132, 133f
判断（データに基づく） Decisions, data-based 103-107
BSPs 「行動支援計画」参照
評価プラン Evaluation plans
　―のための書式 form for 171
　―の文書化 documenting 97, 98f-100f, 101
　―を計画する designing 182
頻度を数える Frequency counts 91-92, 92f
文脈適合性 Contextual fit 77-79
保護者 Parents
　FBA-BSPプロセスに対する―の反応 reaction of, to FBA-BSP process 103

ま

ミーティング Meetings
　効率的な― efficient 124-125, 127-128
　―への参加 attendance at 127-128
問題行動 Problem behavior
　個別の支援システムレベルの― at individual student system level 23
　障害のある児童生徒の―に関するIEPへの示唆 of children with disabilities, IEP suggestions for 6
　生徒による―の同定 student identification 60-61, 64
　―に関する事例研究 case studies in 39-69
　―に関連する問題 problems associated with 3-5
　―によってリフェラルを受けた全児童生徒の割合 proportion of student body referred for 19-23, 21f-22f
　―のアセスメントと指導介入に関する考え方の転換 assessment/intervention for, changing thinking about 13-36
　―のカテゴリー categories of 147
　―の環境的原因と病理学的原因 environmental versus pathological causes of 16
　―の記述 description of 166, 173
　―のきっかけ triggers of 4-5
　―の機能 functions of 176
　―の減少と置き換え reducing and replacing 71-72, 73f-75f, 76-77
　―の効率性の要因 efficiency factor in 14
　―の操作的定義 operational definitions of 42

202

索　引

―の代替行動を教える teaching replacements for 17-18
―の変容可能性 changeable nature of 16-19
―の予測因子・先行事象 predictors/antecedents of 15, 80
―を強化している後続事象 reinforcing consequences of 5, 19
―を効果のないものにする making ineffective 18-19
―を非効率的なものにする making inefficient 17-18
―を無関係なものにする making irrelevant 17
問題行動の先行事象 Antecedents of problem behavior 15, 80
―の記述 description of 173-174
―のまとめ summary of 165, 167, 174-175
問題行動を効果のないものにする Ineffectiveness, of problem behavior 18-19
問題行動を非効率的なものにする Inefficiency, of problem behavior 17-18

ら

リーダーシップモデル Leadership models 155-158
離婚, 機能的行動アセスメントで意味するところ Divorce, FBA implications of 56-57
リフェラル Referrals
　アセスメント過程における― in assessment process 41
　個別の支援システムレベルの行動に対する― for individual student system level behavior 23
　―のための書式 form for 128, 130
　―を受けた全児童生徒の割合 proportion of student body receiving 21-22, 21f-22f
連邦政府の機能的行動アセスメントの法的要求事項 Federal government, FBA requirements of 5
連絡ノート Home-school notes 78

訳者あとがき

　本書の原著は、2003年にアメリカ合衆国で『*Building Positive Behavior Support Systems in Schools − Functional Behavior Assessment −*』というタイトルで出版されたものです。本文中にも記述がありますが、個別障害者教育法の修正条項として、障害のある児童生徒の問題行動に対する機能的行動アセスメントの実施が法的要求事項となった以降、通常の学校現場でその実現が可能かについての研究・実践が行われ、その成果が出始めた段階で著されたものです。

　本書の中心的な内容のひとつは、これまでの応用行動分析学の研究に裏打ちされた行動問題への対処方法である「機能的行動アセスメントとそれに基づく行動支援計画」です。すでに多くの研究でその効果が示されているからこそ、その実施が法的要求事項となったといえると思います。

　日本の特別支援教育においても、通常の学校に在籍する発達障害のある児童生徒の行動問題への対応は、ひとつの大きなテーマです。日本では、知的・認知能力に関するアセスメントである「知能検査」については、重要視されているものの、行動問題のアセスメントについては、十分に活用されていないのが現状です。行動問題に対する現在の対応は、障害の診断名に基づいて、その障害特性から考えられる指導上の配慮事項に基づく対応が中心となっています。

　しかしながら、そのような指導上の配慮事項のみで問題解決に至らないような場合には、問題行動に関する専門的なアセスメント（機能的行動アセスメント）を実施し、その結果に基づいて支援方法を検討することが、今後求められるようになってくるのではないかと思います。そのような時に、本書に書かれている内容が役に立つのではないかと思います。

　また、本書の第2の特徴として、単に機能的行動アセスメントやと行動支援計画の立案の仕方を示しているにとどまらず、通常の学校内で、それらのテクノロジーを有効活用するための工夫について、具体的に示されている点です。特に6章以降は、「行動支援チームの運営に関わる内容（誰をメンバーに入れるか、ミーティングをどうもつのかなど）」「チームとして協働するにはどうすればよいか」「校内支援体制をどう築き上げるか」など、応用行動分析学のテクニカルな内容ではなく、学校組織をどう有機的に働かせるかという点に焦点が当たっています。

　この点についても、現在の日本の通常学校における特別支援教育の現状

にマッチした内容になっているのではないかと思います。校内委員会の設置が義務づけられ、教員同士が話し合いの機会をもつことが推奨されてはいますが、それが効果的・効率的に実施されているかどうかについては疑問が残ります。その点、本書に書かれているように、「ミーティング時間をあらかじめ決めておくこと」「事前に取り扱う内容を決めておいて議事次第を配布すること」「必ず記録係が記録を残すこと」など、会議（ミーティング）を効果的・効率的に運営するためのアイデアが多く含まれています。このようなミーティングの持ち方のノウハウについてはファシリテーションとして日本でも広まりつつあり、すぐに学校現場で活用可能な内容になっているのではないかと思います。

　本書の翻訳は、私の研究室に大学院生として所属した学生さんたちを中心に作業が進められました。まずは下訳を複数の大学院生が作成してくれました。下訳の作成に協力してくれた、遠藤佑一君、神山努君、五味洋一君、竹井清香さん、高橋恵美さん、高橋尚美さんに感謝いたします。そして、その下訳原稿を、大久保賢一君と野口（佐藤）美幸さんが分担して修正してくれました。さらに、その原稿を三田地真実さんがチェックした上で、最終的に野呂が全体の訳語の統一等を行いました。野呂の作業が遅れたため、当初の予定を大幅に遅れてしまいました。大変申し訳なく思います。

　この本がアメリカ合衆国で出版された当時は、日本の通常の学級において、機能的行動アセスメントを使用して、発達障害のある児童生徒の行動問題にアプローチした実践はほとんどありませんでした。しかしながら、現在は、特殊教育学研究、行動分析学研究、行動療法研究等の専門雑誌において、その実践が報告されるようになってきています。我が国における取り組みについては、それらの学術雑誌に掲載されている研究論文に目を通していただけると理解できるのではないかと思います。

　最後になりましたが、快く本書の出版を許可していただき、また作業の遅れを辛抱強くお待ちいただいた、二瓶社の吉田三郎社長と宇佐美嘉崇さんに感謝申し上げます。

　　　　　　　　　　　　　　　　　　　　　筑波大学人間系　野呂文行

原著者 ※2003年当時

■ Deanne A. Crone 博士

オレゴン大学の学校心理学における助教を務めるとともに、アメリカ連邦政府の補助金を受けて、小中学校での行動の機能に基づく支援の実現のための、校内委員会の設置と研修に関するプロジェクトのディレクターを務めている。博士は、市単位、地区単位、全国規模で実施された機能に基づく支援に関する研究発表をしてきている。彼女は、さまざまな専門職 ― スクールサイコロジスト・学校管理職・教師・その他専門職を補助する人たち ― を対象として研修会や現場研修を実施している。加えて、機能的行動アセスメントとポジティブな行動支援（PBS）に関する数多くの論文を執筆している。

■ Robert H. Horner 博士

オレゴン大学の特殊教育学における教授であり、教育コミュニティ・サポート（Educational Community Supports; ECS）のディレクターを務めている。この組織は、教育学部内にある研究ユニットで、障害のある人やその家族の生活に、前向きで、持続性があり、そして科学に裏付けられた変化を生み出す実践の開発・実現に取り組んでいる。博士は、過去25年間、研究ならびに研究助成のマネジメントに従事し、さらに学校改革とポジティブな行動支援（PBS）に関連する教育システムの変更に取り組んでいる。それは、学校や学校管理職が行っている、PBSにおけるスクールワイドシステムを学校内に組み入れる仕組み作りを支援する取り組みである。

訳　者

■野呂 文行　のろ ふみゆき
筑波大学人間系　教授
博士（教育学）／臨床心理士・専門行動療法士
主著訳：「入門・精神遅滞と発達障害」（単訳　二瓶社）、「行動変容法入門」（分担　二瓶社）、「園での「気になる子」対応ガイド」（単著　ひかりのくに）、「障害理解のための心理学」（分担　明石書店）、「障害科学の研究法」（分担　明石書店）

■大久保 賢一　おおくぼ けんいち
北海道教育大学教育学部旭川校　准教授
博士（心身障害学）
主著訳：「自閉症教育基本用語事典」（分担　学苑社）、「家庭で無理なく楽しくできる生活・自立課題３６」（分担　学研教育出版）、「問題解決ストラテジーの指導」（単訳　学苑社）

■佐藤 美幸　さとう みゆき
京都教育大学教育学部　講師
博士（心身障害学）／臨床心理士
主著訳：「行動療法を生かした支援の実際」（分担　東洋館出版社）、「60のケースから学ぶ認知行動療法」（分担　北大路書房）、「認知行動療法辞典」（分担　日本評論社）、「CRAFT 依存症患者への治療動機づけ」（分担　金剛出版）

■三田地 真実　みたち まみ
星槎大学大学院教育学研究科　教授
博士（教育学）／言語聴覚士
主著訳：「ファシリテーター行動指南書」（単著　ナカニシヤ出版）、「子育てに活かす ABA ハンドブック〜応用行動分析学の基礎からサポート・ネットワークづくりまで」（共著　日本文化科学社）、「特別支援教育連携づくりファシリテーション」（単著　金子書房）、「問題行動解決支援ハンドブック」（監訳　学苑社）、「ファミリー中心アプローチの原則とその実際」（監訳　学苑社）

スクールワイドPBS
―― 学校全体で取り組むポジティブな行動支援 ――

2013年11月22日　初版　第1刷

著　者　　ディアンヌ A. クローン
　　　　　ロバート H. ホーナー
訳　者　　野呂文行
　　　　　大久保賢一
　　　　　佐藤美幸
　　　　　三田地真実
発行者　　宇佐美嘉崇
発行所　　㈲二瓶社
　　　　　〒125-0054　東京都葛飾区高砂5-38-8 岩井ビル3F
　　　　　TEL 03-5648-5377
　　　　　FAX 03-5648-5376
　　　　　郵便振替 00990-6-110314
印刷製本　株式会社シナノ

万一、落丁乱丁のある場合は小社までご連絡下さい。
送料小社負担にてお取替え致します。
定価はカバーに表示してあります。

ISBN 978-4-86108-064-7　C3011